# आचार्य नन्ददुलारे वाजपेयी

# आचार्य नन्ददुलारे वाजपेयी

विजय बहादुर सिंह

लोकभारती प्रकाशन

**लोकभारती प्रकाशन**
पहली मंजिल, दरबारी बिल्डिंग, महात्मा गाँधी मार्ग
प्रयागराज-211 001
वेबसाइट : www.lokbharatiprakashan.com
ईमेल : info@lokbharatiprakashan.com
**शाखाएँ** : 1-बी, नेताजी सुभाष मार्ग, दरियागंज
नयी दिल्ली-110 002
अशोक राजपथ, साइंस कॉलेज के सामने
पटना-800 006 (बिहार)

**प्रथम संस्करण** : 2020

**मूल्य** : ₹ 400



**जे.के. आर्ट प्रेस**
प्रयागराज द्वारा मुद्रित

ACHARYA NAND DULAREY VAJPEYI
by Vijai Bahadur Singh

ISBN : 978-81-943648-6-3

पूज्य डॉ. रामविलास शर्मा की स्मृति
को
जो आचार्य वाजपेयी का भरपूर
सम्मान करते थे और उनके परम आत्मीय थे

# अनुक्रम

# पूर्वकथन

आचार्य रामचन्द्र शुक्ल आज हिन्दी आलोचना की एक परिभाषा बन चुके हैं। इस पर शायद ही कोई विवाद हो। उनकी विशेषताओं और सीमाओं से परिचित परवर्ती आलोचक भी यह मानते आये हैं कि वे एक महान् आलोचक थे और उनकी दृष्टि चतुर्दिक् व्यापिनी थी। पर इसमें क्या सन्देह कि उनकी भी अपनी सीमाएँ थीं। परवर्ती आलोचना उनकी इन्हीं सीमाओं से असहमत होकर सामने आयी जिसमें सर्वप्रमुख भूमिका उन्हीं की कक्षा के एक प्रतिभाशाली छात्र नन्ददुलारे वाजपेयी की थी। वाजपेयी जी ने अपनी आलोचना में इस तथ्य को रेखांकित करते हुए लिखा—"उनकी लिखी हुई पुस्तकें और उनके तैयार किये हुए विद्यार्थी (जिनमें मैं भी एक होने का गर्व करता हूँ) उनका सन्देश स्कूलों और कॉलेजों, पत्रों और पत्रिकाओं तथा व्यापक रूप से हिन्दी के क्षेत्र में सुनाया करते हैं।" इसके ठीक बाद वे लिखते हैं—"इनमें से बहुत-से तो उनकी प्रतिध्वनि मात्र हैं...कुछ लोग उनकी बातों को दोहराने में ही उनका सच्चा शिष्यत्व समझते हैं किन्तु प्रतिध्वनि कभी मूल ध्वनि की बराबरी नहीं कर सकती। उनका सच्चा शिष्यत्व तो है उनके किये हुए काम को आगे बढ़ाने में, जिस प्रकार स्वयं उन्होंने पिछले किये हुए काम को आगे बढ़ाया।" वाजपेयी जी का काम इसी सन्दर्भ में महत्त्वपूर्ण है।

वाजपेयी जी की इस स्वीकृति और समझ के सन्दर्भ में यह संकेत तो ग्रहण ही किया जा सकता है कि शुक्ल जी से पहले भी हिन्दी आलोचना की एक धारा थी जिसमें आचार्य महावीरप्रसाद द्विवेदी और पं. पद्मसिंह शर्मा जैसे ख्यात व्यक्तित्व रहे हैं। आचार्य शुक्ल ने इस धारा को समृद्धि और विस्तार दिया। कह सकते हैं हिन्दी आलोचना की परम्परा का विधिवत् प्रवर्तन किया। इतिहास गवाह है कि नन्ददुलारे वाजपेयी जैसे आलोचक इसी परम्परा के अगले अध्याय हैं।

यों तो शुक्ल जी की मृत्यु 1941 ई. में होती है और हिन्दी उन्हीं दिनों वादग्रस्त प्रवृत्तियों की चपेट में आती जा रही थी किन्तु उनसे जूझने और साहित्य-समीक्षा की स्वतन्त्रता और स्वायत्तता की लड़ाई अकेले नन्ददुलारे वाजपेयी को

लड़नी पड़ी। वाजपेयी को इसका अभ्यास छायावाद की स्थापना- काल के संघर्षों वाले दिनों से ही था। इस सन्दर्भ में एक अन्य महारथी साहित्यालोचक रामविलास शर्मा का यह कथन ध्यान देने योग्य है—"विश्वविद्यालय के भीतर नन्ददुलारे वाजपेयी और बाहर जयशंकर प्रसाद, रूढ़िवाद के खिलाफ इन दोनों का संयुक्त मोर्चा हिन्दी साहित्य के इतिहास की रोचक कहानी है।...विश्वविद्यालय में छायावाद का प्रवेश रोकने के लिए कैसे-कैसे पहरेदार बैठे थे, यह नन्ददुलारे वाजपेयी के पत्रों से विदित होता है, और यह भी कि इन्हीं पहरेदारों की टुकड़ी का एक सिपाही, उन्हीं के गढ़ में, छायावाद का यानी रूढ़िविरोधी आधुनिक साहित्य का झण्डा उठाने पर तुला हुआ है।[1]"

शुक्ल जी से वाजपेयी कविता के स्वरूप-विमर्श को लेकर भी असहमत थे। 'भारत' के पृष्ठों पर अपनी काव्य सम्बन्धी अवधारणा को लेकर उन्होंने लिखा—"कविता जिस स्तर पर पहुँचकर अलंकारविहीन हो जाती है, वहाँ वह वेगवती नदी की भाँति हाहाकार करती हुई हृदय को स्तम्भित कर देती है। उस समय उसके प्रवाह में अलंकार, ध्वनि, वक्रोक्ति आदि न जाने कहाँ बह जाते हैं और सारे सम्प्रदाय न जाने कैसे मटियामेट हो जाते हैं।"

एक तरफ अलंकारवादियों (रीतिवादियों) तो दूसरी तरफ अन्य 'वादियों' से भिड़ते और विचारयुद्ध करते हुए वाजपेयी जैसे जुझारू आचार्य एक चेक-पोस्ट हमेशा बने रहे। सब जानते हैं वे साहित्यिक प्रगति को 'वाद' के दायरे में कैद कर रखनेवालों से भी भिड़े और मनोवैज्ञानिक यथार्थवादियों से भी। असहमतियाँ उनकी अज्ञेय और तारसप्तकवादियों से भी बनीं, नयी कवितावादियों से भी। सीमाएँ उन्होंने छायावादियों की भी लक्षित की और अतियथार्थवादियों की भी। पर किसी निजी खुन्नस या शत्रुतावाद के चलते नहीं अपितु निर्मल साहित्य-सृजन और विकास के लिए। जरूरत पड़ी तो उन्होंने आत्मसंशोधन भी किया। इसी रूप में वे एक युग-विधायक और युग-नियन्ता आलोचक के रूप में महसूस भी किये गये।

भारतीय काव्य-चिन्तन की महान् आचार्य परम्परा से संवाद करते हुए उन्होंने कुछेक स्वतन्त्र उपपत्तियाँ भी प्रस्तुत कीं। रस, अलंकार, साधारणीकरण, कल्पना व्यापार और विचारधारा जैसे अहम् प्रश्नों पर भी उन्होंने अपना मत व्यक्त किया और एक ऐसे साहित्याचार्य के रूप में अपनी पहचान बनायी जिसके बगैर हिन्दी आलोचना का स्वरूप और इतिहास अधूरा ही माना जायगा।

———————

1. निराला की साहित्य साधना, पृ.- 12

प्रस्तुत पुस्तक यद्यपि रूढ़िवादी अकादमिक ढंग से लिखी नहीं गयी है तब भी शुद्ध अकादमिक चरित्र की रक्षा के प्रति प्रत्येक कदम पर चौकसी बरती गयी है। कोशिश यही रही है कि हिन्दी आलोचना की बहसें, दृष्टियाँ, सामाजिकता और राष्ट्रीयता के प्रश्नों के साथ युग की संवेदनाओं और गतिविधियों का साक्षात्कार इस कोशिश के मार्फत कराया जा सके।

अपने प्रौढ़ दिनों में आचार्य वाजपेयी साहित्य की राष्ट्रीयता वाले प्रश्न को लेकर काफी गम्भीर हो चले थे। निश्चय ही यह उनका कोई 'राष्ट्रवादी' तेवर नहीं था। वे तो उस विशाल परम्परा के वंशज थे जिसमें वेद, उपनिषद्, बुद्ध और गाँधी जैसी प्रज्ञाएँ शामिल रही आयी हैं। वह संघर्षशील अपराजेय भारतीय लोक-समाज भी जिसका प्रतिबिम्बन समस्त भारतीय कलाएँ करती हैं। आचार्य वाजपेयी इसी वृहत्तर जीवन-धारा के एक आधुनिक और प्रतिनिधि विमर्शक के रूप में हमारे सामने हैं। यह भी लक्ष्य करने की जरूरत है कि बीसवीं सदी की हिन्दी आलोचना में वे पहले व्यक्ति हैं जिन्होंने पश्चिमी काव्यालोचना के उपयोगी तत्त्वों को जरूरत के अवसरों पर शामिल किये जाने की उदारता प्रस्तावित की। हिन्दी आलोचना में वे इस रूप में भी पहले साहित्य-चिंतक हैं जिन्होंने गाँधी की ऐतिहासिक भूमिका और योगदान को रेखांकित करना जरूरी माना।

पुस्तक में संकलित ये निबन्ध बहुवचन, नया ज्ञानोदय, दस्तावेज, हिन्दुस्तानी जबान, अभिनव कदम आदि पत्रिकाओं में प्रकाशित हैं। स्वभावतः बातें जरूरत के मौकों पर दुहरा उठी हैं। इस दुहराव के प्रति क्षमा-याचना।

आचार्य वाजपेयी मेरे गुरु और कक्षा गुरु रहे हैं। उन्हीं की छाया में मैंने आलोचना का ककहरा सीखा। पर कई एक बातें मेरी अपनी भी यहाँ हैं जो उनके सन्दर्भ में मुझे समझ में आती रहीं।

अन्ततः मैं अपने प्रकाशक आदरणीय रमेश ग्रोवर जी और आमोद महेश्वरी लोकभारती, इलाहाबाद (प्रयागराज) के प्रति आभार व्यक्त करता हूँ जिन्होंने इसे प्रकाशित करने में रुचि दिखायी।

फरवरी, 2019 **—विजय बहादुर सिंह**

# शुक्ल जी की महानता की सीमाएँ

आचार्य रामचन्द्र शुक्ल कबीर के कवि-कर्म से जितने चिढ़े हुए थे, 'पद्मावत' के जायसी पर उतने ही मुग्ध भी। इसका एक आधारभूत कारण यह कि वे मानते थे कि कवि का काम 'मनुष्य मनुष्य के बीच जो रागात्मक सम्बन्ध है' उसे 'व्यक्त' करना। इस तरह अपनी मधुर, कोमल और सरस वाणी से पाठकों के मन को छू लेना। शुक्ल जी की मान्यता थी कि कबीर यह काम नहीं ही करते थे। इतिहास में उनके वाक्य हैं "कबीर ने अपनी झाड़ फटकार के द्वारा हिन्दुओं और मुसलमानों के कट्टरपन को दूर करने का जो प्रयास किया वह अधिकतर चिढ़ानेवाला सिद्ध हुआ, हृदय को स्पर्श करनेवाला नहीं।...अपने नित्य के जीवन में जिस हृदयाभास का अनुभव मनुष्य कभी-कभी किया करता है, उसकी अभिव्यंजना उससे न हुई।" इसके विपरीत "कुतुबन, जायसी आदि इन प्रेम कहानी के कवियों ने **प्रेम का शुद्ध मार्ग** दिखाते हुए उन सामान्य जीवन-दशाओं को सामने रखा जिनका मनुष्य मात्र के हृदय पर एक-सा प्रभाव पड़ता है। **हिन्दू हृदय और मुसलमान हृदय** आमने-सामने करके अजनबीपन मिटानेवालों में इन्हीं का नाम लेना पड़ेगा। इन्होंने मुसलमान होकर हिन्दुओं की कहानियाँ **हिन्दुओं की ही बोली** में पूरी सहृदयता से कहकर उनके जीवन की मर्मस्पर्शिनी अवस्थाओं के साथ अपने उदार हृदय का पूर्ण सामंजस्य दिखा दिया। कबीर ने केवल भिन्न प्रतीत होती हुई परोक्ष सत्ता की एकता का आभास दिया था। **प्रत्यक्ष जीवन की एकता** का दृश्य सामने रखने की आवश्यकता बनी हुई थी। यह जायसी द्वारा पूरी हुई।"

जायसी जैसे सरस कवि पर किसी भी सहृदय आलोचक का न्यौछावर हो उठना अस्वाभाविक नहीं। आचार्य शुक्ल तो थे ही। पर अपने उस बने-बनाये दिमाग से तटस्थ होकर सोचने को वे शायद ही कभी मंजूर कर सके। कविता को लेकर उनकी जो धारणाएँ जायसी और तुलसी जैसे कवियों के आधार पर बन चुकी थीं, उन्हीं के बल पर वे अन्य कवियों के कवि-कर्म को आँक रहे थे। कविता लोक में फैले पाखण्ड, अन्धविश्वास, कट्टरता और जड़ता से भिड़े, उसे आईना दिखाए, यह आचार्य शुक्ल को मंजूर नहीं था, उन्हें यह भी नापसन्द था कि कवि और उसकी कविता जमाने के

पण्डितों और विद्वानों की निन्दा करे या हँसी उड़ाये। जायसी ग्रन्थावली की भूमिका के जीवन वृत्त वाले अध्याय में वे लिखते हैं—"यद्यपि कबीरदास की और उनकी प्रवृत्ति में बहुत भेद था—कबीर विधि विरोधी थे और वे विधि पर आस्था रखनेवाले, कबीर लोक-व्यवस्था का तिरस्कार करनेवाले थे और वे सम्मान करनेवाले...।"

इससे पहले भी जायसी के समर्थन में कबीर का नाम लिये बगैर शुक्ल जी यह आलोचनात्मक टिप्पणी किये बगैर रुक नहीं पाते—"अपने को सर्वज्ञ मानकर पण्डितों और विद्वानों की निन्दा और उपहास करने की प्रवृत्ति उनमें नहीं थी।"

इन दोनों ही उद्धरणों में पण्डितों और विद्वानों की निन्दा और **लोक-व्यवस्था और लोकविधियों की आलोचना** शुक्ल जी की निगाह में श्रेष्ठ कवि का काम नहीं है। जायसी और तुलसीदास पर शुक्ल जी इसलिए भी रीझे हुए हैं कि इन दोनों में ये प्रवृत्तियाँ नहीं हैं।[1] विपरीत इसके कबीर में खूब हैं। उनकी तो यह एक प्रकार से बड़ी पहचान है। तो क्या इसीलिए वे आलोचक के लिए तिरस्कार योग्य हो जाते हैं? फिर तो अधिकांश आधुनिक या समकालीन हिन्दी कविता इस प्रवृत्ति के चलते तिरस्कार के योग्य है। लेकिन क्या सचमुच?

जायसी पर अपनी मुग्धता जाहिर करते हुए वे जितना कुछ लिख रहे हैं, उसमें प्रशंसित जायसी तो हैं ही, तिरस्करणीय कबीर भी कम नहीं हैं—

"व्यक्तिगत साधना की उच्च भूमि पर पहुँचकर भी लोकरक्षा और लोकरंजन के प्रतिष्ठित आदर्शों को ये प्रेम और सम्मान की दृष्टि से देखते थे।[2] न्यायनिष्ठ राजशक्ति, सच्ची वीरता, सुखविधायक प्रभुत्व, अनुरंजनकारी ऐश्वर्य, ज्ञानवर्द्धक पाण्डित्य में ये भगवान् की लोकरक्षिणी कला का दर्शन करते थे और उनकी स्तुति करना वाणी का सदुपयोग मानते थे। साधारण धर्म और विशेष धर्म दोनों के तत्त्व को ये समझते थे। लोकमर्यादा के अनुसार जो सम्मान की दृष्टि से देखे जाते हैं उनके उपहास[3] और निन्दा द्वारा निम्न श्रेणी की जनता[4] की ईर्ष्या और अहंकार वृत्ति को तुष्ट करके यदि चाहते तो ये भी एक नया 'पन्थ' खड़ा कर सकते थे। पर इनके हृदय में **वासना** न थी।"

अब जरा कबीर की ओर लौटें और शुक्ल जी के आक्रामक संकेतों पर ध्यान दें—

———————

1. पंडित सोइ जो गाल बजावा। उत्तरकाण्ड तुलसीदास
2. मुक्तिबोध
3. ग़ालिब
4. कबीर जिसके लोकनायक थे

1. लोकरक्षा और लोकरंजन के **प्रतिष्ठित** आदर्शों को सम्मान न देना।

2. लोकमर्यादा में सम्मान की अधिकारी विभूतियों के प्रति अवज्ञा और उपहास की वृत्ति।

3. नया 'पन्थ', खड़ा करने की 'वासना'।

इसमें क्या शक कि कबीर में यह सब भी है। लेकिन उसी तरह से जैसा कि बुद्ध में वैदिक कर्मकाण्डियों को लेकर है। कबीर लोकविरोधी तो नहीं हैं। बल्कि कर्मकाण्डग्रस्त उत्पीड़ित लोक की उन 'व्यवस्थाओं' और 'विधियों' के विरोधी हैं जिनसे लोक, खास तौर से निम्न जातियाँ उस ज़माने में त्रस्त थीं। कबीर भी वही सब चाहते थे जो कोई भी लोकहितैषी चाहता है पर उस कीमत पर नहीं जिस पर जायसी और तुलसी अपनी-अपनी अक्ल के चलते चाहते थे। इनकी विनम्रता और समझौता परस्ती शायद इनके स्वभाव की अपनी विशेषता हो। पर कबीर न तो समझौतापरस्त थे, न वैसे विनम्र। अपने हद दरजे के साहस के चलते वे वह सब सोचते और कहते थे जिससे व्यवस्थावादियों को चोट पहुँचती थी और उनका अहित होता था। शुक्ल जी ऐसे समाज की वकालत क्यों कर रहे थे, यह सवाल है? सवाल यह भी है कि क्या कबीरदास का किसी व्यवस्था में सचमुच विश्वास नहीं था और वे अराजकतावादी थे? या फिर वे सड़-गल चुकी और रोज-रोज अपना अर्थ खोती जा रही व्यवस्था का विरोध कर रहे थे। इसका एक स्पष्टीकरण तो कबीर के 'गुरु' सम्बन्धी विचारों के आधार पर ढूँढ़ा जा सकता है। उनके यहाँ 'गुरु' का माहात्म्य कितना है। इसे समझाने और साबित करने की जरूरत नहीं। पर गुरुओं की हकीकत का बयान करने में भी वे कहाँ पीछे रहे? अन्धे और अज्ञानी गुरुओं की खबर भी उन्होंने खूब ली है। और ऐसा तो कोई भी संवेदनशील करेगा। निराला ने अपने जमाने के पाखण्डों का विरोध किया है। 'गुरु हथौड़ा हाथ, करती बार-बार प्रहार' लिख अन्यायी व्यवस्था की छाती पर मजदूरनी का हथौड़ा चलवा ही दिया है। यह काम तो मुक्तिबोध, नागार्जुन, भवानीप्रसाद मिश्र प्रायः सभी करते हैं। प्रेमचन्द ने भी खूब किया है। तभी तो कठमुल्ले बाभनों की पूरी बिरादरी उन पर चिढ़ी हुई थी। तब शुक्ल जी यह क्यों साफ करते कि कबीर अगर करते भी हैं तो इसी सन्दर्भ में करते हैं। वे अराजक नहीं हैं। पर लगता है शुक्ल जी के मन में कबीर को लेकर कोई स्थायी और गहरी गाँठ है। इस सोच से गुजरते हुए कभी-कभी 'रामचन्द्र शुक्ल' शीर्षक आलोचना-पुस्तक के लेखक नीलकान्त के इस वाक्य पर निगाह बार-बार जाती है कि शुक्ल जी कहीं सचमुच 'रूढ़ियों के अभेद्य कवच' तो नहीं पहने हुए थे?

शुक्ल जी के शिष्य और शुक्लोत्तर आलोचना के प्रथम-पुरुष नन्ददुलारे वाजपेयी ने अपने शुरुआती दिनों में, शुक्ल जी के जीवन-काल में ही उनकी लोकदृष्टि और व्यवस्था-बोध को लेकर कुछेक सवाल उठाये थे जो आज भी निरुत्तरित हैं। साहित्यिक आलोचना और आलोचक की संवेदनशीलता को भी लेकर।

युवा आलोचक नन्ददुलारे वाजपेयी ने, कबीर, जायसी और समूचे मध्यकाल, खास तौर से भक्तिकाल को लेकर शुक्ल जी ने जो कुछ सोचा और कहा है उस पर टिप्पणी करते हुए 1930-31 लिखा है—

"सारा मध्यकालीन भक्तिकाव्य शुक्ल जी द्वारा दो कठघरों में बन्द कर दिया गया है, उन्हें हम संक्षेप में व्यक्तिगत साधना और लोक-धर्म के कठघरे कह सकते हैं (ये उन्हीं के शब्द हैं।) आश्चर्य है कि इस प्रकार का वर्गीकरण शुक्ल जी ने किया है, जबकि वास्तव में दोनों ही एक-दूसरे से बहुत अंशों तक अनुप्रेरित हैं और दार्शनिक विचारणा में भी एक-दूसरे के समकक्ष हैं। इसका नतीजा यह हुआ कि शुक्ल जी का वैष्णव-साहित्य का अध्ययन परम्परा-प्राप्त मान्यताओं के अनुकूल नहीं हुआ। उन्होंने कृत्रिम विभेदों का आग्रह किया है और काव्यालोचना में भी एक वर्ग को व्यर्थ नीचा देखना पड़ा है। मेरा यह विश्वास है कि द्विवेदी-युग की नैतिकता और आदर्शवादिता का ही यह परिणाम है कि शुक्ल जी सूर और तुलसी के बीच, जिनमें एक-सी महान् प्रेरणाएँ उपलब्ध हैं, एक खाई खींच लेते हैं और यही कारण है कि वे आधुनिक काव्य का भी ऐसा ही वर्गीकरण कर डालते हैं।"

शुक्ल जी के शिष्य नन्ददुलारे वाजपेयी यह सवाल भी उठाते हैं—"अत्याचारी के प्रति रोष से आविष्ट और पीड़ित के प्रति दया से द्रवित होकर लोक-धर्म की जो प्रेरणा कर्त्तव्य रूप में विकसित होती है क्या उसका कोई सुव्यवस्थित आधार शुक्ल जी ने निरूपित किया है। उदाहरण के लिए क्या उन्होंने मार्क्स की भाँति सामाजिक अत्याचार की कोई रूपरेखा निर्धारित की है, अथवा क्या उन्होंने यह बताया है कि सामाजिक और सांस्कृतिक प्रगतियों में अत्याचार की पहचान किस प्रकार की जाय?"

इसी प्रकार "शुक्ल जी रावण को अधर्म का प्रतीक-व्यक्ति मात्र मानते हैं, जो स्थूल अत्याचारवादियों का तरीका है। इतना कहकर वे आगे की समस्याओं से छुट्टी पा जाते हैं। अधर्म है क्या वस्तु? वह क्रियाओं द्वारा पहचाना जाता है या उद्देश्य द्वारा। क्या किसी देश अथवा काल-विशेष की बहुजन मान्य प्रथा ही धर्म है अथवा धर्म का कोई शाश्वत स्वरूप भी है? इन तफसीलों में जाने की शुक्ल जी ने आवश्यकता नहीं समझी।" वाजपेयी जी आगे लिखते हैं—"काव्यालोचन के लिए यह सब आवश्यक न भी हो, किन्तु शुक्ल जी कोरे काव्यालोचक नहीं हैं। उन्होंने लोक-धर्मवादी दार्शनिक

का महत्त्वपूर्ण पद भी अधिकृत किया है। अतः उनसे इन विषयों के विवेचन की आशा की जा सकती थी।''

रामचरितमानस और उसकी रामराज्य कल्पना, साथ ही तुलसी के कलियुग वर्णन पर शुक्ल जी के स्टैण्ड का विरोध करते हुए वाजपेयी जी लिखते हैं ''शुक्ल जी का विवेचन न तो प्राचीन दार्शनिक पद्धति का अनुसरण करता है और न वे उस प्रकार के सांस्कृतिक और समाजशास्त्रीय अध्ययन में प्रवृत्त हुए हैं, जो आज की आलोचना का आवश्यक अंग है।''

शुक्ल जी की तटस्थता पर भी सवाल उठाते हुए श्री वाजपेयी लिखते हैं—''जहाँ तक काव्य-विवेचन का प्रश्न है, शुक्ल जी ने सर्वथा असंग होकर काव्य को नहीं देखा, व्यक्तिगत आदर्शों और विचारों की छाया से उसे ढक रखा है।'' उनकी इन्हीं व्यक्तिगत अभिरुचियों के चलते वाजपेयी जी के अनुसार काव्य-वर्गीकरणवाले प्रसंग में शुक्ल जी न्याय नहीं कर सके हैं। उन्होंने प्रबन्ध-रचना को मुक्तक काव्य पर तरजीह दी, निर्गुण-सगुण की दार्शनिक धाराओं में सगुण पक्ष की वकालत की।

एक और खास बात जो जायसी के सन्दर्भ में शुक्ल जी ने लिखी है, उस पर भी अनचाहे ही ध्यान जाता है, मसलन 'हिन्दू हृदय और मुसलमान हृदय।' दूसरे, 'मुसलमान होकर हिन्दुओं की कहानियाँ हिन्दुओं की ही बोली में पूरी सहृदयता से कहना। ये विचारणीय पद हैं। 'हिन्दू हृदय', 'मुसलमान हृदय'। काव्यालोचना में क्या इन पदों का अपना कोई तर्क हो सकता है? यह भी कि जो समाज उन दिनों बन रहा था, उसमें ही तो मुसलमान भी रह रहे थे। इसलिए यह कहना कि 'हिन्दुओं की बोली में' क्या संकेतार्थ उत्पन्न करता है? क्या बोली या भाषा का धर्म-विशेष से भी सम्बन्ध होता है? शुक्ल जी से पहले पैदा हुए भारतेन्दु इन दोनों ही समाजों को 'भारत-भाई' नाम से सम्बोधित कर रहे हैं। शुक्ल जी के बाद के आलोचक रामविलास शर्मा हिन्दी भाषा क्षेत्र में रहनेवाले तमाम लोगों को 'हिन्दी जाति' पद से सम्बोधित कर रहे हैं। इसमें कबीर, जायसी, सूर, तुलसी सब हैं। तब शुक्ल जी हिन्दू हृदय और मुसलमान हृदय जैसे पद रच कर अपनी किस वृत्ति का परिचय देना चाहते हैं, यह विचारणीय है। सम्भवतः उनकी इसी वृत्ति पर गौर करते हुए मुक्तिबोध को भी सोचना पड़ गया कि शुक्ल जी का मानस ब्राह्मणवादी था।

मुक्तिबोध रचनावली के पाँचवें खण्ड के पृष्ठ 223 पर 'काव्य की रचना-प्रक्रिया-दो' पर विचार करते हुए लिखते हैं—''पण्डित रामचन्द्र शुक्ल छायावादी रचना-प्रक्रिया को नहीं समझते थे, इसीलिए उसका विरोध करते रहे। अधिक-से-अधिक, छायावाद

को उन्होंने 'अभिव्यक्ति की लाक्षणिक प्रणाली ही माना।' उनके अनुसार 'आलोचक को संवेदनात्मक जीवन-ज्ञान आवश्यक है—ऐसे जीवन का ज्ञान जो नवीन प्रवृत्ति-रूप में सामने आया हो।' एक अन्य स्थान पर इसी खण्ड पाँच में वे यह वाक्य भी लिखते हैं—"महान्-से-महान् समीक्षक जब काव्य-सृजन की मानव-भूमि से कट जाता है, तब वह एक बहुत बड़ा खतरा उठाता है।" जीवन-तथ्यों की वास्तविकता अर्थात् मानव-यथार्थ को दृष्टि से ओझल करके सिद्धान्तों को लागू करने को ही अपना फर्ज समझने और मानने लगता है। शुक्ल जी यह नहीं कर रहे थे, ऐसा नहीं था। तभी तो वे छायावादियों के विरोध पर उतरे और उनके ही छात्र और शिष्य नन्ददुलारे वाजपेयी को साहस बाँधकर कहना पड़ गया—

"साहित्य, काव्य अथवा किसी भी कलाकृति की समीक्षा में जो बात हमें सदैव स्मरण रखना चाहिए, किन्तु जिसे शुक्ल जी ने बार-बार भुला दिया है, यह है कि हम किसी पूर्व निश्चित दार्शनिक अथवा साहित्यिक सिद्धान्त को लेकर उसके आधार पर कला की परख नहीं कर सकते। सभी सिद्धान्त सीमित हैं, किन्तु कला के लिए कोई भी सीमा नहीं है, कोई बन्धन नहीं है।"

यहीं युवा आलोचक वाजपेयी आनेवाले आलोचकों को भी सावधान करते हुए कहते हैं—"आलोचक अपनी आलोचना के पहले किसी निष्कर्ष-विशेष का प्रयोग नहीं कर सकता। उसका पहला और प्रमुख कार्य है कला का अध्ययन और उसका सौन्दर्यानुसन्धान इस कार्य में उसका व्यापक अध्ययन, उसकी सूक्ष्म सौन्दर्य दृष्टि और उसकी सिद्धान्त-निरपेक्षता ही उसका साथ दे सकती है। सिद्धान्त तो उसमें बाधक ही बन सकते हैं।"

'समीक्षा की समस्याएँ' शीर्षक अपने लेख में मुक्तिबोध लिखते हैं—"सच तो यह है कि वे काव्य को अपने सिद्धान्तों के उदाहरण के रूप में देखना चाहते हैं।" और उसका यह कटाव उसे समीक्षा के असली कर्म से अलग कर देता है—"महान्-से-महान् समीक्षक जब काव्य सृजन की मानव-भूमि से कट जाता है, तब वह एक बहुत बड़ा खतरा उठाता है।"

वाजपेयी जी शुक्ल जी से जिस काव्य-विवेक की माँग कर रहे थे, वह यही था। किन्तु इसका यह अर्थ कदापि नहीं था कि वे शुक्ल जी के ऐतिहासिक योगदान को नकारना चाहते थे या फिर उनके महत्त्व को कम करना चाहते थे। ऐसा होता तो वे शायद ही ये पंक्तियाँ लिख पाते—

"शुक्ल जी ने हिन्दी-समीक्षा में क्रान्तिकारी परिवर्तन किया। वे नये युग के विधायक थे।" उन्होंने ही यह सन्देश दिया कि "साहित्य की समीक्षा किसी एक अंग

या पहलू पर समाप्त न हो जानी चाहिए, बल्कि वह सब अंगों को ध्यान में रखकर की जानी चाहिए।''

तथापि वाजपेयी जी के अपने युग की चुनौतियाँ भी थीं और वे जिनके लिए बेतरह तैयार थे। सम्भवतः इसीलिए लिख भी रहे थे—''युग की संवेदनाओं से समीक्षक का घनिष्ठ परिचय होना चाहिए। तभी वह युग के साहित्य का आकलन सम्यक् रूप से कर सकेगा। जिन नूतन स्थितियों और प्रेरणाओं से नवीन काव्य का निर्माण हुआ है, जिन नवीन वादों की सृष्टि हुई है, और जो नयी शैलियाँ साहित्य में अपनायी गयी हैं, उनका जब तक परिचय नहीं, तब तक साहित्य का मूल्यांकन क्या होगा?''

यह तो मुक्तिबोध भी लिख ही चुके हैं कि शुक्ल जी छायावादी रचना-प्रक्रिया को नहीं समझते थे। निराला ने तो काशी हिन्दू विश्वविद्यालय में यह बात अपने भाषण में कही थी कि छायावादी रहस्यवाद को समझने की योग्यता आलोचकों में नहीं है क्योंकि वे उस स्तर तक पहुँचने में ही अक्षम हैं। बात यह चाहे जितने आक्रामक भाव से कही गयी हो, फिर भी कवि या स्रष्टा के अपने असन्तोष और क्षोभ को जाहिर करती ही है। मजा यह कि इस सभा में स्वयं जयशंकर प्रसाद भी कक्ष से बाहर खड़े थे। अध्यक्ष की कुर्सी पर हरिऔध जी बैठे थे। नन्ददुलारे वाजपेयी तो मूल कर्त्ता-धर्ता ही थे। रामविलास शर्मा ने तभी तो लिखा—''विश्वविद्यालय में छायावाद का प्रवेश रोकने के लिए कैसे-कैसे पहरेदार बैठे थे, यह नन्ददुलारे वाजपेयी के पत्रों से विदित होता है, और यह भी कि इन्हीं पहरेदारों की टुकड़ी का एक सिपाही, उन्हीं के गढ़ में, छायावाद का यानी रूढ़िविरोधी आधुनिक साहित्य का झण्डा उठाने पर तुला हुआ है, और वह अकेला नहीं है, रामअवध द्विवेदी जैसे और सिपाही भी उसके साथ हैं। विश्वविद्यालय के भीतर नन्ददुलारे वाजपेयी और बाहर जयशंकर प्रसाद, रूढ़िवाद के खिलाफ इन दोनों का संयुक्त मोर्चा हिन्दी साहित्य के इतिहास की रोचक कहानी है।'' निराला के सन्दर्भ में तो ये बातें लिखी ही जा रही हैं इसलिए यह मोर्चा स्वभावतः प्रसाद-निराला और नन्ददुलारे वाजपेयी का है।

शुक्ल जी को इन दोनों ही बड़े कवियों को लेकर परेशानी अगर न होती तो वे 'काव्य में रहस्यवाद' शीर्षक जैसा महाआलेख नहीं ही लिखते। इससे यह तो सूचित होता ही है कि साहित्य में प्रवेश करती इस प्रवृत्ति की एक आलोचक के रूप में, अनदेखी तो वे नहीं ही कर रहे थे। पर अपने इस विश्वास के साथ कि यह नकल है—'' 'छायावाद' समझकर जो कविताएँ हिन्दी में लिखी जाती हैं, उनमें से अधिकांश का 'छायावाद' या 'रहस्यवाद' से कोई सम्बन्ध नहीं होता। उनमें से कुछ तो विलायती

'अभिव्यंजनावाद' के आदेश पर रची हुई बँगला कविताओं की नकल पर और कुछ अंग्रेजी कविताओं के लाक्षणिक-चमत्कारपूर्ण वाक्य शब्द-प्रतिशब्द उठाकर जोड़ी जाती हैं। इनके जोड़नेवाले यह नहीं जानते कि 'छायावाद' या 'रहस्यवाद' शब्द काव्यवस्तु (matter) का सूचक है, अतः जहाँ काव्यवस्तु में कोई 'वाद' नहीं है, केवल व्यंजनाशैली के वैचित्र्य का अनुकरण है, वहाँ 'अभिव्यंजनावाद' की नकल है।''

अपने इसी निबन्ध में शुक्ल जी एक सूत्र वाक्य लिखते हैं—''ज्ञान-प्रसार के भीतर ही भाव-प्रसार होता है।'' निराला जी ने अपने भाषण में तभी तो यह आरोप लगा दिया कि आलोचक अगर अपने 'ज्ञान-प्रसार' में असमर्थ है तो इसमें कवि का क्या दोष? 21 मार्च उन्तीस के अपने पत्र में नन्ददुलारे वाजपेयी निराला जी को लिखते हैं—''छायावाद के सम्बन्ध में आपने जो कुछ लिखा और कहा है उसका सारांश मेरी समझ में इतना ही आया है कि आपके विचार में जो सत्य है, वही कविता है, वही छायावाद या रहस्यवाद है। रहस्य वास्तव में रहस्य नहीं है, पहुँचे हुए के लिए वह साधारण सत्य है।''

यह लिखते हुए नन्ददुलारे वाजपेयी ने निराला जी को कई सवालों से घेरा भी है जैसे कि ''साधारण सत्य तो दर्शन (,) मेरे विचार में कविता नहीं। अंग्रेजी कवियों में Browning सबसे बड़ा दार्शनिक था, पर वह सबसे बड़ा कवि नहीं माना जाता—क्यों ? मेरे विचार में इसलिए कि उसने 'सत्य' को काव्योपयोगी नहीं बनाया, उसमें कवित्व कम था।'' इसका प्रमाण भी वे तब दे ही देते हैं जब निराला जी की कई अतिदार्शनिक सूझ-बूझवाली कविताओं से अपनी असहमति प्रकट करते हैं। किन्तु प्रसाद काव्य के समीप पहुँच वे लिखते हैं कि ''प्रसाद जी का रहस्यवाद अथवा उनकी आध्यात्मिक अनुभूति मानव-जीवन व्यापार की नींव पर ही खड़ी है।'' प्रसाद के छायावाद में केवल लाक्षणिक प्रणाली-विशेष नहीं है, एक नूतन सांस्कृतिक मनोभावना का उद्‌गम है और एक स्वतन्त्र दर्शन की नियोजना भी।...इस नवीन दर्शन में कल्पना, भावना और कर्मचेतना की सम्मिलित झाँकी है।''

प्रसाद के काव्य की विशेषताएँ गिनाते हुए वे लिखते हैं—''नयी कल्पनाशीलता, नूतन जागरूक चेतना, मानसवृत्तियों की सूक्ष्मतर और प्रौढ़तर पकड़, एक विलक्षण अवसाद, विस्मय, संशय और कौतूहल, जो नयी चिन्तना का सूक्ष्म प्रभाव है, प्रकट हो रहा है। ये ही काव्य में छायावाद के उपकरण बनकर आये। इस नवीन प्रवर्तन के मूल में एक स्वातन्त्र्य लालसा, शक्ति की अभिज्ञता और सांस्कृतिक द्वन्द्व की एक अनिर्दिष्ट स्थिति देख पड़ती है। ये सभी एक कल्पना विशिष्ट दर्शन के अंग बने हुए हैं, जिसमें बड़ी व्यापक सहानुभूतियाँ हैं।''

प्रचलित 'प्रगतिवादी' कविता से अपनी कविता को अलगाते और उसकी विशिष्टता की ओर संकेत करते हुए मुक्तिबोध प्रगतिवादी काव्य-ढाँचे की मशीनी-प्रक्रिया की संकीर्णता बयान करने के क्रम में छायावाद की तरफ मुड़ते और कहते हैं—"छायावाद के पास और कुछ न सही तो व्यापक आध्यात्मिक विश्व-स्वप्न था, साथ ही राष्ट्रीय-सांस्कृतिक प्रेरणा थी। उसके पास अपना एक दर्शन था।... वर्तमान प्रवृत्तियों के पास तो वह भी नहीं है।" (पृष्ठ 114 खण्ड पाँच)। किन्तु शुक्ल जी कविता में, खास करके छायावादी रहस्यवाद पर क्यों इतने खफा थे उसके कुछ गम्भीर कारण भी थे। हिन्दी साहित्य के इतिहास में वे लिखते हैं "यूरोपवालों को हमारी आध्यात्मिकता बहुत पसन्द आती है। भारतीयों की आध्यात्मिकता और रहस्यवादिता की चर्चा पश्चिम में बहुत हुआ करती है। इस चर्चा के मूल में कई बातें हैं। एक तो ये शब्द हमारी अकर्मण्यता और बुद्धिशैथिल्य पर परदा डालते हैं। अतः चर्चा या तारीफ करनेवालों में कुछ लोग तो ऐसे होते हैं जो चाहते हैं कि यह परदा पड़ा रहे। दूसरी बात यह है कि ये शब्द पूरबी और पश्चिमी जातियों के बीच एक ऐसी सीमा बाँधते हैं जिससे पश्चिम में हमारे सम्बन्ध में एक प्रकार का कुतूहल सा जाग्रत रहता है और हमारी बातें वहाँ अनूठेपन के साथ कही जा सकती हैं। तीसरी बात यह है कि आधिभौतिक समृद्धि के हेतु जो भाषण यूरोप में रहा उससे क्लान्त और शिथिल होकर बहुत-से लोग जीवन के लक्ष्य में कुछ परिवर्तन चाहने लगे—शान्ति और विश्राम के अभिलाषी हुए।"

एक अर्थ में देखा जाय तो शुक्ल जी का छायावाद-विरोध अकारण नहीं था। उसके पीछे कुछ गम्भीर राष्ट्रीय और सांस्कृतिक कारण थे। सबसे बड़ा तो उनका देशप्रेम और देश को उन गड्ढों से निकालना था जिसमें वह गिरा हुआ था। वह उसे एक गुलाम और शोषित, निरुपाय राष्ट्र के रूप में देखना नहीं चाहते थे। उनकी समझ और सोच थी कि गुलाम समाज में आध्यात्मिकता का क्या औचित्य। अतः उनकी इस सोच को दरकिनार भी नहीं किया जा सकता। प्रश्न किन्तु यह कि कविता कोई स्थूल, सतही भौतिक कार्यवाही तो है नहीं। उसकी अभिव्यक्ति और रचना-प्रक्रिया के पीछे जो कारण काम करते रहते हैं वे भी कोई औपचारिक नहीं हुआ करते। फिर छायावादी रहस्यवाद जीवन से पलायन नहीं बल्कि उसमें गहरी जिज्ञासा और अभिरुचि पैदा करता है। मनुष्य की स्वप्नशीलता वहाँ उन्नत होकर सम्पूर्ण विश्व की एकता का सौन्दर्य रचती है। एक आलोचक के रूप में उनका यह काम था कि वे उसके भीतर से फूट पड़ने वाले सौन्दर्य-तत्त्वों की अभ्यर्थना करते न कि उसके विरोध पर उतर पड़ते। पर किया तो उन्होंने यही।

ऐसा भी नहीं कि आलोचक चेक-प्वाइण्ट का काम नहीं कर सकता अगर वह शुक्ल जी जैसा हो। किन्तु कवि-हृदय क्या करे? क्या स्थापित आलोचना के पीछे चल पड़े? या फिर पूर्व प्रचलित और स्थापित काव्य-सरणियों की लीक छोड़कर स्वतन्त्र काव्य-पथ चुनकर मौलिक निर्माण करे? साहित्य की गति और समृद्धि किससे होगी?

शुक्ल जी महात्मा थे, उन्हें ईर्ष्या-द्वेष नहीं व्यापता था, यह तो नहीं ही कहा जा सकता। अपने इतिहास के समालोचना खण्ड में उन्होंने जिन आलोचकों के नाम गिनाये हैं उनमें कृष्णशंकर शुक्ल, पं.जनार्दन झा 'द्विज', रामनाथलाल 'सुमन' और पं. भुवनेश्वरनाथ मिश्र 'माधव' प्रमुख हैं। इनमें से एकाधिक उनके प्रिय छात्रों में से रहे हैं। पर अपने सबसे तेजस्वी शिष्य का नाम लेना उन्होंने यहाँ जाने क्यों उचित नहीं माना। यह शिष्य था नन्ददुलारे वाजपेयी। कारण दो हैं। पहला यह कि उसकी कोई स्वतन्त्र आलोचना पुस्तक तब तक प्रकाशित नहीं हुई थी। दूसरे, वे अपने इस छात्र की मौलिक सोच और स्थापना से कैसे भी सहमत नहीं थे। तीसरा कारण यह भी कि यह होनहार युवा आलोचक पश्चिम के उस चिन्तन का भी कायल था जो भारतीय परिवेश के लिए अनुकूल था। यद्यपि वह भी स्वदेशी के आग्रहों से भरा हुआ था तथापि मानता था कि हम पूरी तरह अपनी खिड़कियाँ बन्द करके नहीं रह सकते। वह यह भी जानता ही था कि सोलहवीं शताब्दी के पण्डितराज जगन्नाथ के बाद भारतीय काव्य-चिन्तन की परम्परा अवरुद्ध हो उठी है जबकि अठारहवीं सदी के पश्चिम में स्वच्छन्दतावाद जैसा क्रान्तिकारी साहित्यिक आन्दोलन पश्चिम के देशों में अपनी पताका फहरा रहा है। वह चाहता था कि हिन्दी आलोचना में पूर्व और पश्चिम के सन्धि बिन्दुओं की तलाश की जाय। कारण यह भी कि हिन्दी की नयी रचनाशीलता पर पश्चिम का असर पड़ रहा है तब यह जरूरी भी है कि हम अपनी समीक्षा में पश्चिम के समीक्षा सिद्धान्तों का योग करें। शुक्ल जी को यह कैसे भी मान्य नहीं था। सम्भवतः वे ठेठ भारतीयता के कायल और आग्रही थे। यह शुद्धतावाद उन्हें वाजपेयी जैसे छात्रों की स्वीकृति से दूर रखता था।

शुक्ल जी की इस भंगिमा के बावजूद अन्ततः वे हिन्दी आलोचना के केन्द्र बिन्दु हैं। स्वयं वाजपेयी अपने निबन्ध 'साहित्यिक अनुशीलन या शोध' में लिखते हैं—"वास्तव में शुक्ल जी का समस्त कार्य नवयुग के सच्चे साहित्याचार्य का है। उन्होंने स्वतः एक नवीन समीक्षा-धारा का प्रवर्तन किया। उन्हें किसी प्राचीन मत का उद्घाटक या विश्लेषक-मात्र मानना उचित नहीं।" उनके ही शब्दों में—"ज्ञान के अनेक क्षेत्रों में शुक्ल जी एक ही दृष्टि लेकर गए वह दृष्टि थी भावात्मक और सांस्कृतिक।"

# हिन्दी आलोचना का एक और स्वदेश

पण्डित नन्ददुलारे वाजपेयी जब अपने समय में उतरते हैं तब सर्जना के क्षेत्र में, उनके दायें बाजू प्रसाद-निराला जैसे लोग खड़े हैं तो बायें बाजू प्रेमचन्द जैसे कथा-महारथी। प्रसाद-निराला से उनकी समीपता सन् 27-28 में शुरू होकर 29-30 तक अन्तरंगता में परिणत हो जाती है। यही समय है जब वे अपने पिता पं. गोवर्धन लाल वाजपेयी के साथ असहयोग आन्दोलन में कूद पड़े थे। हजारीबाग (बिहार), जहाँ उनके पिता पिंजरापोल सोसाइटी की मैनेजरी करते हुए बाबू राजेन्द्र प्रसाद[1] आदि के साथ बन्दी बना लिये गये, वाजपेयी जी के खिलाफ भी गिरफ्तारी का वारण्ट तैयार था कि वे खिसककर काशी चले आये। इससे पूर्व वे निराला के साथ अपने गाँव के किसानों के हक की लड़ाई लड़ रहे थे। लोकजागरण और लोकयुद्ध से उनका रिश्ता कोरा वैचारिक नहीं एक हद तक प्रत्यक्ष भी था।

प्रेमचन्द से नन्ददुलारे वाजपेयी का तीखा बौद्धिक विवाद 'हंस' के आत्मकथांक को लेकर पत्र 'भारत' की सम्पादकी के दिनों में हुआ था। यह मार्च 32 से 10 अप्रैल 32 तक चला। वाजपेयी जी ने कोई कोताही नहीं बरती। प्रेमचन्द ने भी पुराने उस्ताद की तरह दाँव लगाये। नसीहतें दीं। अन्त में बड़प्पन दिखाते हुए साहित्य-समीक्षा के उभरते नक्षत्र नन्ददुलारे वाजपेयी से न केवल हाथ मिला लिया बल्कि निराला और वाजपेयी के रजिस्टर्ड शत्रु बनारसीदास चतुर्वेदी को लिखा और समझाया कि नन्ददुलारे वाजपेयी में अद्‌भुत विवेचन शक्ति और विश्लेषण की सामर्थ्य है। वाजपेयी जी ने तो लिखा ही कि "विश्वकथा साहित्य के सन्दर्भ में प्रेमचन्द भारतीय कथा-क्षेत्र के प्रकाश-स्तम्भ हैं।" यह भी कि "वृहत् सामाजिक अन्याय के उद्‌घाटन को हम प्रेमचन्द के कृतित्व का मूलतत्त्व कह सकते हैं। भारतीय स्वतन्त्रता-संग्राम के गतिमान् चित्रपट को अपनी कृतियों में उन्होंने सजीव किया है।"

---

1. बाद में भारत के प्रथम राष्ट्रपति

यह सच कि वाजपेयी अपने समय के प्रतिभा-नक्षत्रों को पहचान सकने की समर्थ्य रखते थे।

दूसरी ओर एक आलोचक के रूप में न तो उन्होंने प्रकृतिवाद का समर्थन किया, न ही मशीनी यथार्थवाद का। न वायवीय आदर्शवाद और अतिकल्पनावादी स्वच्छन्दतावाद की ही। प्रेमचन्द और प्रसाद-निराला-पन्त की 'निष्ठामयी रागिनी' और 'जनवादी स्वर' ही आलोचक वाजपेयी का अपना स्वर भी रहा है।

अगर मैं यह कहूँ कि वाजपेयी को समझने के लिए केवल एक ही शब्द 'राष्ट्रीय' पर्याप्त होगा तो बहुत अयुक्तिसंगत नहीं होगा। प्रसाद से अपने मन की बातें करते हुए प्रेमचन्द जब 'हंस' निकालने ही वाले थे, लिखते हैं—"धन तो आपसे अभी नहीं माँगता, शायद कभी वह भी माँगूँ, लेकिन आपकी लेखनी की विभूति अवश्य माँगता हूँ।" यह वही प्रेमचन्द हैं जो पूर्णिया के एक जलसे से लौटकर यह टिप्पणी लिखते हैं—"अब हमें ऐसे कवि चाहिए जो हज़रते इकबाल की तरह हमारी मरी हुई हड्डियों में जान डालें।"

मरी हुई हड्डियों में जान डालने की जो बात यहाँ प्रेमचन्द कर रहे हैं उसे मैथिलीशरण गुप्त और जयशंकर प्रसाद के तुलनात्मक सन्दर्भ में उठाते हुए नन्ददुलारे वाजपेयी लिखते हैं—"गुप्त जी की मनुष्यता को सरल और आश्रमवासिनी तथा उनकी अभिव्यक्तियों को रुआँसी, अधिक-से-अधिक आर्यसमाजी कहकर प्रसाद उस काव्यादर्श की ओर लौट आते हैं जहाँ शक्ति और आनन्द की ऊँची मानसिक अभिव्यक्ति को ही काव्य माना जाता है।" जीवन संघर्ष में भीरुता या पलायन के भाव वाजपेयी जी को उच्च काव्य के लक्षण नहीं जान पड़ते। कोरी भावुकता को भी वे श्रेष्ठ लेखन मानने से इन्कार करते हैं। विपरीत इसके उदात्त और शक्तिशाली भावनाओं तथा जीवनमय चरित्रों के निर्माण की क्षमतावाली काव्य-प्रतिभा को ही वे गम्भीर प्रतिभा मानते हैं। वाजपेयी गुप्त जी के बारे में लिखते हुए लिख जाते हैं—"गुप्त जी शायद इस बात से सुपरिचित नहीं कि आज के साहित्यिक क्या कह रहे हैं। वे एक युग पहले का मध्यवर्गीय सन्तोष हमें सिखाते हैं, उन्हें आज की आग का अन्दाजा नहीं है।" वाजपेयी जी के अनुसार आज की यह आग अगर कहीं है तो वह गुप्त जी में नहीं, प्रसाद में है। वे यहीं रुक नहीं जाते, आगे कुछ और भी चौंकानेवाले कथन और सन्दर्भ प्रस्तुत करते हैं—"गुप्त जी की रचनाओं में एक विनयपूर्ण सीधा-सादा आदर्शवाद, जिसमें राष्ट्रीयता का मीठा-मीठा स्पन्दन है, कल्पना की ऊँची उड़ानों से रहित अनुभूति, द्वन्द्वरहित भाव और इकहरी अभिव्यक्ति है। इसमें किसी जीवनतत्त्व का वैषम्य,

आलोड़न-विलोड़न, संशय और तज्जनित भावोत्कर्ष आयोजित नहीं है। सीधा रास्ता, सीधी समस्या और सीधा समाधान; किन्तु जैसा मैं कह चुका हूँ, यह सिधाई आश्रमवासिनी सिधाई है।'' वे आगे भी बढ़ते हैं, ''जहाँ तक मैं समझ पाया हूँ प्रेमचन्द जी की भी सफलता इसी प्रकार की सीधी समस्याओं के समाधान में है जो छोटी कहानियों में समा सकी हैं। कहानियों के निर्माण में साधारण उत्थान-पतन, भावों का आरोह-अवरोह, स्थितियों का वैचित्र्य दिखा सकना, ये प्राथमिक सफलताएँ उनकी हैं। बड़े जीवन-चक्रों को हाथ में लेना, पेचीदा भाव-धाराओं और सांस्कृतिक परिवर्तन के फलस्वरूप उठी हुई, जटिल समस्याओं का निरूपण करना; व्यक्ति देश और जाति के जीवन के वृहद् छाया-आलोकों को उद्घाटित कर सकना, सारांश यह है कि जीवन के गहरे और बहुमुखी घात-प्रतिघातों और विस्तृत जीवन-दशाओं में पद-पद पर आनेवाले उद्वेलनों को चित्रित करना, उन्हें सँभालना और अपनी कला में उन सबकों सजीव करना, गुप्त और प्रेमचन्द की साहित्य-सीमा के बाहर है।''

इस तुलना में छायावादियों, खास तौर से प्रसाद की 'अनुभूति तथा सूझ' को वे अधिक गहरी मानते हैं। यह वही प्रसाद हैं जिनसे प्रेमचन्द अपने पत्र 'हंस' के लिए उनकी लेखनी की विभूति माँगते हैं।

निश्चय ही वाजपेयी जी यहाँ 'रंगभूमि' और 'गोदान' वाले प्रेमचन्द को ध्यान में नहीं रख अपना कथन नहीं कर रहे हैं, किन्तु इतना तो स्पष्ट है कि वे जिस 'राष्ट्रीय' या 'जातीय तत्त्व' की माँग कर रहे हैं उसकी भरपाई तो प्रमुखतया प्रसाद और निराला अथवा छायावादी काव्य से होती है। इसीलिए बार-बार वे छायावादी काव्य और लेखन को सांस्कृतिक और दार्शनिक शब्दों से अभिहित करते हैं।

नन्ददुलारे वाजपेयी इस सन्दर्भ में गाँधी को शायद ही कभी भूलते हों। पर उनके गाँधी और गुप्त जी व प्रेमचन्द के गाँधी में काफी फासला है। ठीक वैसा ही फासला जैसा प्रगतिवाद के पहले-दूसरे दौर के कवियों और बाद के नागर्जुन, मुक्तिबोध और केदार, त्रिलोचन आदि में है। शील भी मार्क्सवादी हैं, सुदर्शन चक्र भी; मलखान सिंह सिसौदिया, यहाँ तक कि रामविलास शर्मा और एक हद तक भगवती चरण वर्मा, अंचल और सुमन भी...और तो और 'ग्राम्या' वाले कवि पन्त भी। यहाँ विचारधारा की कोई कमी नहीं है, पर जिस सूक्ष्म अन्तर्दृष्टि से वह नागार्जुन और मुक्तिबोध आदि के यहाँ उपस्थित है, इन कवियों में नहीं ही है।

जिस साम्राज्य-विरोध की बात डॉ. शर्मा छायावादियों विशेष तौर से निराला के सन्दर्भ में करते हैं वही लड़ाई प्रसाद और निराला के साथ मिलकर आलोचना के मंच पर नन्ददुलारे वाजपेयी भी लड़ रहे थे। वे उन साहित्यिकों में से नहीं हैं जो पूँजीवादी

साम्राज्यवाद का तो विरोध करते हैं किन्तु समाजवादी साम्राज्यवाद को भारत के लिए बेहद मुफीद मानते हैं। उनकी समीक्षाओं में जहाँ-तहाँ रूस और अमेरिका का सन्दर्भ आया है और वहाँ वे अपना मत खुलकर व्यक्त करते हैं—"रूस के सिद्धान्त और कार्यों में सामाजिकता का जो आग्रह है, जन-जीवन की जो महत्ता है, वह हमें एकाकी व्यक्तित्व की धारणा की तुलना में अधिक स्वस्थ और उपादेय प्रतीत होती है। वहाँ की अनेक बातें हमें पसन्द नहीं आतीं, किन्तु ऐतिहासिक विकास में विज्ञान की प्रमुखता के साथ टॉल्सटॉय जैसे लेखकों का उदय और राष्ट्रीय भावना का क्रमशः विकास, अभाव की स्थिति से सम्पन्नता की ओर वहाँ की जनता का संकल्पित और कर्मठ अभियान, हमें अपनी भावना के अतिशय समीप लगता है।"

तथापि वाजपेयी जी अपने एक निबन्ध 'सामाजिक परिवेश' में लिखते हैं—"नये साहित्य समीक्षकों ने साहित्य की स्वदेशी परम्परा से क्रमशः सम्बन्ध-विच्छेद करके एकमात्र पश्चिम की नयी विवेचना को ही अपना लिया है। इस प्रकार नया साहित्य और नयी समीक्षा दोनों ही बहुत-कुछ विदेशी अनुकृति की दिशा में बढ़ते जा रहे हैं। हम राष्ट्रीय बनने के पहले ही अन्तरराष्ट्रीय बन गये हैं।" जबकि, "हमें अवसर मिला है कि राजनीतिक स्वतन्त्रता मिलने के पश्चात् हम सार्वजनिक स्वतन्त्रता का शिलान्यास करें और सामाजिक जीवन को उस दिशा में ले जाने की प्रेरणा दें।"

यहीं वे आधुनिकता का प्रश्न भी उठाते और कहते हैं—"आधुनिकता शब्द का भारत के लिए अपना अर्थ भी हो सकता है। केवल पश्चिम के पूँजीवादी अथवा समाजवादी देशों की आधुनिकता ही भारत की आधुनिकता कैसे हो सकती है? समस्त भारतीय संस्कृति के पुनर्मूल्यांकन और आयतन द्वारा ही भारत की आधुनिकता अपना अर्थग्रहण कर सकती है...अपने केन्द्र में स्थित रहकर, एक सचेतन प्राणी की तरह उसे आत्मसात् करके ही हम उसका उचित और स्वस्थ उपयोग कर सकते हैं।" वे उस राष्ट्रीय परम्परा की ओर भी हमारा ध्यान खींचते हैं जो वेद-उपनिषद् से लेकर बुद्ध और गाँधी तक अपनी ऊर्जा से पुष्पित और विकसित होती आयी है। वे कहते हैं—"इन सबको अपनी आत्मा में स्थान देकर ही, अपने स्वतन्त्र चिन्तन से कुछ निर्माण करके ही, हम बुद्धिवादी निर्माता और भारतीय लेखक होने का दावा कर सकते हैं। इस प्रक्रिया के द्वारा प्राप्य आधुनिकता ही हमारे जीवन और साहित्य का वास्तविक संस्कार कर उसे सच्चे अर्थों में राष्ट्रीय कहलाने का गौरव प्रदान कर सकती है।"

'नया काव्य-चिन्तन' शीर्षक आलोचना में छपे एक सम्पादकीय में वे इस 'राष्ट्रीय' शब्द को फिर उठाते हैं लेकिन सन्दर्भ बिलकुल दूसरा है। नये काव्य- चिन्तकों को

रेखांकित करते हुए वे लिखते हैं—"नये काव्य-चिन्तन की एक अन्य उत्पत्ति यह है कि हिन्दी कविता केवल राष्ट्रीय बनकर ही रह सकती है। उसे 'अन्तरराष्ट्रीय' भूमिका पर ले जाने की आवश्यकता है।" वे स्पष्ट कहते हैं—"यहाँ राष्ट्रीय शब्द का प्रयोग 'राष्ट्रवादी' अर्थ में नहीं है बल्कि राष्ट्रीय परिवेश से सम्बन्ध रखनेवाली सभी रचनाएँ उसकी सीमा में आ जाती हैं।" वे यह सवाल भी उठाते हैं कि इन चिन्तकों ने अन्तरराष्ट्रीयता का अर्थ स्पष्ट नहीं किया। "यदि अन्तरराष्ट्रीयता से आशय केवल फ्रान्स, इंग्लैण्ड या पश्चिमी यूरोप की कविता से हो, तब तो यह अन्तरराष्ट्रीयता की बड़ी सीमित धारणा होगी।"

"आज संसार के इतिहास में जो नयी सांस्कृतिक हलचलें उठ रही हैं वे सब-की-सब यूरोप के इस पश्चिमी क्षेत्र से ही सम्बन्धित नहीं हैं। आज के जगत् में कम-से-कम दो प्रधान सांस्कृतिक धाराएँ दिखायी देती हैं, एक पश्चिमी यूरोप और अमेरिका आदि की और दूसरी एशिया, अफ्रीका और अन्य पूर्वी देशों की...आज विश्व कविता के नाम पर हम पश्चिम का ही आदर्श नहीं अपना सकते।"

"नये काव्य-चिन्तन की एक मुख्य खामी यह है कि ये नये काव्यवाद भारतीय परम्परा से बाहर के हैं, अतएव इन्हें हमारे नये विचारक पूरी गहराइयों में जाकर नहीं अपना सके हैं। इन वादों का सम्बन्ध मूलतः सामाजिक और वैयक्तिक जीवन से है। ये प्रत्यक्षतः साहित्यिक वाद नहीं हैं, इसलिए इन वादों की साहित्यिक व्याख्या का कार्य आसान नहीं है। फिर साहित्य की भूमि कोरी बौद्धिक भूमि नहीं होती। उसमें मानव व्यक्तित्व के अनेक अन्य तत्त्व भी सम्मिलित रहते हैं, इसीलिए किसी भी वाद या सिद्धान्त का साहित्यिक रूपान्तर प्रायः हो ही नहीं पाता। फिर साहित्य और विशेषकर काव्य एक समन्वयात्मक वस्तु है। वह जिन जीवन-वस्तुओं को आत्मसात् करता है, उन्हें अपने साथ पूर्णतया समन्वित कर लेता है। काव्य की इस प्रकृति के कारण कोरे बौद्धिक और विचारात्मक तथ्यों का काव्य में अन्तर्भाव कठिन हो जाता है। अनेक जटिल मानसिक पद्धतियों के समुच्चय से निर्मित होनेवाला काव्य किसी वाद-विशेष का स्थूल प्रतिरूप तो हो ही नहीं सकता।"

वाजपेयी जी के इन विवेचनों और धारणाओं की पुष्टि तब और अधिक होती है जब वे 1932-33 में 'सूर-सुषमा' की भूमिका में यह सवाल उठाते हैं कि "पश्चिम के पण्डितों ने काव्य की परिधि बनाते हुए न जाने क्यों बाइबिल आदि आध्यात्मिक पुस्तकों को उससे बहिष्कृत कर दिया है, ब्लेक, ब्राउनिंग आदि दार्शनिक कवियों को उनका उचित आसन देने में वे संकोच कर रहे हैं। स्वयं ही संसारी भावनाओं में अधिक लिप्त होने के कारण उन्होंने काव्य का उत्कर्ष लोक-व्यापार में ही अधिक मान लिया

है, नहीं तो वे साहित्य और कलाओं के उस मौलिक तथ्य को स्पष्ट क्यों नहीं करते जिसके आधार पर उनका यह वर्गीकरण टिक सके।''

अगले पैरा में वे लिखते हैं ''हमारे देश में भी काव्य की कोटियाँ बनायी गयी हैं पर उनका उद्देश्य बन्धन नहीं है...अवसर के अनुसार वे अधिक-से-अधिक विस्तार कर सकती हैं, जिसमें लौकिक और अलौकिक भावनाजगत् अभेद भाव से सन्निहित हो सकते हैं...हमारे आदि कवि ने 'तुच्छातितुच्छ' लोक घटना से लेकर उच्चतम दार्शनिक तत्त्व का समन्वय एक ही रचना के अन्तर्गत किया है। यही हमारे यहाँ की सनातन काव्य परिपाटी रही है। निम्नातिनिम्न संसारी वस्तु से भी उच्चातिउच्च का आध्यात्मिक तत्त्व का संसर्ग करा देना यही अपने साहित्य की सबसे बड़ी विशेषता रही है।'' प्रबन्ध को अतिश्रेष्ठ और प्रगीत या गीत को उस तुलना में न्यून, शुक्ल जी की तरह वाजपेयी जी यह कभी नहीं मानते।

'काव्य और कला तथा अन्य निबन्ध' में भारतीय काव्य-कला की दृष्टि को निरूपित करते हुए कवि-चिन्तक जयशंकर प्रसाद लिखते हैं—''भारतीय विचारधारा इस सम्बन्ध में जो अपना मत रखती है वह विलक्षण और अभूतपूर्व है।''...कवि और ऋषि प्राचीन-काल से पर्यायवाची शब्द माने जाते रहे हैं। ऋषि लोग या मन्त्रों के कवि उन्हें देखते थे। यही देखना या दर्शन कवित्व की महत्ता थी।

प्रसाद मूर्त और अमूर्त का प्रसंग भी लेते हैं। उनके अनुसार मूर्त और अमूर्त का भौतिक भेद मानते हुए भी रूप दोनों में ही माना गया है। तब यह विश्वास होता है कि हमारे यहाँ रूप की साधारण परिभाषा से विलक्षण कल्पना है...सीधी बात तो यह है कि सौन्दर्यबोध बिना रूप के हो ही नहीं सकता। सौन्दर्य की अनुभूति के साथ-ही-साथ हम अपने संवदेन को आकार देने के लिए उनका प्रतीक बनाने के लिए बाध्य हैं। इसलिए अमूर्त सौन्दर्यबोध कहने का कोई अर्थ ही नहीं रह जाता।

भारतीय उपनिषदों का प्राचीन ब्रह्मवाद इस मूर्त विश्व को ब्रह्म से अलग निकृष्ट स्थिति में नहीं मानता। वह विश्व को ब्रह्म का स्वरूप बताता है। पूर्व भारत से पश्चिम का यह मौलिक मतभेद है। यही कारण है कि ग्रीस द्वारा प्रचलित पश्चिमी सौन्दर्यानुभूति बाह्य को, मूर्त को, विशेषता देकर उसकी सीमा में ही उसे पूर्व बनाने की चेष्टा करती है और भारतीय विचारधारा ज्ञानात्मक होने के कारण मूर्त और अमूर्त का भेद हटाते हुए बाह्य और आभ्यन्तर का एकीकरण करने का प्रयत्न करती है। प्रसाद जी यहाँ कई बार मौलिक ज्ञान-प्रतीकों की बात भी करते हैं।

अन्ततः वाजपेयी जी प्रसाद जी की हाँ में हाँ मिलाते हुए कहते हैं ''कला से जो अर्थ पाश्चात्य विचारों में लिया जाता है वैसा भारतीय दृष्टिकोण में नहीं। यह मानते

हुए कि ज्ञान और सौन्दर्यबोध विश्वव्यापी वस्तु है, इनके केन्द्र, देश-काल परिस्थितियों से तथा प्रधानतः संस्कृति के कारण भिन्न-भिन्न अस्तित्व रखते हैं।'' प्रसाद जी संस्कृति की अपनी व्याख्या करना भी नहीं भूलते—''संस्कृति का सामूहिक चेतना से, मानसिक शील और शिष्टाचारों से, मनोभावों से मौलिक सम्बन्ध है। साथ ही संस्कृति सौन्दर्यबोध के विकसित होने की मौलिक चेष्टा है। प्रसाद जी का आग्रह है—''हमें अपनी सुरुचि की ओर प्रत्यावर्तन करना चाहिए। क्योंकि हमारे मौलिक ज्ञान-प्रतीक दुर्बल नहीं हैं।''

एक ऐसे समय में जब यूरोप और अमरीका आदि कई साम्राज्यवादी देशों का हम पर हमला तेज हो गया है अपनी राष्ट्रीय अस्मिता की रक्षा के लिए हमें अपने मौलिक ज्ञान-प्रतीकों और स्वाधीन कला-दृष्टि पर विचार करना जरूरी हो जाता हैं? क्या हम संस्कृति और साहित्य-कला आदि में भी पश्चिम के उपनिवेश बनकर जीने को तैयार हैं? क्या किसी देश में मौलिक प्रतिभाएँ यही काम करती रही हैं? उत्तर होगा नहीं।

इन सवालों से रू-ब-रू होते ही आचार्य नन्ददुलारे वाजपेयी द्वारा और विजय देवनारायण साही द्वारा छायावाद के सन्दर्भ में बहुप्रयुक्त समीक्षा-पद 'आध्यात्मिक' समक्ष आ खड़ा होता है। अपने निबन्ध स्वच्छन्दतावाद-छायावाद-रहस्यवाद में श्री वाजपेयी लिखते हैं—''आध्यात्मिक सौन्दर्यबोध छायावादी कविता का केन्द्रीय उपकरण है। अपनी उदात्त सीमा पर पहुँचकर वह निखिल विश्व को एकरूप अनुभव करता है।'' किन्तु जब उनका यह विचार धार्मिक अध्यात्मवादियों की गलतफहमी का शिकार बनने लगता है तब वे यह सुस्पष्ट करना जरूरी मानते हैं कि ''साहित्य की रचना और संवेदना एक मानसिक पदार्थ है, जो जितनी गम्भीर होगी उतनी ही आध्यात्मिक कही जायेगी। इस दृष्टि से आप मुझे गम्भीर संवेदनाओं का प्रेमी कह सकते हैं। यदि अध्यात्म से आशय कुछ और हो और आध्यात्मिक साँचे से मुझे किसी मतवाद की सीमा में रखने का प्रयत्न किया जा रहा हो तो मैं इसे स्वीकार नहीं कर सकता...मैंने (भी) किसी अध्यात्मवाद को एकान्ततः नहीं पकड़ा है।''

वाजपेयी जी का यह कथन तब और स्पष्ट हो जाता है जब वे प्रेमचन्द पर आते हैं। प्रेमचन्द और उनके परवर्ती कथाकारों पर विचार करते हुए वे लिखते हैं—'उपन्यास-साहित्य में प्रेमचन्द जी के पश्चात् कई नवीनताएँ आयीं। विचार की भूमि अधिक गहराई में उतरी। कला में सूक्ष्मता के दर्शन हुए। परन्तु इस बीच के उपन्यासों में प्रेमचन्द की विशद दृष्टि के समकक्ष कोई चीज नहीं पायी गयी।'' मनोवैज्ञानिक और गाँधीवादी दृष्टि से लिखे गये उपन्यासों को लक्ष्य कर वाजपेयी जी ने कहा—''शिल्प में तमाम नवीनताओं के बावजूद इनका क्षेत्र सीमित और आग्रह एकांगी है। कला के

लिए मानव-पक्ष सर्वोपरि है, अन्य सब पक्ष उसके सहकारी बनकर ही रह सकते हैं। किसी भी मतवाद का किसी भी कलाकृति पर अनुशासन, उसे श्रेष्ठता प्रदान नहीं कर सकता।''

'समीक्षा-सम्बन्धी मेरी मान्यता' शीर्षक निबन्ध में वाजपेयी जी यह स्थापना देते हैं कि रचनात्मक साहित्य ही सिद्धान्तों की सृष्टि के लिए उपादान बन सकता है। इसलिए हमारी समीक्षा हमारे सामाजिक जीवन और उसमें रचे जानेवाले साहित्य के उपयुक्त होनी चाहिए। हमारी समीक्षा सामाजिक विकास की स्थितियों की सहकारिणी बने। तथापि वे यह नहीं कहते कि, ''जो कुछ हमारे यहाँ है वह अप्रतिम या अद्वितीय है और उसमें अब कुछ घटाने-बढ़ाने को शेष नहीं...ज्ञान का आलोक...जिस किसी दिशा से प्राप्त हो ले ही लेना चाहिए।...परन्तु मौलिक सिद्धान्त राष्ट्रीय ही रहने चाहिए और आवश्यकतानुसार उनमें परिष्कार और परिवर्तन करते रहना होगा।'' वाजपेयी जी के इस कथन के पीछे उनकी कौन-सी चिन्ताएँ काम कर रही हैं इसका खुलासा भी वे इन शब्दों में करते हैं—''हिन्दी साहित्य सदैव जन-समाज का साहित्य बनकर ही अपनी समृद्धि करता आया है... आज हिन्दी भाषा राष्ट्रीय प्रतिनिधित्व करना चाहती है...जब हमारे साहित्य पर राष्ट्रीय कहलाने की महान् जिम्मेदारी आ गयी है, तब वर्गों, फिरकों या सम्प्रदायों में विभक्त कर हिन्दी साहित्य को परखने की पद्धति हमारे लिए खतरनाक होगी—यहाँ तक कि अत्यन्त आत्मघातक होगी।''

आज इसे याद दिलाने और प्रमाणित करने की आवश्यकता नहीं रह गयी कि दलित चिन्तन से जुड़े लोग इसी के परिणामस्वरूप रामचन्द्र शुक्ल पर ही नहीं, प्रेमचन्द पर भी हमले कर रहे हैं। क्या वाजपेयी जी कुछ दूर तक सही नहीं सोच रहे थे?

क्या वे भारत के दलित समूहों के विरोधी थे? यदि ऐसा होता तो न तो उन्हें प्रेमचन्द प्रिय होते, न निराला, रेणु और नागार्जुन। राष्ट्रीय जीवन को प्रत्येक न्यायपूर्ण मांग ओर आकांक्षा के वे निर्द्वन्द्व समर्थक और प्रोत्साहनकर्ता थे। भारत के समस्त जन-मन के प्रति वे अपने आलोचक की जिम्मेदारी को स्वीकार करते थे।

# साहित्याचार्य शुक्ल और उनके स्वच्छन्दतावादी शिष्य नन्ददुलारे वाजपेयी

हिन्दी साहित्य में आचार्य शुक्ल के असाधारण और महान् व्यक्तित्व को लेकर कोई भी दो मत नहीं हैं। मुझे लगता है कि उनकी आलोचना आधुनिक हिन्दी की साहित्य-चिन्तन की परम्परा का बुनियादी प्रस्थान बिन्दु है। उनके चिन्तन में अतलान्त भारतीयता और विलक्षण साहित्य-विवेक है। इसका एक कारण तो उनका गहन और सघन परम्परा-बोध, दूसरा स्वयं उनकी प्रचण्ड काव्य-विदग्धता और सहृदयता है, लेकिन जिस तरह महाभारत के भीष्म पितामह और द्रोणाचार्य अपनी घातक चूकों और समझ के लिए या चलते आज भी आलोचकों के निशाने पर रहते हैं, शुक्ल जी भी प्रायः रहे ही हैं। एक परवर्ती लेखक की तरह मैं यह सोचने को मजबूर हो उठता हूँ कि शुक्ल जी क्यों अपने चिरपरिचित और तयशुदा मानदण्डों से उस नयी सृजनशीलता की प्रकृति और चरित्र को देखना और सराहना या फिर मूल्यांकित करना चाहते थे, जिसके काव्य-स्रोत ही नहीं, काव्य-प्रस्थान और गन्तव्य भी भिन्न थे? मेरी समझ से यही उनकी सबसे बड़ी चूक थी।

प्रश्न यह है कि क्या इस रोज-रोज बदलती जाती दुनिया के सारे सवाल और उनके समाधान पहले वाली दुनिया जैसे होंगे? या फिर किंचित् अलग, अनुभव में ही नहीं, दृष्टि और गति में भी। धर्म-संस्कृति अर्थात् समस्त परम्परा में चीजें बदलती और विकसित होती जाती हैं और इस सबके प्रति हमारा व्यवहार भी। शुक्ल जी शायद यह स्वीकार करने और मानने को तैयार नहीं थे। यह अलग बात है कि इस जमाने में भी उनके अन्ध मूर्तिपूजक हैं और आगे भी रहेंगे। तब भी विवेकी कवि और आलोचक अपने समय-धर्म के निर्वाह के लिए आगे आते रहेंगे और इस प्रक्रिया में आचार्य शुक्ल अपनी ऐतिहासिक चूकों के चलते घिरते रहेंगे, सो भी किन्ही बाहरी लोगों द्वारा नहीं, अपने ही खास बनारसी घर में।

शुक्ल जी और उनकी ही कक्षा के छात्र और प्रतिभाशाली शिष्य (यद्यपि शुक्ल जी की स्वयं की निगाह में वे सब कुछेक अन्य थे, वाजपेयी तो कदापि नहीं) नन्ददुलारे वाजपेयी की असहमतियों और मुठभेड़ों का कोई सन्दर्भ अगर है तो यही है, अब जरा वाजपेयी का अपना हलफिया बयान भी सुनते चलें, "उनकी लिखी हुई पुस्तकें और उनके तैयार किये हुए विद्यार्थी (जिनमें मैं भी एक होने का गर्व करता हूँ) उनका सन्देश स्कूलों और कॉलेजों, पत्रों और पत्रिकाओं तथा व्यापक रूप से हिन्दी के क्षेत्र में सुनाया करते हैं। इनमें से बहुत-से तो उनकी प्रतिध्वनि मात्र हैं। कुछ लोग उनकी बातों को दोहराने में ही उनका सच्चा शिष्यत्व समझते हैं, किन्तु प्रतिध्वनि कभी मूलध्वनि की बराबरी नहीं कर सकती। उनका सच्चा शिष्यत्व तो है उनके लिये हुए काम को आगे बढ़ाने में, जिस प्रकार स्वयं उन्होंने पिछले किये हुए काम को आगे बढ़ाया।"[1]

इस प्रसंग से यह बात भी ध्यान में आती है कि पिछले आचार्यों को आँख मूँद दोहराना या किसी भी ऐसी बात की लकीर मात्र पीटना मौलिक प्रतिभा का काम नहीं है। उसका काम है, स्थापित या ठहरी हुई सोच और विचार-परम्परा को नयी शक्ति और गति देना। शिष्य वाजपेयी ने अगर कुछ किया तो यही किया। ठीक प्लेटो के शिष्य अरस्तू की तरह। संस्कृति के इतिहास में जायें तो राम के बाद कृष्ण और फिर महावीर और बुद्ध का आना क्या इसी सत्य का बयान नहीं करता?

आज जो लोग जमाने की तमाम बौद्धिकता के बावजूद, शुक्ल और वाजपेयी को राम-रावण की तरह मानते हैं, उनके साहित्य और संस्कृति विवेक पर कैसे विश्वास किया जाये?

क्या इस मुठभेड़ में अकेले केवल वाजपेयी हैं, क्या शोध और इतिहास के क्षेत्र में हजारीप्रसाद द्विवेदी नहीं हैं? कबीर को लेकर क्या वे शुक्ल जी की कई जानी-मानी स्थापनाओं से असहमत नहीं हैं? मसलन भक्तिकाव्य के उद्‌भव को लेकर या फिर इतिहास में आदिकाल के वीरगाथाकाल नाम को लेकर? द्विवेदी जी तो इसे आदिकाल ही कहना चाहते हैं। तब वाजपेयी अकेले ही रावण कैसे हैं? अगर हैं तो दोनों हैं। हाँ, असहमत होने के दोनों के सन्दर्भ और क्षेत्र भिन्न हैं। स्वभाव-भिन्नता के चलते दोनों का समीक्षा-व्यवहार और शैली भी भिन्न हैं। ऐसा स्वभाव भेद तो रामविलास शर्मा और नामवर सिंह के बीच भी देखा जा सकता है। न केवल स्वभाव-भेद, वरन दृष्टि भेद भी।

---

1. हिन्दी साहित्य : बीसवीं शताब्दी, पृ.- 103, 1941 में लिखा गया निबन्ध।

शुक्ल जी के दृष्टिकोण से बुनियादी तौर पर असहमत होने का इतिहास सबसे पहले प्रसाद और निराला का मिलता है। 'रहस्यवाद' और 'छायावाद' सम्बन्धी दृष्टिकोण पर प्रसाद और शुक्ल की मुठभेड़ें अब हमारे लिये दस्तावेज के बतौर उपलब्ध हैं। प्रसाद जी तो शुक्ल जी जैसे महान् आलोचकों को कठघरे में लेते हुए लिखते हैं, 'कभी यह सुना जाता है भारतीय साहित्य में दुःखान्त और तथ्यवादी साहित्य अत्यन्त तिरस्कृत है। शुद्ध आदर्शवाद का सुखान्त प्रबन्ध ही भारतीय संस्कृति से अधिक अनुकूल है। तब मानो ये आलोचकगण भारतीय संस्कृति के साहित्य-सम्बन्धी दो आलोकस्तम्भों, रामायण और महाभारत की ओर से अपनी आँखें बन्द कर लेते हैं। ये सब भावनाएँ साधारणतः हमारे विचारों की संकीर्णता से और प्रधानतः अपनी स्वरूप-विस्मृति से उत्पन्न हैं।

'रहस्यवाद' वाले अपने महालेख को शुक्ल जी ने विदेशी लेखकों और विचारकों के उद्धरणों से पाट दिया है।[1] प्रसाद जी चाहते थे कि, 'आलोचकगण' अपनी मूल भारतीय दृष्टि और परम्परा के पास आयें। मजा तो यह कि स्वयं शुक्ल जी भी रहस्यवादवाले अपने लेख में इसी आग्रह से भरे हुए हैं, किन्तु स्वयं को वाद देकर। तब तो यही दुःखद निष्कर्ष समूची हिन्दी आलोचना को लेकर निकलता है कि वह औपनिवेशिक निगाह से बुरी तरह आक्रान्त है।[2] तब भी शुक्ल जी बार-बार 'अपने यहाँ' जैसे मुहावरों के प्रेमी हैं। यह भी सच है कि वे अपनी बौद्धिक प्रखरता और प्रचण्डता में कम नहीं हैं, न अपनी भावुकता या सहृदयता में कम कोमल। अद्भुत मिश्रण है उनकी बनावट में, पर वे जहाँ अड़ जाते हैं तो फिर अड़ ही जाते हैं, जैसे क्रोचे के अभिव्यंजनावाद या फिर क़बीर को लेकर। अन्ततः हैं तो वे भी मनुष्य ही। हाँ, पारम्परिक आचार्यों की तरह शायद ही कभी वे कहते हों कि हमारे वे ही आचरण ग्रहण करना, जो तुम्हारे लिये ग्रहण योग्य हों।

---

1. ये वही शुक्ल जी हैं, जिन्होंने अपने शिष्य नन्ददुलारे वाजपेयी को लक्ष्य कर आरोप लगाये हैं कि ये यूरोप के कुछ कला-सम्बन्धी एकदेशीय और अत्युक्त मतों को सामने लाकर हिन्दीवालों की आँखों में चकाचौंध उत्पन्न करते हैं—हि.सा.का इतिहास।
2. 'शुक्ल जी रहस्यवाद की तलाश करते हुए विदेशों में भटक जाते हैं, उन्हें रहस्यवाद की जड़, ईसाई और सामी मजहबों में दिखायी देती है। अपने प्राचीन साहित्य में उन्हें रहस्यवाद का कहीं दर्शन नहीं होता।' नीलकान्त—रामचन्द्र शुक्ल, पृ.- 57

प्रसाद जी के बाद शुक्ल जी के रवैये को लेकर जो दूसरी किंचित् युवा काव्य-प्रतिभा आती है, वे निराला हैं। निराला ने शुक्ल जी के इस प्रतिभा-व्यवहार पर कम-से-कम दो कविताएँ तो लिखी ही हैं। 'कॉलेज का बचुआ' तो सब जानते हैं। काशी हिन्दू विश्वविद्यालय में युवा मित्र नन्ददुलारे वाजपेयी के अनुरोध एवं आग्रह पर जब वे छायावाद-रहस्यवाद पर बोलने गये तो जो कहना शुरू किया, हरिऔध जी अध्यक्षीय कुर्सी छोड़ बहाने से निकल गये। शुक्ल जी और श्यामसुन्दर दास जी पहल से नहीं आये थे। तब मजबूरन खुद नन्ददुलारे वाजपेयी ने कुर्सी सम्हाली। सम्हाली ही नहीं, निराला के व्याख्यान के समर्थन में उतरे।

आखिर निराला ने ऐसा क्या कह डाला कि सज्जन हरिऔध जी कुर्सी छोड़ बहिर्गमन कर गये। उस समय के आचार्यों और युग-निर्माताओं को लेकर निराला ने कहा—'तीसरे दरजे का छात्र रहस्यवाद को क्या समझेगा। निराला रचनावली में इसका विवरण स्वयं निराला ने दिया है, जिसकी रुचि हो, उधर देख ले।

विलक्षण और मजेदार यह है कि प्रसाद जी गये तो पर सभा के बाहर ही खड़े रहे, खड़े सुनते रहे। वैसे भी वे परम संस्कारी अभिजात वाले थे। निराला की तरह तो बिलकुल नहीं, पर जोड़ी दोनों की राम-लक्ष्मणवाली थी। निराला की साहित्य साधना के तीसरे भाग की भूमिका में रामविलास जी लिखते हैं, "विश्वविद्यालय में छायावाद का प्रवेश रोकने के लिए कैसे-कैसे पहरेदार बैठे थे, यह नन्ददुलारे वाजपेयी के पत्रों से विदित होता है और यह भी कि इन्हीं पहरेदारों की टुकड़ी का एक सिपाही, उन्हीं के गढ़ में छायावाद का यानी रूढ़िविरोधी आधुनिक साहित्य का झण्डा उठाने पर तुला हुआ है और वह अकेला नहीं है, राम अवध द्विवेदी जैसे और जी सिपाही उसके साथ हैं। विश्वविद्यालय के भीतर नन्ददुलारे वाजपेयी और बाहर जयशंकर प्रसाद, रूढ़िवाद के खिलाफ इन दोनों का संयुक्त मोर्चा हिन्दी साहित्य के इतिहास की रोचक कहानी है।"

ये वही नन्ददुलारे वाजपेयी हैं, जिनके लेखन को सर्वथा कुपात्र मान नामवर सम्प्रदाय ने जेएनयू के छात्रों के योग्य उसे न मानते हुए इस मुठभेड़ पर रोचक जानकारी से उन्हें वंचित ही कर दिया। शायद वाजपेयी इन सबकी निगाह में प्रतिक्रियावादी दकियानूस रहे हों। आज भी शायद हैं ही। यही तो आलोचना की वस्तुपरकता है। आश्चर्य यह कि मुक्तिबोध ने जिस एक आलोचक को अपने लेखन में सबसे ज्यादा और बार-बार याद किया है, वह नन्ददुलारे वाजपेयी हैं। कभी-कभी तो वे उन्हें प्रसाद के साथ ब्रेकेट ही कर देते हैं।

इसमें कोई शक नहीं कि वाजपेयी प्रसाद, निराला, पन्त के पहले आलोचक और सखा-सहृदय हैं। प्रसाद और निराला की किताबों के भूमिका लेखक भी।

अब जरा शुक्ल जी के महत्त्व को लेकर वाजपेयी की कुछेक टिप्पणियाँ देखें। असहमतियों पर बातचीत बाद में—

(क) 'शुक्ल जी ने हिन्दी समीक्षा में क्रान्तिकारी परिवर्तन किया। वे नये युग के विधायक थे।'

(ख) 'वे एक उच्चकोटि के सहृदय और काव्य-मर्मज्ञ हैं।'

(ग) 'शुक्ल जी की साहित्यिक देन कितनी जबर्दस्त है, इसका अनुमान इतने से ही किया जा सकता है कि यद्यपि वे प्राचीन दार्शनिक मान्यताओं के विपरीत निर्देश करते आये हैं, किन्तु आज भी वे उस काल के काव्य के प्रामाणिक विवेचक माने जाते हैं और उनकी देख-रेख में प्राचीन अनुसन्धान का कार्य भी होता रहता है और यह भी उन्हीं के व्यक्तित्व का परिणाम है कि नवीन समुन्नत काव्य को अपना पैर जमाने के लिए (शुक्ल जी के विरोध के बावजूद) लगातार पन्द्रह वर्षों तक अथक उद्योग करना पड़ा। आज भी स्थिति यह है कि साहित्य और उसके आनुषंगिक विषयों पर अध्ययन के अधिक प्रशस्त रास्ते खुल जाने पर भी अब तक शुक्ल जी ही साहित्य के अन्तिम वाक्य माने जाते हैं।' शुक्ल जी द्वारा हिन्दी का बड़ा हित साधन हुआ है। गम्भीर विवेचन का उन्होंने ही सूत्रपात किया। कुछ लोग उनकी बातों को दोहराने में ही उनका सच्चा शिष्यत्व समझते हैं, किन्तु प्रतिध्वनि कभी मूल ध्वनि की बराबरी नहीं कर सकती। उनका सच्चा शिष्यत्व तो है उनके लिए हुए काम को आगे बढ़ाने में, जिस प्रकार स्वयं उन्होंने पिछले काम को आगे बढ़ाया।' (ये सारे उदाहरण उनकी पुस्तक हिन्दी साहित्य : बीसवीं शताब्दी से हैं, जो रचनावली के पाँचवें खण्ड के पृ. 67-91 तक संकलित हैं।)

वह काम, जिसे अपनी 'मूलध्वनि' लेकर शिष्य नन्ददुलारे वाजपेयी ने आगे बढ़ाया, वह क्या था, आगे हम इसी की चर्चा करना चाहेंगे।

दोनों के बीच उठे विवादों से पहले यह जरूर कह दूँ कि जैसे-जैसे वाजपेयी जी आगे बढ़े, शुक्ल जी को लेकर उनकी दृष्टि अधिक सँवरती और सुस्पष्ट होती चली गयी और धीरे-धीरे वे यहाँ तक कहते मिलते हैं कि स्वयं वे, द्विवेदी जी, पण्डित विश्वनाथ प्रसाद मिश्र का आलोचक व्यक्तित्व जब मिलता है, तब शुक्ल जी पूरे होते हैं। अन्तिम और प्रौढ़ दिनों में पहुँचकर वे राष्ट्रीय (जातीय) साहित्य की अपनी अवधारणा प्रस्तुत करते हुए जिन चार महान् हिन्दी लेखकों को छाँटते हैं, उनमें प्रेमचन्द, प्रसाद, निराला और आचार्य शुक्ल हैं। इसलिए यह धारणा लेकर नहीं चला

जा सकता कि शुक्ल जी राम और वाजपेयी रावण हैं तब भी दोनों की असहमतियाँ हैं और वे न होतीं तो हिन्दी आलोचना का जो विकास हुआ, वह सम्भव भी नहीं था। अकारण ही नहीं हिन्दी आलोचना की सारी किताबें शुक्ल जी के बाद जिस एक आलोचक की चर्चा करती हैं, वे वाजपेयी ही हैं। कुछेक तटस्थ होकर कुछेक विचारधाराबद्ध होकर। यह हक उन्हें क्या, किसी को भी प्राप्त है।

शुक्ल जी से वाजपेयी जी जहाँ सबसे पहले भिड़ते (1931) हैं, वह काव्य-क्षेत्र रहस्यवाद और छायावाद है। प्रसाद की चर्चा तो पहले हो ही चुकी है। निराला की भी। वाजपेयी पहली बात तो यही उठाते हैं कि जिस रहस्यवाद और छायावाद को शुक्ल जी पश्चिम के ब्लेक आदि कवियों की मार्फत उठाते हैं, उसी धारा में वड्र्सवर्थ, कीट्स, शेली भी हैं, जिन्हें कोरा रहस्यवादी नहीं कहा जा सकता। उनकी मूल प्रकृति रोमाण्टिक है और प्रकृति और सौन्दर्य लोक में रमे हुए हैं वे। शुक्ल जी से अलग वाजपेयी हिन्दी में इस रहस्यवादी पद को छायावाद के ही अन्तर्गत एक विशेष काव्य-प्रवृत्ति के रूप में लेना चाहते हैं। उनका कथन है, "काव्य-समीक्षा में दार्शनिक सिद्धान्तों को आधार मानना घोड़े के आगे गाड़ी खड़ी करना है। काव्य की उद्वेगपूर्ण उच्छृंखल भावनाएँ दार्शनिक बुद्धिवाद से जकड़ी नहीं जा सकतीं। हिन्दी में जिसे हम छायावाद कहते हैं, उसके अतिरिक्त किसी रहस्यवाद की आवश्यकता हमें नहीं है।" (सोमवार 29 दिसम्बर, 1930 भारत, प्रयाग)

यह चौबीस साल के युवा हिन्दी आलोचक की छायावाद-सम्बन्धी पहली व्याख्या है।

शुक्ल जी ने आगे चलकर इतिहास में छायावादियों पर लिखते हुए उसे जिन दो अर्थों में प्रयोग किया है, उसमें से एक तो रहस्यवाद के अर्थ में' और उसे जोड़ा पश्चिम में 'छाया' (फैण्टस भाटा) से। छायावाद का दूसरा प्रयोग वे काव्य-शैली या पद्धति-विशेष के व्यापक अर्थ में करते हैं। पहले में वे केवल महादेवी को लेते हैं और दूसरे में उनकी सूची में तीनों-प्रसाद-निराला-पन्त हैं। वे इसे द्विवेदीयुगीन इतिवृत्तात्मक शैली की प्रतिक्रिया में आया काव्य मानते हैं।

प्रश्न है कि प्रसाद-निराला-पन्त का काव्य क्या प्रतिक्रिया में आयी हुई एक काव्य-शैली मात्र है? यही कारण है कि पन्त के लाक्षणिक प्रयोगों को लेकर वे बेहद मुग्ध हैं।

इस स्थिति में शुक्ल जी से कैसे सहमत हुआ जा सकता था कि बीसवीं सदी की इन महान् प्रतिभाओं को हम मात्र शैली का कवि मानकर सन्तुष्ट हो लेते। स्वभावतः शुक्ल जी की इस आलोचना-दृष्टि का प्रतिवाद होना ही था और अच्छा ही हुआ कि

यह उन्हीं की कक्षा के एक विद्यार्थी के द्वारा किया गया। अगर ये शैलीकार थे तो रामविलास शर्मा को निराला क्यों इतने महान् लगे? इसलिए वाजपेयी सही सवाल उठाते रहे थे। छायावाद क्या है, इसे नामवर जी ने अपनी किताब में समझाया है। विजयदेव नारायण साही तो उसे सत्याग्रह युग का ही काव्य कहते हैं।

वाजपेयी शुक्ल की कविता-सम्बन्धी अवधारणा से भी सहमत नहीं थे। रस-मीमांसा में शुक्ल जी ने कविता की दो कोटियाँ बनायीं। साधनावस्था और सिद्धावस्था की कविता साधनावस्था अर्थात् प्रयत्नपक्ष की कविता अर्थात् प्रबन्ध कविता यानी जायसी और तुलसी की कविता। सिद्धावस्था की कविता, में सूर का काव्य आता है। आचार्य रामचन्द्र शुक्ल ग्रन्थावली के सम्पादक ओमप्रकाश सिंह के अनुसार आचार्य शुक्ल रसवादी काव्य-चिन्तक थे। सिद्धावस्था में कविता का भोगपक्ष प्रधान होता है, अनुभव-क्षेत्र अपेक्षाकृत सीमित। बकौल शुक्ल जी—सूर का काव्य इसी सीमित अनुभव-क्षेत्र का है। मुख्यतः प्रेम इसका बीज भाव है।

यहाँ शुक्ल जी का लोकमंगल याद रखा जा सकता है, जिसका सीधा सम्बन्ध तुलसी के प्रबन्ध-रामचरितमानस से है। सूर उनके अनुसार लोकरंजन के कवि हैं। उनका यह लोकमंगल आज तक मानदण्ड बन चुका है, खासतौर से वामपन्थी आलोचना-धारा का, पर वह स्वयं नागार्जुन, शमशेर, मुक्तिबोध की कविता को कहाँ तक आत्मसात् करेगा, इस पर शायद अभी विचार होना बाकी है।

दूसरी ओर समूचा छायावाद; एक कामायनी को छोड़कर प्रगीतकाव्य है। निराला का 'तुलसीदास', पन्त का असफल प्रबन्धकाव्य 'लोकायतन', लघु (खण्ड) और पूर्ण (पूर्ण या महत्) प्रबन्धकाव्य कामायनी को छोड़कर बकौल शुक्ल जी या तो सिद्धावस्था काव्य है या फिर कुछ और। अब शुक्ल जी ने अन्तिम बात कह दी। इसके आगे वे सोच पाते कि काल ने उन्हें हमसे छीन लिया। शायद सोच भी पाते, पर जब ऐसा नहीं हुआ, तब क्या विचार की जमीन खाली रहती। वाजपेयी इसी बिन्दु पर आते हैं और उस अवकाश को भरने का काम करते हैं।

वे प्रबन्ध और प्रगीत को आमने-सामने कर लिखते हैं, पर...इसके पहले एक बार फिर शुक्ल जी के मूल तुर्कों को याद कर लें। कविता में पूर्ण रस संचार के लिए प्रबन्धकाव्य अर्थात् प्रयत्नावस्था की साधनावस्था जरूरी है। इसी में भाव-व्यापार का सारा सौन्दर्य प्रकट होता है। सारे रसों के व्यक्त होने की गुंजाइशें बनती हैं। इसलिए काव्य का यही रूप श्रेष्ठतम है। लोकमंगल इसी से सिद्ध होना सम्भव होता है, जबकि सिद्धावस्था की कविता या प्रबन्धेतर कविता केवल भोग (रस का) व्यापार की कविता है। स्वभावतः वह श्रेष्ठतम तो कैसे हो सकती है, अब इसमें चाहे मेघदूत आये, चाहे

विनयपत्रिका, कबीर, सूर या फिर मीराँ की कविता। हमारे अपने समय में आँसू, 'राम की शक्ति-पूजा', 'असाध्यवीणा', 'अँधेरे में' आदि। एक बार 'राम की शक्ति-पूजा' को अगर शामिल भी कर लिया जाये तब भी तो बहुतेरा श्रेष्ठ कवित्व इससे बाहर ही रहेगा।

प्रश्न क्या यह नहीं उठना चाहिए कि रस का सिद्धान्त अगर अपनी युगानुकूल व्याख्याएँ कर आगे के काव्य को समुचित साहित्यिक प्रतिष्ठा नहीं देता, तब क्या कवि-प्रतिभाओं को हम सिद्धान्त-विशेष के निर्देशानुसार लिखने का निर्देश दे सकते हैं? वाजपेयी की मूल आपत्ति यही है।

अपनी तीसरी पुस्तक 'आधुनिक साहित्य' (1950) की ऐतिहासिक भूमिका में वे लिखते हैं, "पुराने विवेचकों ने हमें यह समझाया है कि आख्यानक या कथात्मक काव्य, मुक्त या प्रगीत की अपेक्षा काव्य-दृष्टि से अधिक प्रशस्त या समुन्नत होता है और इसके कई कारण भी उन्होंने बताये हैं। प्रबन्धकाव्य या सर्गबद्ध रचना लम्बी होती है और उसमें जीवन के अनेकानेक रूपों और मानव-सम्बन्धों का चित्रण और व्याख्या की जा सकती है। यह बात अंशतः ठीक हो सकती है, पर दूसरी दृष्टि से देखने पर प्रगीत की विशेषताएँ भी स्पष्ट हो जाती हैं। प्रगीतकाव्य में कवि की भावना की पूर्ण अभिव्यक्ति होती है। उसमें किसी प्रकार के विजातीय द्रव्य के लिए स्थान नहीं रहता। प्रगीतों में ही कवि का व्यक्तित्व पूरी तरह प्रतिबिम्बित होता है। वह कवि की सच्ची आत्माभिव्यंजना है।"

कवि के अन्तस्तल का उद्‌घाटन प्रगीत में ही सम्भव है। प्रबन्धकाव्य में दृश्यचित्रण और वस्तुचित्रण का बहुत-सा इतिवृत्त भी लगा रहता है, परन्तु प्रगीत-रचना में कविता के इन समस्त उपचारों में विरत होकर केवल कविता या भाव-प्रतिमा बनकर आती है। संगीत के स्वरों की भाँति प्रगीत के शब्द ही अपनी भावना इकाइयों से कविता का निर्माण करते हैं, उनमें शब्द और अर्थ, लय और छन्द अथवा रूप और निरूप्य की अभिन्नता हो जाती है। "प्रबन्धकाव्य यदि कोई रसीला फल है, जिसका आस्वादन छिलके, रेशे और बिये (बीज) आदि निकालने पर ही किया जा सकता है, तो प्रगीत-रचना उसी फल का द्रव्य-रस है, जिसे हम घूँट-घूँट पी सकते हैं।"[1]

इस नये काव्य-रहस्य-प्रगीत की विशेषताएँ लिखते हुए वे अगले ही पृष्ठ पर फिर लिखते हैं, "प्रगीत-काव्य में शब्द और अर्थ, लय और छन्द, रूप और वस्तु एक-दूसरे के समीप आकर अभिन्न हो जाते हैं। प्रगीत में कवि की भावना-कल्पना, उसकी अभिव्यंजना, उसके द्वारा निर्मित प्रगीत के रूप में भी एकता या तादात्म्य स्थापित हो

---

1. आधुनिक साहित्य, पृ.- 24 नन्ददुलारे वाजपेयी।

जाता है और उसी अवस्था में प्रगीत अपने वास्तविक काव्योत्कर्ष को प्राप्त करता है। इन द्विविध तत्त्वों के एकदम समीप आ जाने और अन्तर खो देने में ही प्रगीत का प्रगीतत्व है। इस दृष्टि से हम यह भी कह सकते हैं कि प्रगीत-काव्य की निर्मात्री भावना में और उस भावना द्वारा निर्मित प्रगीत-भाजन में तात्त्विक एकता होती है। एक विशेष प्रकार (या अवसर) की भावना या अनुभूति, जिसमें कवि का व्यक्तित्व पूरी तरह खो गया हो और साथ ही जिसमें किसी रूढ़ भावना या संस्कार का योग न हो, प्रगीत का निर्माण करती है। अतएव इस काव्यरूप (प्रगीत) के निर्माण में इस युग की काव्य-भावना का इतिहास भी संलग्न है।''[1] तो क्या शुरुआती वाजपेयी रस या अलंकार विरोधी थे? ऐसा कहा भी जा सकता है। हिन्दी के कॉलरिज वाजपेयी ने हिन्दी की स्वच्छन्दतावादी आलोचना का प्रवर्तन करते हुए लिखा—

''कविता जिस स्तर पर पहुँचकर अलंकारविहीन हो जाती है, वहाँ वह वेगवती नदी की भाँति हाहाकार करती हुई हृदय को स्तम्भित कर देती है। उस समय उसके प्रवाह में अलंकार, ध्वनि, वक्रोक्ति आदि-आदि न जाने कहाँ बह जाते हैं और सारे सम्प्रदाय न जाने कैसे मटियामेट हो जाते हैं।''

अगर इसे किसी कवि के मार्फत समझना हो तो फिर 'आधुनिक साहित्य' की भूमिका की तरफ फिर लौटना होगा। निराला के प्रगीत व्यक्तित्व पर वे लिखते हैं, ''मुक्त-छन्द के कवि के लिए यह स्वाभाविक ही है कि उसकी कविता में सुकुमार प्रसाधन, कल्पना की बारीकी और अनावश्यक आभरण या अलंकार न हों। कहीं लटें बिखरी हों, कहीं खुली धूप में मुँह तमतमाया हो।''[2]

यह सब जान लेने पर इस निष्कर्ष पर पहुँचना कठिन नहीं रह जाता कि नव्य काव्यशास्त्री आचार्य शुक्ल से भिन्न समीक्षा-दृष्टि अपनाते हुए वे उस स्वच्छन्दतावादी काव्य और आलोचना-पथ का प्रवर्तन करते हैं, जो सृजन-भावना केन्द्रित और अभिव्यक्ति में सहज एवं स्वच्छन्द हो तथापि उसमें प्रसाद, निराला की तरह गम्भीर सांस्कृतिक राष्ट्रीय चेतना और पन्त की-सी अनुभव प्रेरित कल्पना हो?[3]

शुक्ल जी तो कविता को भाव-योग कह ही रहे थे, किन्तु यह मानते हुए कि वह भाव-अनुशासन एवं भाव-संयम भी है। वाजपेयी ने उसे भाव-विस्फोट कहकर एक और ही नयी बात कह दी।[4]

---

1. वही, पृ.- 25-26
2. रचनावली खण्ड-सात पृ.- 133, हिन्दी साहित्य बीसवीं सदी।
3. आधुनिक साहित्य की भूमिका (1950), पृ.- 29
4. 'झरना' में प्रसाद ने लिखा, 'किसी हृदय का विषाद है, छेड़ो मत, यह सुख का कण है। पन्त की उक्ति, 'आह से उपजा गान' कौन नहीं जानता।

आचार्य शुक्ल से उनकी तीसरी असहमति समीक्षक के सृजन-व्यवहार को लेकर है। यह मानते हुए भी कि, "शुक्ल जी ने समीक्षा के भारतीय साँचे को बना रहने दिया, वे यह लक्ष्य करना नहीं भूलते कि जब-जब शुक्ल जी ने अपनी काव्यमाप में कुछ व्यक्तिगत रुचियों को प्रवेश करने दिया है, उदाहरण के लिए कथात्मक साहित्य या प्रबन्ध-रचना को मुक्त काव्य पर उन्होंने तरजीह दी और निर्गुण-सगुण की दार्शनिक धाराओं में सगुण पक्ष की वकालत की, वहाँ-वहाँ अक्सर उन्हें काव्य की परख करने में कठिनाई हुई है। डी.एल. राय में रवीन्द्रनाथ की अपेक्षा उच्चतर भाव-संवेदन का निरूपण करना इसी प्रकार के पक्षपात का परिणाम है। इसी के फलस्वरूप उन्हें हिन्दी के आधुनिक कवियों (आशय छायावादियों से) से भी कुछ अनधिकारियों अथवा अल्प अधिकारियों को उचित से अधिक महत्त्व देना पड़ा है, तथापि शुक्ल जी की काव्य-समीक्षा में बड़े समारोह के साथ इस सामाजिक सम्पर्क का आवाहन है। यह हिन्दी आलोचना के लिए बड़े महत्त्व की बात सिद्ध हुई, बल्कि मैं तो यह कहूँगा कि नव्यतर सामाजिक प्रगति से (विशेषत राजनीति से) घनिष्ठ सम्बन्ध न रहने के कारण शुक्ल जी साहित्य की आधुनिक प्रवृत्तियों से उतना अधिक तादात्म्य नहीं स्थापित कर सके, जितना उनके जैसे इस क्षेत्र के अधिनायक से आशा की जाती थी।"

अब वाजपेयी अपनी बात पर आते और कहते हैं, "युग की संवेदनाओं से समीक्षक का घनिष्ठ परिचय होना चाहिए। तभी वह युग के साहित्य का आकलन सम्यक् रूप से कर सकेगा। जिन नूतन स्थितियों और प्रेरणाओं में नवीन काव्य का निर्माण हुआ है, जिन नवीन वादों की सृष्टि हुई है और जो नयी शैलियाँ साहित्य में अपनायी गयी हैं, उनका जब तक परिचय नहीं, तब तक साहित्य का मूल्यांकन क्या होगा? किन्तु घनिष्ठ-से-घनिठ परिचय में भी तटस्थता समीक्षक के लिए आवश्यक है। यह तटस्थता सफल विश्लेषण की पहली शर्त है।" शुक्ल जी के समीक्षा-व्यवहार पर यह बड़ी टिप्पणी थी, जो उनकी कक्षा का ही एक छात्र उन पर कर रहा था।

शुक्ल जी के लोकधर्म और लोकमंगल पर भी उनकी टिप्पणी है, "शुक्ल जी का विवेचन न तो प्राचीन दार्शनिक पद्धति का अनुसरण करता है और न वे उस प्रकार के सांस्कृतिक और समाजशास्त्री अध्ययन में प्रवृत्त हुए हैं, जो आज की आलोचना का आवश्यक अंग है।" इससे उनकी, जो आलोचना दृष्टि हिन्दी काव्य-चिन्तन को मिलती है, उस पर वाजपेयी जी की टिप्पणी है, "जहाँ तक काव्य-विवेचन का प्रश्न है, शुक्ल जी ने सर्वथा असंग होकर काव्य को नहीं देखा, व्यक्तिगत आदर्शों और विचारों की छाया से उसे ढक रखा है। मुक्त काव्य, प्रगीत आदि के प्रति उनका रवैया असहानुभूतिपूर्ण रहा। फिर शुक्ल जी का 'लोकधर्म' भी जीवन के प्रगतिशील स्वरूपों

का आकलन नहीं करता। वह रूढ़िबद्ध होकर श्रेष्ठ काव्य की पहचान में असफल सिद्ध हुआ है। इसका कारण यही है कि इस सिद्धान्त के पीछे शुक्ल जी ने काव्य के निर्माणात्मक और मानसिक उपकरणों की पूरी तरह अवहेलना की है, साथ ही समय या युग विकास की ओर भी उनका ध्यान नहीं था, जबकि "आधुनिक युग विराट् भावनाओं का युग है। विश्वबन्धुत्व विश्वैक्य आदि के आदर्श प्रचलित हुए हैं। कविताएँ भी उसी के अनुरूप होंगी और काव्य समीक्षा को भी उतना ही व्यापक सतर्क बनाना होगा।"[1]

इस सन्दर्भ में मुख्यतः कथाकार साथ ही विरल आलोचक होकर नीलकान्त ने शुक्ल जन्मशती के अवसर पर कुछेक गम्भीर आलेख लिखे, जो सम्पादक-आलोचक (नामवरसिंह) द्वारा धारावाहिक छपकर बाद में 'रामचन्द्र शुक्ल' शीर्षक से 1985 में 'लोकभारती' इलाहाबाद से प्रकाशित किये गये। नीलकान्त 'शुक्ल जी की विश्व-दृष्टि' पर विचार करते हुए उनकी पश्चगति के कई हवाले देते हैं। यह अलग बात है कि जनवादी, प्रगतिवादी और अन्धभाववादी लेखक मित्रों द्वारा इसे प्रतिभा-विखण्डनकारी दृष्टि माना गया, तथापि नीलकान्त भी शुक्ल जी की इस दृष्टि को लोकधर्मी तो कम, किन्तु लोकविरोधी कहीं अधिक मानते हैं। उनके अनुसार शुक्ल जी अपने इतिहास (1928-29 के आस-पास) में रामानन्द की महत्ता को स्थापित करते हुए यह प्रतिवाद दर्ज करते हैं कि 'जैसा कुछ लोग समझा और कहा करते हैं कि रामानन्द जी वर्णाश्रम के विरोधी थे, "भक्तिमार्ग में उनकी इस उदारता का अभिप्राय कदापि यह नहीं है।" जो है, उसे नीलकान्त के शब्दों में पढ़िये, 'रामानन्द पर लगाये गये आरोपों का इस तीव्रता से प्रतिवाद करना अकारण नहीं था, क्योंकि यह स्वयं शुक्ल जी का पक्ष था, क्योंकि नवजागरण काल में रामानन्दी सम्प्रदाय की मूल मान्यताओं को ही वे पुनर्स्थापित कर रहे थे। इसलिए कबीर की अपेक्षा तुलसी उन्हें अधिक प्रिय थे, क्योंकि उनकी विश्वदृष्टि को 'रामचरितमानस' से समर्थन मिलता था।" नीलकान्त शुक्ल जी के इस 'पुरोहिती भाववाद' को पंक में सनी-लिथड़ी दृष्टि कहते हैं।

इस तुलना में शुक्ल-शिष्य वाजपेयी अपनी तर्क पद्धति और भाषा-शैली में काफी नम्र हैं।

---

1. ऊपर के सारे उद्धरण मूल रूप से शुक्ल जी के जीवनकाल में ही सन् 1930-31 में लिखे गये। वाजपेयी रचनावली के खण्ड 5 और 7 में संकलित। देखें, हिन्दी साहित्य का भविष्य और शुक्ल जी की काव्य-दृष्टि 1,2, 3

शुक्ल जी द्वारा प्रयुक्त समीक्षा-दृष्टि और प्रणाली पर विचार करते हुए वाजपेयी 'काव्य की आत्मा' वाले पद की शुक्ल-धारणाओं पर कहते हैं—"शुक्ल जी इतने आग्रहशील हैं कि बार-बार तुलसीदास के पास जाते हैं, जबकि गोस्वामी जी कवि के साथ ही अपने युग के एक धर्म-संस्थापक, सुधारक और संस्कारक भी थे। उनके काव्य में उपदेशात्मक तथ्य कम नहीं है।" इसी के चलते विशुद्ध काव्यात्मक भाव-संवेदन की अपेक्षा नैतिक भाव-सत्ता की ओर शुक्ल जी का झुकाव कहीं अधिक था। भारतीय समीक्षा और उसके रस-सिद्धान्त को उन्होंने केन्द्रीय माना, किन्तु "रस के आनन्द-पक्ष पर उसके संवेदनात्मक स्वरूप पर उनकी निगाह नहीं गयी। इस सम्बन्ध में उनका 'साधारणीकरण' का उल्लेख ध्यान देने योग्य है। काव्य में इसकी एक अबाध धारा न मानकर वे वस्तु या विषय-चित्रण के आधार पर उसकी कई भूमियाँ मानते हैं।" जैसे कि वे यह मानते हैं कि राम के चित्रण में पाठक या श्रोता की वृत्ति जितनी रमती है, वही रावण, सुग्रीव आदि पात्रों के चित्रण में अंशतः ही रस लेती है। वाजपेयी टिप्पणी करते हैं—"यह अनोखी उपपत्ति काव्य की समस्त क्रमागत विवेचना के विरुद्ध है तथा शुक्ल जी की नैतिक काव्य-दृष्टि की विज्ञापक है।"

इसी तरह शुक्ल जी द्वारा भाव-पक्ष और शैली-पक्ष का पृथक्करण और आत्यन्तिक विच्छेद न तो भारतीय साहित्याचार्य, न ही क्रोचे जैसे नवीन सिद्धान्तकार मानते हैं। फिर रागात्मिका वृत्ति का एक ही नित्य और स्थिर स्वरूप मानने के कारण शुक्ल जी काव्य के देश-कालानुरूप स्वरूप की उपेक्षा कर गये हैं।

इतना ही क्यों, 'सामान्य नैतिकता का ही नहीं, क्रमागत भारतीय समाज-पद्धति और 'वर्ण-व्यवस्था का प्रभाव (भी) शुक्ल जी की समीक्षा पर देखा जाता है। वाजपेयी तर्क करते हैं, 'वर्ण व्यवस्था का एक समाज-पद्धति के रूप में समर्थन करना एक बात है और उसे काव्य-वैशिष्ट्य का हेतु मान लेना दूसरी बात। शुक्ल जी काव्य के नैतिक आदर्श के कारण भावनावान् कवि सूरदास के प्रति जो मत व्यक्त कर गये हैं, उनसे शुक्ल जी की समीक्षा-सम्बन्धी नीतिवादी दृष्टि का परिचय मिलता है।" सारांशतः "शुक्ल जी का समीक्षा कार्य पाण्डित्यपूर्ण होता हुआ भी वैयक्तिक रुचियों का द्योतक है। कदाचित् इसी कारण वह मार्मिक है, किन्तु वस्तुगत और वैज्ञानिक नहीं।" केवल आलम्बन का साधारणीकरण होता है, वाजपेयी शुक्ल जी के इस कथन से असहमत हैं।

'शुक्ल जी तथा अन्य समीक्षक काव्य-विषय को महत्त्व देते थे और आलम्बन का साधारणीकरण आवश्यक बताते थे, किन्तु नयी समीक्षा, (अर्थात् वाजपेयी स्वयं) जो विशुद्ध काव्यानुभूति के आधार पर प्रतिष्ठित हुई; काव्यमात्र को आत्मा की प्रक्रिया

स्वीकार करने लगी। वाजपेयी लिखते हैं, "काव्य की रसात्मकता का अर्थ है उसकी लोकोत्तर भावनामयता। रस का आनन्द अलौकिक आनन्द इसी अर्थ में है कि वह नैतिक और व्यावहारिक भावभूमियों को आत्मसात् कर भी उनके परे पहुँच जाता है।"[1]

कुल मिलाकर शुक्ल जी वाजपेयी जी की निगाह में 'उत्थानमूलक आदर्शवादी' साहित्य चिन्तक हैं, जिन्होंने रस और अलंकारशास्त्र को नयी मनोवैज्ञानिक दीप्ति दी और उन्हें ऊँची मानसिक भूमि पर प्रतिष्ठित किया।

इन्हीं प्रश्नों पर जब वाजपेयी स्वयं आचार्यत्व की मुद्रा में आते हैं, तब वे जो कुछ कथन करते हैं, वह शुक्ल जी की इन कट्टर सीमाओं से सीख लेते हुए किया गया है। मसलन अलंकारवादी भामह के सन्दर्भ में वे लिखते हैं, "भामह ने अलंकार शब्द का प्रयोग काव्य-सौन्दर्य के व्यापक अर्थ में किया है।" वाजपेयी यहीं कुछ बेहद नया कह जाते हैं, "काव्य में अलंकार को सौन्दर्य स्थानिक मानना अलंकारों का निर्माण करनेवाली कल्पना की सत्ता की ही प्रतिष्ठा करना कहा जायेगा।" उनसे पहले और बाद में भी किसी और ने यह शायद ही कहा। वाजपेयी की इस दृष्टि पर टिप्पणी करते हुए संस्कृतज्ञ कमलेशदत्त त्रिपाठी का यह कहना महत्त्वपूर्ण है कि अलंकार को कल्पना कह वाजपेयी ने अपनी जगह भारतीय काव्य-चिन्तन में उन तत्त्वदर्शी आचार्यों में बना ली है, जो परम्परागत काव्य-सिद्धान्तों के मात्र व्याख्याकार नहीं हैं।

सवाल यह उठ सकता है कि क्या वाजपेयी ने इसे पश्चिम के कॉलरिज जैसे चिन्तकों से उठा लिया है? ध्यान देने की बात है कि कॉलरिज और वाजपेयी की दृष्टि में काफी कुछ फर्क है। दोनों की भिन्नता स्पष्ट करते हुए उन्हीं के शिष्य और वामसम्पादक स्व. चन्द्रभूषण तिवारी लिखते हैं, "काव्य और साहित्य में उसकी नियामक सत्ता को महत्त्व देते हुए वे उसे रचयिता की उस मूलवर्ती भावना तथा अनुभूति का ही क्रियाशील रूप मानते हैं, जो मानव-जीवन के उपादानों को ही वस्तुतत्त्व के रूप में स्वीकार करती है। कॉलरिज की कल्पना न तो उक्त उपादानों से नियमित होती है, न वस्तुतत्त्व के लिए मानव-जीवन की मुखापेक्षी है। काव्य में जिस अति प्राकृत (सुपर नेचुरल) धरातल की उसने कल्पना की है, उसके पात्र तथा चरित्र भी उसके शब्दों में, कल्पना की छाया (शैडोज ऑफ इमैजिनेशन) मात्र हैं।[2] विपरीत इसके 'नया

---

1. ऊपर के सारे उद्धरण 'नयी समीक्षा' शीर्षक निबन्ध 'आधुनिक साहित्य' (1950) के पृ.- 330-331 और रचनावली के खण्ड-5 से। अनुमानित रचनाकाल 1946-47
2. नया साहित्य : नये प्रश्न-निकष, पृ.- 3, प्रकाशन, 11.1.1953, वसन्त पंचमी 2011

साहित्य : नये प्रश्न' की भूमिका 'निकष' में वाजपेयी कहते हैं, 'मानव-जीवन के विविध रूपों की अभिव्यक्ति साहित्य में होती तो है, पर वह किस विशेष 'प्रकार' से होती है? वह प्रकार ही 'कल्पना प्रकार' कहलाता है। कल्पना ही काव्य या साहित्य का एकमात्र नियामक तत्त्व है। कल्पना का स्वरूप सर्वसम्मति से रूपात्मक माना गया है। अतएव साहित्य भी भावाश्रित रूप ही है। साहित्य में वस्तु (मानव-जीवन) और रूप के इस अनुस्यूत सम्बन्ध को समझना ही सबसे बड़ी साहित्य साधना है। साहित्य इसी की साक्षात् प्रतिमूर्ति है। अतः अलौकिक तो कहीं से भी नहीं।

अन्तिम बहस वे शुक्ल जी से साधारणीकरण को लेकर करते हैं और कहते हैं कि कवि को जब किसी पात्र या खल पात्र को लेकर एक विशेष प्रकार की भावानुभूति रचना में घटित हो चुकी है, तब पाठक या दर्शक को भी होगी ही। अतः केवल आलम्बन का साधारणीकरण वाला कथन तर्कपूर्ण नहीं। फिर भरत के निर्देशानुसार भाव विभाव, अनुभाव, यहाँ तक कि संचारी भावों के संयोग से रस निष्पत्ति का विधान है। इसी आधार पर वाजपेयी की उपपत्ति है, "साधारणीकरण का अर्थ रचयिता और उपभोक्ता का (कवि और दर्शक) के बीच भावना का तादात्म्य ही है। साधारणीकरण वास्तव में कवि कल्पित समस्त व्यापार का होता है, केवल किसी पात्र-विशेष का नहीं।[1] वाजपेयी यहाँ भरत-सूत्र के तीसरे व्याख्याकार भट्ट नायक के समीप जा खड़े होते हैं।

ख्यात और सुप्रतिष्ठित काव्यशास्त्री राममूर्ति त्रिपाठी अपनी पुस्तक, 'आलोचक आचार्य नन्ददुलारे वाजपेयी' में शुक्ल जी से आचार्य वाजपेयी के साहित्य प्रस्थान को सर्वथा स्वतन्त्र मानते हुए लिखते हैं, "शुक्ल जी की 'रसात्मकता और सौन्दर्यभावना' में नैतिक भावना का प्रबल आग्रह है। उन्हें मानवीय या लोकमंगल की भावना से प्रेरित कार्यकलाप में ही सौन्दर्य दिखेगा, राम के व्यापार ही सुन्दर प्रतीत होंगे, रावण के व्यापार नहीं। शुक्ल जी की दृष्टि में रावण की सक्रियता का योगदान काव्य की भूमि पर भी सौन्दर्यबोध नहीं है। काव्यानुभूति के अखण्ड धरातल पर यह नैतिक-अनैतिक विभाजन वाजपेयी जी को अभीष्ट नहीं है।" डॉ. त्रिपाठी के मत से वाजपेयी जी यहीं शुक्ल जी से अपना रस-प्रस्थान अलग कर लेते हैं। उनके अनुसार काव्यगत सौन्दर्य

---

1. नया साहित्य : नये प्रश्न (1955), पृ.- 122 रचनावली खण्ड-5 में संकलित : स.पा. विजय बहादुर सिंह।
2. आलोचक आचार्य नन्ददुलारे वाजपेयी, पृ.- 8-9

को नैतिक-अनैतिक के खानों में छाँटकर नहीं देखना चाहिए, बल्कि काव्य की भूमि पर इससे ऊपर उठकर समग्रता में सौन्दर्यबोध करना चाहिए। त्रिपाठी निष्कर्ष वाक्य लिखते हैं, "शुक्ल जी की सात्त्विक काव्यानुभूति है, वाजपेयी जी की काव्यानुभूति प्रकृत मानव अनुभूति है।"[2]

शुक्ल जी ने साहित्य और उसके सौन्दर्य-व्यापार को नैतिक-अनैतिक, चाहे जिस खाते में बाँटकर देखा हो, पर वे यह भी कहते हैं, "सुन्दर और कुरूप काव्य में बस दो ही पक्ष होते हैं। भला-बुरा, शुभ-अशुभ, पाप-पुण्य, मंगल-अमंगल, उपयोगी-अनुपयोगी, ये सब शब्द काव्य-क्षेत्र के बाहर के हैं।"[1] तब अपने आलोचना-व्यापार में इसे क्योंकर लागू नहीं करते हैं। बावजूद इस कथन के वे केवल आलम्बन धर्म के साधारणीकरण की बात क्यों करते हैं, समझ से परे हैं।

शुक्ल जी और उनके प्रतिभा-प्रखर शिष्य वाजपेयी की यही वे असहमतियाँ और दृष्टि भेद हैं, जिन्होंने शुक्ल जी को परम और अन्तिम नहीं, बल्कि ऐतिहासिक प्रस्थानकर्त्ता और विकास की क्रमिक भूमियों पर संचरण करनेवाले आचार्य के रूप में देखा। भाई लोगों ने इस चिन्तन-परम्परा को न जाने किसके हित में राम-रावण के रूपक में ढाल दिया। तब क्या इसी आधार पर रामविलास शर्मा और नामवरसिंह की वैचारिक टकराहटों को राम-रावण के रूप में देखें? यह कैसी सोच और निगाह है, जो बिना यह सब किए रह नहीं पाती? क्या इसे आलोचना और चिन्तन की तटस्थ भूमियाँ कहा जा सकता है?

शुक्ल जी के न रहने पर वाजपेयी जी आधुनिक साहित्य और सृजन-व्यापार के ऐसे दुर्दम आचार्य रहे, जिनकी लड़ाइयाँ परवर्ती काव्यान्दोलनों से भी चलती ही रहीं, पर अशोक वाजपेयी का यह सोचना ज्यादा सही है कि जरूरत पड़ने पर आचार्य वाजपेयी ने स्वयं को संशोधित भी किया। शायद यह कला उन्होंने अपने वरिष्ठ प्रेमचन्द से सीखी हो।

अपने जीवन के प्रौढ़ और परवर्ती कालों में लगभग तीन दशकों (सन् इकतालीस से सरसठ) तक वे शायद ही कभी अपने आचार्य शुक्ल की गहरी छायाओं से मुक्त हुए हों या उनसे निरन्तर सीखा न हो। उदाहरण के लिए जिस प्रकार अपने समय के नवलेखन को वे बार-बार हिदायतें दे रहे थे कि अपने केन्द्र में लौटो, वाजपेयी जी भी जीवन भर इस आग्रह से भरे रहे। फर्क बस इतना जरूर था कि शुक्ल जी ठेठ

---

1. चिन्तामणि-एक, पृ.- 167

भारतीयता के तिलकवादी विचारक थे तो वाजपेयी जी गाँधीवाद की। एक सीमा तक पश्चिम के चिन्तन से भी उन्होंने सीखा और अपनी परम्परा को समृद्ध किया।

हिन्दी के विश्वविद्यालयीन और उच्च शिक्षा के आचार्यों की अखिल भारतीय संस्था, 'भारतीय हिन्दी परिषद्' के दिल्ली अधिवेशन की अध्यक्षता करते हुए उन्होंने अपना जो ऐतिहासिक भाषण दिया, वह 'राष्ट्रीय साहित्य तथा अन्य निबन्ध' के पृष्ठ एक सौ सैंतीस से एक सौ अट्ठावन तक छपा है। इसमें उन्होंने हिन्दी के 'शुद्धिवादी समीक्षकों' का जिक्र किया है, जिनका आग्रह है कि 'हिन्दी समीक्षा भारतीय काव्यशास्त्री की भूमिका पर ही चलनी चाहिए। वह काव्यशास्त्र अपने में पूर्ण है और किसी बहिरंग वस्तु की अपेक्षा नहीं करता।' दूसरा वह वर्ग, जो यह मानकर चलता है कि भारतीय विचार-पद्धति में काम लायक कुछ बचा ही नहीं है और न उधर जाने और जानने की जरूरत ही बची है। प्रकारान्तर से ये स्वयं को आधुनिकतावादी कहते हैं। आचार्य वाजपेयी स्वयं को आधुनिक साहित्य का ही समीक्षक मानते हुए यह कहते हैं कि हिन्दी में जो विपुल गद्य रूप आये हैं, उनके लिए अगर जरूरत भर उपयोगी तत्त्व हमें पश्चिम में काम लायक दिखते हैं तो उन्हें क्यों नहीं हमें क्रमागत भारतीय काव्यशास्त्र के साथ जोड़ने की कोशिश करनी चाहिए? वे कहते हैं, "इस वैज्ञानिक युग में साहित्य और कला के जो नये तथ्य आविष्कृत हुए हैं, उनसे हम अपने काव्यशास्त्र को कैसे वंचित रख सकते हैं।"[1] वस्तुतः पूर्व और पश्चिम की ऐसी भूमियों का समन्वयन उन्हें युग की माँग के अनुरूप लगता है। वे कहते हैं, "अन्ततः हमारा लक्ष्य विश्व संस्कृति के साथ अपने प्रदेय को मिलाकर एकात्मकता की प्रतिष्ठा करना है। यही हमारा उद्देश्य होना चाहिए।" किन्तु इस सावधानी और सचेतनता के साथ कि आधुनिकता हमारे लिये पूँजीवादी और समाजवादी देशों से नहीं, समस्त भारतीय संस्कृति के पुनर्मूल्यांकन और आयत्तन द्वारा ही अर्थ ग्रहण कर सकेगी। अतः 'अपने केन्द्र में स्थित रहकर एक सचेतन प्राणी के समान उसे आत्मसात् कर ही हम उसका उचित और स्वस्थ उपयोग कर सकते हैं।[2] वेद और उपनिषद् से लेकर बुद्ध और गाँधी तक भारतीय चिन्तन और जीवन-दर्शन अपनी ऊर्जा से विकसित और पुष्पित होता रहा है। इस सबको अपनी आत्मा में स्थान देकर अपने स्वतन्त्र चिन्तन से कुछ निर्माण करके ही हम बुद्धिवादी निर्माता और भारतीय लेखक होने का दावा कर सकते हैं।[3]

यहीं वे आचार्य शुक्ल से अलग प्रस्थान ले लेते हैं, क्योंकि शुक्ल जी पश्चिम

---

1. राष्ट्रीय साहित्य तथा अन्य निबन्ध, (1965) पृ.- 152
2. वही, पृ.- 10
17. वही, पृ.- 10

को इस तरह लेने के पक्षपाती नहीं हैं। वाजपेयी जी इस रूप में समन्वयात्मक दृष्टि के हामीकार हैं।

अपनी समीक्षा-शैली में भी आचार्य शुक्ल की व्यास शैली से भिन्न पथ अंगीकार करते हुए वे अपनी प्रथम पुस्तक 'जयशंकर प्रसाद' में लिखतें हैं, "रचयिता की चुनी हुई विशेषताओं और प्रवृत्तियों का यथासम्भव थोड़े में उल्लेख कर देना मेरे लिये पर्याप्त है। इसलिए यत्र-तत्र इंगित शैली[1] से काम लिया गया है।" इसके पहले का वाक्य है, "मुझे विस्तार में जाने की आदत नहीं है।" जबकि आचार्य शुक्ल पर लिखे अपने मार्मिक संस्मरण में उनकी शैली पर टिप्पणी करते हुए उन्होंने लिखा, 'वे मानस की व्यासों द्वारा कही जानेवाली कथा-पद्धति' को शायद बदल पाते, अगर उन्हें छप्पन वर्ष की अल्पायु में जाना न पड़ता।"[2]

अपने जीवन के उत्तरवर्ती काल में जब वे सागर विश्वविद्यालय के आचार्य पद से विक्रम विश्वविद्यालय उज्जैन के कुलपति पद पर जाने लगे, तब अपने शोध-छात्र और निजी सहायक के रूप में मुझे भी अपने साथ ले गये। स्वभावतः मेरा रोज का उनके पास उठना-बैठना और आना-जाना था। सन् छियासठ के जाड़े की एक शाम जब वे अपने पोर्च में कुर्सी लगवा धूप ले रहे थे, मैं भी एक कुर्सी लेकर उनके समीप ही बैठ गया। पता नहीं उनके मन में क्या उमड़-घुमड़ रहा था कि स्वतः ही कहना शुरू कर दिया, "अब मैं आचार्य शुक्ल की तरह भ्रमरगीत सार जैसी समीक्षा लिखना चाहता हूँ। वह सबसे अधिक परिपूर्ण और सन्तुलित है। उसमें वस्तु और रूप का सांगोपांग विवेचन है।" मेरी दृष्टि में वही आदर्श समीक्षा भी है। इसके बाद उन्होंने एकाध ऐसे आलोचकों का जिक्र किया जिनकी समीक्षाएँ उनके अनुसार एकांगी, अधूरी एवं वादी हैं। वादग्रस्त साहित्यिक दृष्टियों के वे स्वयं भी शुक्ल जी की ही तरह वे कट्टर विरोध थे।

आज जो लोग यह प्रचारित करते हैं कि आचार्य वाजपेयी अकेले प्रेमचन्द ही नहीं, शुक्ल जी के भी विद्वेषी आलोचक हैं, उन्हें रोका तो नहीं जा सकता, किन्तु यह आग्रह तो किया ही जा सकता है कि अगली पीढ़ी तक विश्वसनीय बने रहने के लिए ही वे कम-से-कम दोनों को आमने-सामने रखकर पढ़ ही लें। अन्ततः दुहराते हुए भी मैं फिर वाजपेयी जी का यह वाक्य उद्धृत करना चाहता हूँ कि, "वास्तव में शुक्ल जी

---

1. यानी सूत्र-शैली (रचनावली के दूसरे खण्ड के पृ.- 105 पर संकलित)।
2. प्रकीर्णिका पृ.- 96, रचनावली के खण्ड छह में संकलित।
3. राष्ट्रीय साहित्य तथा अन्य निबन्ध, पृ.- 179

का समस्त कार्य नवयुग के सच्चे साहित्याचार्य का कार्य है। उन्हें किसी प्राचीन मत का उद्‌घाटक या विश्लेषक-मात्र मानना उचित नहीं।''[3] 'राष्ट्रीय साहित्य' वाले निबन्ध में जो उन्नीस सौ चौंसठ के आस-पास लिखा गया था, उन्होंने लिखा, "समीक्षा के क्षेत्र में रामचन्द्र शुक्ल ने भारतीय-काव्यशास्त्र पर पुनर्चिन्तन कर हिन्दी कविता के भावी विकास के लिए न केवल नये मानदण्ड ही निर्धारित किये, नये तत्त्वों से समाविष्ट होकर सामने आनेवाले उसके नये-नये रूपों को उपयुक्त आधार भी प्रदान किया। काव्य को लोकमंगल की कसौटी पर कसकर वस्तुतः उन्होंने भी विश्व-साहित्य की मानवतावादी परम्परा को भारतीय चिन्तन की स्वस्थ गतिविधियों से ही परिचित कराया है।''

सम्भव है शुरुआती वाजपेयी की शैली युवा होने के नाते बेहद आक्रामक हो, किन्तु प्रौढ़ और उत्तरोत्तर वयोवृद्ध होते जाते वाजपेयी तो स्वयं को आचार्य शुक्ल जी की विरासत को ही अगली कड़ी मानते हैं।

# आलोचना की स्वच्छन्दता

अरस्तू के काव्य-सम्बन्धी चिन्तन पर विचार करते हुए स्कॉट जेम्स ने अपनी पुस्तक मेकिंग ऑफ लिट्चर में लिखा "काव्य-कला को राजनीति और नीति-विज्ञान से अलगाते हुए, अरस्तू ने जिस तर्क-पद्धति का अनुसरण किया उसने ललित कलाओं को समस्त मानवीय व्यापार के बीच एक आत्मनिर्भरता सौंपी, वे दार्शनिकों, राजनीतिज्ञों और नीतिकारों के अत्याचारों से मुक्त हो सकीं।" प्लेटो की तुलना में ललित कलाओं के प्रति अरस्तू का यह बहुत बड़ा योगदान है। आज आलोचकों और साहित्य-चिन्तकों का एक वर्ग ऐसा है जो सर्जनात्मक साहित्य का मूल्यांकन करते हुए साहित्येतर औजारों पर कुछ अधिक ही भरोसा करता है। इससे भी बुरी स्थिति यह कि आलोचना पूर्वाग्रहों, आरोपवाद या फिर कलावाद का पर्याय बन चुकी है। किन्तु जिस तरह प्रेमचन्द का मूल्यांकन तुलसीदास वाले औजारों से नहीं हो सकता, उसी तरह कामायनी अथवा मुक्तिबोध की लम्बी कविताओं के लिए हमें भिन्न तरीके और दृष्टियाँ अपनानी पड़ेंगी। शुक्ल जी ने छायावाद पर लिखते हुए जिन मानदण्डों का सहारा लेना चाहा, उनकी अपर्याप्तता और असंगति पर उँगली उठाते हुए पं. नन्ददुलारे वाजपेयी को लिखना पड़ा "नवीन साहित्य को प्रेरक व्यक्तियों, नवीन शक्तियों, नवीन व्यक्तियों और नये विकास के अनुरूप उनकी रचनाओं की वास्तविक छानबीन में शुक्ल जी एक प्रकार से उतरे ही नहीं।[1] वस्तुतः शुक्ल जी वही गलती कर रहे थे जो प्लेटो ने की थी। उनका लोकमंगलवाद ही उनकी सीमा भी था। शायद वे यह मानने को तैयार नहीं थे कि प्रगीत कविता भी उदात्तता और महानता का संस्पर्श कर सकती है। तुलसीदास उनके मॉडल कवि थे और इस तरह उन पर द्विवेदी-युग के कठोर मर्यादावाद और नीतिपरकता की गहरी जकड़ थी। अकारण ही नहीं युवा निराला ने उन्हें ही ध्यान में रखकर कविता लिखी—'कॉलेज का बचुआ'—

1. हिन्दी साहित्य : बीसवीं शताब्दी, पृ.- 22

*हिन्दी का लिक्खाड़ बड़ा वह*
*जब देखो तब अड़ा पड़ा वह*
*छायावाद रहस्यवाद के भावों का बटुआ*

किन्तु इससे शुक्ल जी का महत्त्व कम नहीं हो जाता। मलजय जैसे आलोचकों ने लिखा "शुक्ल जी की समीक्षा ने जो सबसे बड़ा काम किया वह यह कि साहित्य को मात्र मनोविनोद या कलावार्त्ता के स्तर से ऊपर उठाकर कृतिकर्म के एक गम्भीर नैतिक दायित्वपूर्ण स्तर पर प्रतिष्ठित किया। शुक्ल जी की आलोचना से गुजर चुकने के बाद साहित्य की समझ साहित्य में बिम्बित मनुष्य और समाज के रिश्तों की समझ वैसी न रह सकती थी जो शुक्ल जी के पूर्व थीः उसमें एक गुणात्मक परिवर्तन आना अनिवार्य था।[1] इसका असर हम उनके परवर्ती आलोचकों में देखते भी हैं। तथापि वाजपेयी जी का नये सृजन के बारे में शुक्ल जी पर यह आरोप कवि निराला का ही समर्थन करता है कि वे छायावादी साहित्य की प्रेरक शक्तियों, नवीन व्यक्तियों और नये विकास के अनुरूप उनकी रचनाओं की वास्तविक छान-बीन करने में लगभग उदासीन रहे। वाजपेयी जी का यह भी आरोप है कि शुक्ल जी नये साहित्य के प्रति बँधी-बँधायी दार्शनिक धारणाओं के आधार पर सम्मतियाँ देते रहे या फिर अभिव्यक्ति की प्रणालियों तक ही पहुँच सके। नवीन विश्लेषण और नये साहित्य की वास्तविक विकास-दिशा के अध्ययन में उन्होंने अधिक समय नहीं लगाया।[2] कारण जो भी हो, किन्तु यह तो सर्वमान्य है कि हिन्दी की सैद्धान्तिक और व्यावहारिक समीक्षा को सुव्यवस्थित, आत्मनिर्भर और सुदृढ़ वैचारिक आधार सबसे पहले शुक्ल जी ने ही दिया। साहित्य की समीक्षा के अपने स्वतन्त्र मापदण्ड हिन्दी आलोचना को मिले, किन्तु फिर भी छायावाद जैसे युगान्तरकारी काव्य-सृजन को ऐतिहासिक व्याख्या के लिए किसी ऐसे प्रखर, संवेदनशील और मौलिक युवा आलोचक की अपेक्षा थी जो शुक्ल जी की सीमाओं का अतिक्रमण कर नये सृजन की क्रान्तिदर्शिता और युगान्तरता को तार्किक समर्थन और आधार दे सके। यह कार्य पं. नन्ददुलारे वाजपेयी ने किया।

वाजपेयी जी शुक्ल जी की कक्षा में थे। उनके महत्त्व को न केवल समझते थे, बल्कि उनके व्यक्तित्व के प्रति अनन्य श्रद्धा से भरे हुए भी थे। किन्तु अरस्तू की तरह वे भी अपने आचार्य की कई निष्पत्तियों के प्रति तीखी असहमति रखते थे। उनकी अन्तरंगता विद्रोही कवि निराला से थी और वे कामायनी के कवि प्रसाद के आत्मीय

1. आचार्य रामचन्द्र शुक्ल, पृ.- 44
2. आधुनिक साहित्य, पृ.- 348

मण्डल में थे। छायावाद के कृतिकारों के साथ उनका उठना-बैठना ही नहीं, बल्कि सहचिन्तन भी जारी था। प्रसाद और निराला को शुक्ल जी अपनी आलोचनाओं में जिस तरह प्रस्तुत कर चुके थे, उससे असन्तुष्ट होकर ये दोनों ही युग-निर्माता कवि किसी ऐसे 'सहृदय' आलोचक की प्रतीक्षा में थे जो इनके कृतित्व को सही परिप्रेक्ष्य दे सके। जयशंकर प्रसाद की अपनी भूमिका में वाजपेयी जी ने तभी लिखा "छायावाद को हम पण्डित रामचन्द्र शुक्ल जी के कथनानुसार केवल अभिव्यक्ति की एक लाक्षणिक प्रणाली-विशेष नहीं मान सकेंगे। इसमें एक नूतन सांस्कृतिक मनोभावना का उद्‌गम है और एक स्वतन्त्र दर्शन की नियोजना भी। पूर्ववर्ती काव्य से इसका स्पष्टतः पृथक् अस्तित्व और गहराई है।" इसी के ठीक पहले वे छायावाद की विशिष्टता को रेखांकित करते हैं। इसमें "एक नयी कल्पनाशीलता, नूतन जागरूक चेतना, मानसवृत्तियों की सूक्ष्मतर और प्रौढ़तर विलक्षण अवसाद, विस्मय, संशय और कौतूहल, जो नयी चिन्तना का सूक्ष्म प्रभाव है, प्रकट हो रहा है।"[1] आगे वे लिखते हैं "इस नवीन प्रवर्तन के मूल में एक स्वातन्त्र्य लालसा, शक्ति की अभिज्ञता और सांस्कृतिक द्वन्द्व की एक अनिर्दिष्ट स्थिति देख पड़ती है। ये सभी एक कल्पना-विशिष्ट दर्शन के अंग बने हुए हैं, जिसमें बड़ी व्यापक सहानुभूतियाँ हैं। इस नवीन दर्शन में कल्पना, भावना और कर्मचेतना की सम्मिलित झाँकी है।"[2] वाजपेयी के इस चिन्तन पर नवजागरण और राष्ट्रीय आन्दोलन के विचारों का प्रभाव था। उस जातीय स्वप्नदर्शिता और मुक्तिकामिता का भी जिसे अपनी परवर्ती आलोचनाओं में उन्होंने मुख्य कथन के रूप में बार-बार जोर देकर प्रस्तुत किया है। 'राष्ट्रीय साहित्य तथा अन्य निबन्ध' में वे लिखते हैं—"छायावाद वस्तुतः हरिश्चन्द्र और द्विवेदी-युग की राष्ट्रीय भूमियों को अधिक गहराई, उर्वरता और प्रसार देता है।"[3] यह भी कि उसकी 'मूल रागिनी सामूहिक' रही है।

द्विवेदी-युग की कविता में स्थूल भावनाओं की बहुलता थी। एक प्रकार से उसमें आन्दोलनात्मकता के चलते वह गहराई नहीं आ रही थी जिसे पाकर कोई कविता अधिक भावप्रवण और मार्मिक हो उठती है। फिर द्विवेदी-युग स्वभावतः आख्यानमूलक था। राम और कृष्ण के आख्यानों के चिर-परिचित रूपों में नये अर्थोन्मेष की जैसी

---

1. जयशंकर प्रसाद, पृ.- 11 (भूमिका)
2. वही, पृ.- 11
3. राष्ट्रीय साहित्य तथा अन्य निबन्ध पृ.- (ए) भूमिका

कोशिशें की गयी थीं, उन्हें देख वाजपेयी जी को लिखना पड़ा—"इन कवियों ने पुराने जीवन-साँचे में नये रामकृष्ण को नहीं, नये जीवन-साँचे में पुराने रामकृष्ण को ढालना चाहा।"[1] इन आख्यानक काव्यों में एक खास प्रकार की तात्कालिकता, सरलता, सदाशयता तो थी किन्तु भावना और कल्पना का अधूरापन भी था। इसका कारण खोजते हुए वाजपेयी जी ने लिखा, "साहित्य कोरी राजनीति नहीं है, न वह राजनीतिक भावना का उच्छ्वास मात्र है। साहित्य वास्तव में कवि की भाव-सत्ता के साथ उसके सम्पूर्ण व्यक्तित्व का समाहार है। 'भाव-सत्ता के साथ' कवि के 'सम्पूर्ण व्यक्तित्व का समाहार' उन्हें छायावाद में ही दिखायी पड़ सका और उन्होंने उत्फुल्ल होकर लिखा "प्रगीतों में ही कवि का व्यक्तित्व पूरी तरह प्रतिबिम्बित होता है। वह कवि की सच्ची आत्माभिव्यंजना होती है। प्रबन्धकाव्य कविता का आवृत और आच्छादित रूप है। प्रगीत काव्य उसका निर्व्याज निखरा हुआ स्वरूप है। प्रबन्धकाव्य यदि कोई रसीला फल है, जिसका आस्वादन छिलके, रेशे और बिये आदि निकालने पर ही किया जा सकता है, तो प्रगीत-रचना उसी फल का द्रव-रस है, जिसे हम तत्काल घूँट-घूँट पी सकते हैं।"[2] हम यह भी चाहें तो कह सकते हैं कि प्रगीत-काव्य की निर्मात्री भावना में और उस भावना द्वारा निर्मित प्रगीत-भाजन में तात्त्विक एकता होती है, जिसमें कवि का व्यक्तित्व पूरी तरह खो गया हो। इस 'प्रगीत' का सौन्दर्य सबसे अधिक निराला के काव्य में प्रतिच्छवित हुआ और वाजपेयी जी ने लिखा "निराला ने इस नये काव्य-पात्र (प्रगीत) को ठोस-बजाकर देखा, मुक्तछन्द के द्वारा इसे बलपूर्वक झकझोरकर देखा और जब किसी ओर से कोर-कसर नहीं दिखी, तब इसे नये युग के प्रतिनिधि काव्य-भाजन की प्रतिष्ठा दी गयी।"[3]

प्रबन्धकाव्यों की ऐतिहासिक प्रतिष्ठा प्राप्त बिरादरी के ठीक समानान्तर एक नये 'काव्य-भाजन' (काव्य-रूप) के पक्ष में वाजपेयी जी जिन तर्कों के साथ खड्गहस्त खड़े थे।'[4] उसके स्रोत शुक्ल जी के रस मीमांसा सम्बन्धी विचार थे। काव्य के दो विभाग—'आनन्द की साधनावस्था या प्रयत्न पक्ष' और 'आनन्द की सिद्धावस्था या उपयोग पक्ष' करते हुए शुक्ल जी ने लिखा था कि आनन्द की साधनावस्था या प्रयत्न पक्ष को लेकर चलनेवाले कवि ही 'पूर्ण कवि' हैं, क्योंकि जीवन की अनेक परिस्थितियों

1. आधुनिक साहित्य, पृ.- 12 (भूमिका)
2. वही, पृ.- 23
3. वही, पृ.- 24
4. वही, पृ.-

के भीतर ये सौन्दर्य का साक्षात्कार करते हैं।"[1] स्पष्ट ही वे यहाँ प्रबन्ध कवियों को ही पूर्ण कवि मानने को राजी हैं। लगभग इसी का प्रत्युत्तर-सा देते हुए वाजपेयी जी निराला के प्रगीतों के सन्दर्भ में लिखते हैं— "कहीं लटें बिखरी हुई हों, कहीं खुली धूप में मुँह तमतमाया हो।"[2] शुक्ल जी के मन से प्रगीत जैसे रूप सिर्फ कोमल और मधुर भावों का संवहन कर सकते हैं। वाजपेयी जी के अनुसार वे कठोर और उग्र की व्यंजना में भी सक्षम हैं। वस्तुतः कवि के व्यक्तित्व की सम्पूर्ण अभिव्यंजना तो प्रगीत के जरिये ही सम्भव है।

काव्य-सृजन के केन्द्र में कवि के व्यक्तित्व को निर्णायक माननेवाले वाजपेयी जी स्पष्टतः उन स्वच्छन्दतावादियों के पास जा खड़े होते हैं जिनका आग्रह कवि की भावुकता और कल्पनाशीलता के प्रति अत्यन्त तीव्र था। ये वे कवि थे जो पश्चिम में स्वच्छन्दतावादी चिन्तन और कविता के पुरोधा माने जाते हैं यानी कि वड्‌र्सवर्थ और कॉलरिज आदि। किन्तु वाजपेयी जी ने छायावादियों की चर्चा के क्रम में राष्ट्रीय चेतना के उन सन्दर्भों का प्रयोग किया, जिनका सृजन उन्नीसवीं शताब्दी में राजा राममोहन राय के समय से आरम्भ हुआ था। शुक्ल जी जहाँ बार-बार 'अपने यहाँ' या 'हमारे यहाँ' जैसे मुहावरों के द्वारा राष्ट्रवादी आग्रहों के प्रति कट्टरता प्रदर्शित करते हैं और उन दिनों को देखते हुए यह बहुत गलत भी नहीं ठहराया जा सकता' वाजपेयी जी अपेक्षाकृत अधिक उदारता का परिचय देते हैं। 'हिन्दी साहित्य : बीसवीं शताब्दी' की भूमिका में वे लिखते हैं—

"ईंट, चूना, गारा और मिट्टी जब स्वदेशी हैं तो केवल डिज़ाइन के विदेशी होने से क्या?" इसे वे पाश्चात्य ज्ञान का सृजनात्मक प्रयोग कहते हैं जिसका एक अर्थ निर्माणोन्मुख राष्ट्र की जीवन-प्रक्रिया को साहित्य के माध्यम से ग्रहण और निर्मित करना भी है। शुक्ल जी यदि 'पुरानों के लिए नये और नयों को पुराने' लगे रहे थे तो वाजपेयी जी नयों के बीच भी अपनी आलोचकीय स्फूर्ति और अन्तर्दृष्टि के चलते सर्वथा नये थे। छायावादियों की तरह उनकी आलोचना में प्रेरणामूलकता और सृजनशीलता है। जहाँ यह दुर्बल या शिथिल हुई वहाँ उनका लेखन स्वयं अपनी तेजस्विता में मन्द पड़ गया है। यह भी सही है कि हिन्दी स्वच्छन्दतावाद के साथ वाजपेयी जी वैसे ही अनुस्यूत हैं, जैसे कवि के रूप में छोड़ देने पर भी अंग्रेजी स्वच्छन्दतावाद के साथ बायोग्राफिया लिटरेरिया वाले कोलेरिज।

---

1. मीमांसा रस, पृ.- 54
2. अर.सा., पृ.- 21

वाजपेयी जी अपनी समीक्षा में कहीं भी शुक्ल जी को ओझल नहीं होने देते। अधिक सही यह है कि वे उनसे ही ऊर्जा प्राप्त कर अपना वैचारिक विश्व निर्मित करते हैं। 'नया काव्य चिन्तन' शीर्षक निबन्ध में वे लिखते हैं। "यदि आचार्य शुक्ल की सारी व्यवस्थाएँ स्वीकार कर ली जायें तो मानना पड़ेगा कि साहित्य और कला में रहस्यानुभूति के लिए कोई स्थान नहीं अथवा अत्यन्त सीमित स्थान है। काव्य कुछ नपे-तुले विचारों की कसौटी पर ही कसा जा सकता है। इस प्रकार एक बौद्धिक अतिवाद शुक्ल जी के समीक्षण में सर्वत्र पाया जाता है।"[1] इसी कारण छायावाद या स्वच्छन्दतावाद के उद्भावक कवियों ने एक दूसरी ही अतिवादी विचारणा अपनायी। श्री जयशंकर प्रसाद ने यह बताना चाहा कि भारतीय काव्य की मुख्य और प्रगतिशील धारा रहस्योन्मुखता ही है। परन्तु छायावाद के कतिपय अन्य समीक्षकों ने अधिक सन्तुलित दृष्टि अपनायी। वे एक ओर शुक्ल जी के बुद्धिवादी और नैतिक काव्यादर्श से असहमत हुए, तो दूसरी ओर छायावादी कवियों की ऊपर लिखित अतिवादी व्याख्याएँ भी उन्हें स्वीकार नहीं हुईं।

इन समीक्षकों द्वारा प्रवर्तित नये चिन्तन का स्वरूप एक ओर काव्य के विषय पक्ष को उचित महत्त्व देता है तो दूसरी ओर विषयि पक्ष को—कवि की वैयक्तिक भाव-चेतना को भी मूल्य प्रदान करना है। वह यदि एक ओर रहस्यानुभूति को काव्य का एकमात्र प्रेरक तत्त्व नहीं मानता तो दूसरी ओर रहस्यानुभूति को काव्य से बहिष्कृत भी नहीं करता। साहित्य के इतिहास के वस्तुमुखी अध्ययन द्वारा इन समीक्षाकों ने एक नये सन्तुलित काव्यादर्श की भूमिका प्रस्तुत की।"[2] स्पष्ट ही वाजपेयी जी का यह कथन स्वयं अपने सन्दर्भ में है। निबन्ध में आगे वे लिखते हैं—"साहित्य की प्रकृति मानव-जीवन की प्रकृति के अनुरूप ही विशाल और बहुमुखी है। साहित्य और कलाएँ देश और काल की प्रेरणाओं से अनुप्राणित हो तो हुई भी स्थायी मानव-मूल्यों का प्रतिनिधित्व करती हैं। यदि इस दृष्टि को साहित्य की मानवतावादी दृष्टि कहा जाये, तो छायावाद-युग के समीक्षक इसी दृष्टि के पुरस्कर्त्ता थे।[3] वाजपेयी जी जैसे समीक्षकों ने इसी के साथ महान् काव्य-सम्बन्धी तत्त्वों और उपकरणों की भी खोज की; साथ ही हिन्दी छायावादी काव्य में मानव अनुभूतियों के सूक्ष्मतम सन्धान का कार्य भी सम्पन्न किया।[3] दूसरे शब्दों में काव्य की उन गम्भीर संवेदनाओं को न केवल लक्षित किया,

---

1. राष्ट्रीय साहित्य तथा अन्य निबन्ध पृ.-78
2. राष्ट्रीय साहित्य तथा अन्य निबन्ध, 79
3. वही, पृ.- 80

बल्कि उनकी महत्ता भी प्रतिपादित की। इस सन्दर्भ को समझने के लिए वाजपेयी का 'प्रसाद और निराला' लेख पठनीय है।

छायावाद से आगे बढ़ते ही वाजपेयी जी की स्थिति उस व्यक्ति की हो जाती है जिसे बार-बार अपने समय के अनेक साहित्यिक वादों से न केवल टकराना पड़ता है, वरन् मुठभेड़ भी करनी पड़ती है। वे एक ऐसे योद्धा की स्थिति में आ जाते हैं जिससे भिड़े बगैर प्रतिष्ठा पायी ही नहीं जा सकती। इस दृष्टि से प्रगतिवादियों और प्रयोगवादियों से उनकी टकराहटों का जायजा बेहद रोचक हैं। इससे पहले महादेवी वर्मा के प्रगीतों पर अपने विचार प्रकट करते हुए उन्होंने लिखा—"पर वे क्रमशः प्रसाद, निराला और पन्त की सामाजिक पृष्ठभूमि पर की गयी लोक-रचनाओं से दूर होती गईं; और अन्त में  अब वे अपने काव्य को अत्यन्त वैयक्तिक सीमा भूमि पर ले जाने में समर्थ हुई है।"[1]

महादेवीजी के काव्य के सन्दर्भ में सवाल उठाते हुए वाजपेयी जी पूछते हैं 'साहित्यिक रचना का एकदम स्वतन्त्र मूल्य है अथवा उसका मूल्य उसके सामाजिक सम्पर्क और प्रभाव में है; और यदि साहित्य सामाजिक और वास्तविक जीवन-स्रोत से अपना रस-ग्रहण छोड़ देता है, तो केवल कल्पना या वैयक्तिक संवेदना की भूमि पर की गयी रचना का साहित्यिक, सामाजिक अथवा सांस्कृतिक मूल्य किस प्रकार आँका जाए? वह आलोचक जो साहित्य में कल्पना और अनुभूति जैसे मूल्यों को महत्त्व देता आ रहा था, उसी ने यह आग्रह भी प्रस्तुत किया कि साहित्यिक रचना की मूल्यवत्ता के केन्द्र में सामाजिक और वास्तविक जीवन-स्रोत रहा करते हैं। कृति का कलात्मक आधार ही स्वयं में अपनी निरपेक्षता में पर्याप्त नहीं है, उसके साथ सामाजिक और सांस्कृतिक आधार की भी समवेत स्थिति है। यही कारण है कि वे प्रयोगवादियों की निर्बाध व्यक्तिवादिता और कलावाद का विरोध करते हैं। साहित्यिक सृजन से वे एक ऐसी जिम्मेदारी की माँग करते हैं जो साहित्य की ही परम्परा को विकसित न करे जीवन प्रक्रिया की गतिशीलता और आत्मनिर्माण में योगदानकारी हो। प्रयोगवादियों को लक्ष्य कर उन्होंने लिखा—"अपने प्रति, अपनी अनुभूतियों के प्रति, काव्य के प्रति और समय और समाज के प्रति उत्तरदायित्व को भूलकर प्रयोग नहीं किये जा सकते। उनके ही अनुसार कविता समय और समाज के घेरे में बँधे हुए कवि की स्वतन्त्र जीवन-कल्पना है। वह उसकी असाधारण अनुभूति है। एक ओर तीव्र संवेदनाएँ हैं तो दूसरी ओर नयी जीवन स्थितियाँ हैं। साथ ही सामाजिक प्रेरणाओं, स्वरूपों और प्रवृत्तियों को

———————

1. आधुनिक साहित्य, पृ.- 32

शाश्वत सौन्दर्य-संवेदन का स्वरूप देना भी कवि की दायित्व है। तभी कला का स्वाभाविक धरातल निर्मित हो पायेगा। इन तत्त्वों की एकत्र स्थिति ही वस्तुतः अभिव्यक्ति की सफलता है। इन्हें अलग करके देखने की चेष्टा उन्हीं के शब्दों में स्वर्ण-कुण्डल में से सोना निकालकर देखने का प्रयत्न जैसा है।''[1]

अपने अभिमत को अधिक सुस्पष्ट करते हुए 'नया साहित्य : नये प्रश्न' में वे लिखते हैं—''हम साहित्य से समाज का, सामाजिक जीवन का सामाजिक विचारधाराओं का, वादों का सम्बन्ध मानते हैं, किन्तु अनुवर्ती रूप में। साहित्य का अपनी सत्ता के अन्तर्गत, उसके निर्माण में इनका स्थान है। ये उसका उपादान और हेतु हुआ करते हैं, नियामक और अधिकारी नहीं। साहित्य की अपनी स्वतन्त्र सत्ता है, यद्यपि वह सत्ता जीवन-सापेक्ष है। जीवन-निरपेक्ष कला के लिए कला भ्रान्ति है, जीवन-सापेक्ष कला के लिए कला सिद्धान्त है।''[2]

वाजपेयी जी का आदर्श एक ओर उन्हें कलावादियों से भिन्न करता है, वहीं उन मार्क्सवादी विचारकों से भी उन्हें अलगाता है जो सामाजिक विकास-क्रम में आर्थिक व्यवस्था को सर्वोपरि मानकर साहित्य तथा अन्य उपकरणों को उसका अनुवर्ती सिद्ध करते हैं। मार्क्सवादी वर्ग-संघर्ष के आधार पर होनेवाले सामाजिक परिवर्तन की एक विशेष रूपरेखा निर्धारित करते हैं और उसी को परिवर्तन का आधार मानते हैं। यह भी कि ये काव्य-साहित्य को राष्ट्रीय या मानवीय संस्कृति का उपादान न मानकर केवल विभिन्न समयों की वर्गीय संस्कृति का स्मृति चिह्न मानते हैं। इस प्रकार साहित्य और कलाएँ वर्गीय विकास की सीमा में बँध जाती हैं और अपना स्थायी सांस्कृतिक मूल्य खो बैठती हैं।[3]

इसी क्रम में वे पश्चिम से आयातित दूसरी दृष्टि को लेकर लिखते हैं कि ''इस नये तत्त्वज्ञान की मूल प्रतिज्ञा यह है कि साहित्य और कलाओं का सम्बन्ध व्यक्ति के अन्तर्मन से है और साहित्य प्रत्येक अवस्था में इस अन्तर्मन की ही अभिव्यक्ति होता है। सामाजिक प्रगतियाँ और मानव-विकास हमारे इस मूल या आदिम मानस को बदल देने में अक्षम हैं। यह आदिम मानस ही साहित्य तथा कलाओं का प्रेरक है। जो कुछ परिवर्तन साहित्य या कलाओं के क्षेत्र में होते हैं, वे सब औपचारिक हैं और केवल हमारी अन्तश्चेतना वृत्ति को ही नाना छद्मवेशों में उपस्थित करते हैं।''[4] इन चिन्तकों

1. वही, पृ.- 41
2. नया साहित्य : नये प्रश्न, पृ. 18
3. राष्ट्रीय साहित्य तथा अन्य निबन्ध, पृ. 181-82
4. राष्ट्रीय साहित्य तथा अन्य निबन्ध, पृ.- 182, 2. वही, पृ.- 183

के मतानुसार मूल वृत्तियों का उदात्तीकरण दिखावा मात्र है। बल्कि यदि कोई साहित्यिक कृति अत्यधिक उदात्त या बौद्धिक हो गयी है तो इनके अनुसार वह अपना वास्तविक प्रभाव और अनुरंजकता एक बड़ी सीमा तक खो देगी। मनोवैज्ञानिकों के इस कला-चिन्तन पर वाजपेयी जी तीखी प्रतिक्रिया व्यक्त करते हैं—"आश्चर्य तो यह है कि प्राचीन विकासोन्मुख धर्म और संस्कृति का विवेचन करने में वर्गवादी अथवा भौतिक यथार्थवादी आलोचक भी उतने ही अनुदार हैं, जितने ये आदिम मानस के प्रतिष्ठाता विश्लेषणवादी।' व्यंग्य करते हुए उनका अगला वाक्य है "कदाचित् ये इस सत्य का ही उद्घोष करते हैं कि अतिवादी सीमा पर पहुँचकर दो प्रतिपक्षी मिल जाते हैं।"[1]

प्रश्न यह कि वाजपेयी जी इन मतवादों के इतने कटु आलोचक क्यों हैं? इसका कारण निरूपित करते हुए वे लिखते हैं—1. इन अन्तश्चेतनावादियों ने साहित्य की परिभाषा ही बदल दी है। वे साहित्य को रसात्मक या सामाजिक आह्लाद की वस्तु न मानकर उसे निरा वैयक्तिक और अन्तर्मुख पदार्थ मानते हैं। स्पष्ट है कि यह नवीनतम यथार्थवाद काव्य की सार्वजनिकता का तिरस्कार कर उसे कुछ विशेषज्ञों की ही वस्तु बना देता है। इसके विरुद्ध समाजवादी यथार्थवाद, ऐतिहासिक प्रगति का आकलन करता है, काव्य सत्य को एक पृथक् वस्तु मानता है और कवि की कल्पना को उस सत्य का आवरण ठहराता है।[2] इन आपत्तियों के साथ वाजपेयी जी की एक आपत्ति यह भी है—ऐसे तत्त्वज्ञान को सम्पूर्ण जीवन-दर्शन मान लेने पर सामाजिक और राष्ट्रीय प्रगति की सारी सम्भावनाएँ समाप्त हो जाती हैं। जबकि वे बार-बार राष्ट्रीय साहित्य का आग्रह करते दिखायी देते हैं और यह मुखर होकर कहते भी हैं कि न तो वादों के क्षेत्र से, न साहित्यिक रचना या कि भूमियों से ही हमें पश्चिमी कलम अपने देश में लगानी है, रचना और समीक्षा की भूमियाँ भी स्वतन्त्र रहनी चाहिए। हिन्दी आलोचनाा में यह ठीक-ठीक वैसी ही माँग है जैसी परिमल की कविताओं की भूमिका लिखते हुए कवि निराला ने की थी। जातीय मुक्ति के साथ कविता की मुक्ति का प्रश्न उन्होंने इसीलिए उठाया था। वाजपेयी जी हिन्दी आलोचना को एक ओर जहाँ सिद्धान्तबद्ध शास्त्रवाद से मुक्त करना चाह रहे हैं वहीं दूसरी ओर उसका जातीय अथवा राष्ट्रीय स्वरूप भी बनाये रखना चाह रहे हैं। हमें यह नहीं भूलना होगा कि वाजपेयी जी जैसे आलोचक अपना यह काम स्वदेशी चिन्तन- परम्परा की छाया में कर रहे हैं और राष्ट्रीय आन्दोलन की मुक्ति कामना और जातीय स्वाधीनता का प्रश्न प्रसाद, निराला या स्वयं उनके लिए

1. आधुनिक साहित्य, पृ.- 450
2. आधुनिक साहित्य, (भूमि) पृ.- 54

एक साहित्यिक और सांस्कृतिक प्रश्न है। इसी सन्दर्भ में आधुनिकता का प्रश्न उठने पर वे यह कहने में संकोच नहीं करते कि आधुनिकता शब्द का भारत के लिए अपना अर्थ भी हो सकता है और वह भारत के लिए पश्चिम से नहीं केवल आधुनिक भारत से ही नहीं, किन्तु समस्त भारतीय संस्कृति के पुनर्मूल्यांकन और आयतन के द्वारा ही अर्थ ग्रहण कर सकती है।[1]

वाजपेयी जी की इस मनोभूमि को समझकर ही उनके 'राष्ट्रीय साहित्य' वाले मुहावरे को समझा जा सकता है। आजादी मिलने के तत्काल बाद ही कवियों और लेखकों की प्रतिक्रियाएँ बहुत सुखद नहीं थीं। उन्हें जिस खुशनुमा सुबह का इन्तजार था वह 15 अगस्त 1947 की खण्डित और रक्तरंजित सुबह में बदल चुकी थी। ब्रिटिश साम्राज्यवाद ने विभाजन ही नहीं करवाया, हमारे राष्ट्रीय मन को भी बँटवाने की कूटनीति की। गाँधी जिस स्वदेशी और हिन्द स्वराज की परिकल्पना में डूबे थे, उससे भिन्न ढंग का संवैधानिक ढाँचा भी इस देश ने चुना।

परिणामतः भारत में साम्राज्यवादी ढंग का पश्चिमीकरण अधिक मजबूत हुआ। विश्व पूँजीवाद और अन्तरराष्ट्रीय सर्वहारावाद के बीच राष्ट्रीय आन्दोलन के सपने धुँधले पड़ते चले गये। राजनीतिक साम्राज्यवाद तो नहीं रहा, किन्तु सांस्कृतिक साम्राज्यवाद की जड़ें गहरी होती गयीं। पता नहीं आचार्य शुक्ल होते तो उनके प्रति प्रयुक्त 'हमारे यहाँ', 'अपने यहाँ' मुहावरे का क्या होता? किन्तु उनकी परम्परा में आनेवाले आचार्य वाजपेयी ने लिखा "राष्ट्रीयता या जातीयता से हमारा आशय केवल जातीय बाह्य गुणों और विशेषताओं से नहीं है, केवल उन लक्षणों से नहीं है जिन्हें हम परम्परा के नाम पर दोहराते चले जाते हैं। प्रत्यक्ष राष्ट्र या जाति के उस वास्तविक सक्रिय और गम्भीर जीवन से है जा एक साथ मानवीय और विशिष्ट ऐतिहासिक अनुभवों तथा जातीय दृष्टि से युक्त होने के कारण ही राष्ट्रीय है। इसीलिए वह एक साथ राष्ट्र और सार्वभौमत्व की सीमाओं का स्पर्श करता है।[2] स्वतन्त्रता के बाद के लेखकों की रचनाओं पर विचार करते हुए वाजपेयी 'वस्तु' में सामाजिकता और सामूहिकता की और 'शिल्प' में 'फैलाव' वाले 'मध्यमार्ग' की माँग करते हैं। उसी निबन्ध में वे लिखते हैं "अनेक कारणों से यह मध्यमार्ग भारतीय वातावरण के अनुकूल है, क्योंकि भारत सदैव सहिष्णु और अतिशयों के बीच से निकल कर चलनेवाला देश रहा है। यही नहीं वर्तमान युग के बौद्धिक दृष्टिकोण के साथ हमारे राष्ट्रीय विकास में मानवतावादी दृष्टि की प्रधानता

1. राष्ट्रीय साहित्य तथा अन्य निबन्ध, पृ.- 10
2. राष्ट्रीय साहित्य : तथा अन्य निबन्ध, पृ.- 1

रही है। यद्यपि हमारी परिस्थितियाँ अपने ढंग से अधिक जटिल हैं और भौतिक जीवन की समस्याएँ हमें प्रबल रूप से आक्रान्त करती हैं, तथापि मानवतावाद को केन्द्र बनाकर चलनेवाला मध्यमार्ग हमारी भावनाओं और आकांक्षाओं के अनुरूप पड़ता है।[1] वाजपेयी आगे की पंक्तियों में शुक्ल जी को भी इसी 'मध्यमार्ग पर देखते हैं और स्वयं को भी।'

अब तक के विवेचन से यह तो सुस्पष्ट हो चुका होगा कि वाजपेयी जी की अधिकांश आलोचना आधुनिक और नये कहे जानेवाले हिन्दी साहित्य की प्रधान गतिविधियों से जुड़ी हुई हैं। वस्तुतः वे बीसवीं शताब्दी के चौथे दशक से अपनी यात्रा शुरू करते हैं और सातवें दशक के रचना-संसार से अनेकानेक मुंद्राओं में संवादरत हैं। प्रारम्भिक समीक्षाओं में जहाँ वे बेदह स्फुरणशील और तेजस्वी मेधा का परिचय देते हैं, वहीं परवर्ती आलोचनाओं में उनकी मुद्रा दायित्वबोध के प्रति सजग एक आलोचक में बदल जाती है। उन्हें लगने लगता है कि वे सम्पूर्ण भारतीय परम्परा के उत्तराधिकारी हैं। वह भारतीय परम्परा जिसमें डेढ़ सौ बरसों का वह पश्चिमी शासन भी अपनी जगह बना चुका है। आज जबकि अधिकांश हिन्दी लेखकों में अन्तरराष्ट्रीयता के नाम पर भारतीय चिन्तन परम्परा के प्रति उपेक्षा और उदासीनता के भाव सक्रिय हो उठे हैं वहीं वाजपेयी जी उस परम्परा की ओर आलोड़न-विलोड़न के लिए लौटते हैं और अनुभूति, भाव-व्यापार, कल्पना, रस आदि पर विचार करते हैं। यहाँ यह जान लेना जरूरी है कि वाजपेयी जी इसी आधार पर साहित्य और उसकी समीक्षा की स्वाधीनता का आख्यान भी करते हैं, यद्यपि उनकी प्रधान मनोभूमि स्वच्छन्दतावादी कही जाती है। किन्तु यह वही 'स्वच्छन्दतावाद' है जिसकी अनुभूति 'रीतिकालीन परिपाटीबद्धता' या जड़ अनुशासनपरकता के विरुद्ध घनानन्द आदि कवियों ने काफी पहले किया था। परिपाटीबद्धता में यों भी मौलिक सर्जनात्मकता के अवसर बहुत कम रहा करते हैं, जबकि स्वच्छन्दतावाद नवीन सर्जनात्मकता को निर्णायक मानकर चलता है। अनुभूति की मौलिकता और कल्पना की अखण्डता इसके मूल में है। शुक्ल जी का यह मत है कि मानवीय आलोक मंगल की भावना से प्रेरित कार्यकलाप में ही सौन्दर्य दिखेगा, राम के व्यापार ही सुन्दर दिखेंगे रावण के व्यापार नहीं। शुक्ल जी की दृष्टि यहाँ रावण के व्यापार को लेकर नैतिक आग्रहों में बँधी हुई है। विपरीत इसके वाजपेयी जी काव्यानुभूति के व्यापार को अखण्ड और समग्र मानते हैं। उनके विचार से काव्यगत सौन्दर्य को नैतिक-अनैतिक के खानों में बाँटना श्रेयकारी नहीं। उनके

1. वही, पृ.- 3-4

अनुसार सौन्दर्यबोध की सत्ता उसकी समग्रता में है। एक पारम्परिक समीक्षाशास्त्री ने लिखा है "शुक्ल जी की काव्यानुभूति सात्त्विक है, वाजपेयी जी की प्रकृत मानव अनुभूति।"[1] यही कारण है कि वाजपेयी जी समीक्षा-कर्म के किसी भी पूर्वनिश्चित दार्शनिक या साहित्यिक-कला सिद्धान्त के हवाले हो जाने के प्रबल विरोधी हैं। उनकी दृष्टि में 'अनुभूति या भावना ही काव्य का प्रेरक तत्त्व है, उसकी मूलभूत सत्ता है। कल्पना अनुभूति का क्रियाशील रूप है। काव्य उसी की रूपात्मक-अभिव्यंजना है। कल्पना के विविध अंगों और भावछवियों का नियमन और एकान्वयन करनेवाली सत्ता ही अनुभूति कही जाती है। इस भावानुभूति में मानव व्यक्तित्व और मानवता ऐसे श्रेष्ठ उपादान होते हैं जिनसे काव्य में मूल्य और महत्त्व की प्रतिष्ठा होती है। क्रमशः रस-सिद्धान्त की ओर उन्मुख होते हुए वे यह कहते हैं कि साहित्य में अनुभूति या भावना ही कार्य करती है। इसी क्रम में उनका यह वक्तव्य सटीक जान पड़ता है—"सम्पूर्ण काव्य किसी रस को अभिव्यक्त करता है और वह रस किसी स्थायी भाव की आश्रित होता है, वह स्थायी भाव रचयिता का अनुभूति से उद्‌गम प्राप्त करता है।"

अनुभूति के स्वरूप पर विचार करते हुए वे उसे देश-काल और व्यक्ति के भेद से परे सार्वजनीन और सार्वभौमिक मानते हैं। क्रोचे के स्वर-में-स्वर मिलाते हुए वे कहते हैं वही अनुभूति है जो अभिव्यक्त होती है और जो अभिव्यक्त हो, वही काव्य है। यहाँ इस भ्रम की पूरी गुंजाइश है कि क्या वाजपेयी जी भाववादी अथवा व्यक्तिवादी हैं? इसका समाधान उनके इस कथन में खोजा जा सकता है। वे यद्यपि कहते हैं कि साहित्य की अपनी स्वतन्त्र सत्ता है तथापि 'यह सत्ता जीवन-सापेक्ष है। जीवन-निरपेक्ष कला के लिए कला भ्रान्ति है', ऐसा कहकर वे पश्चिम के भाववादी कलाचिन्तकों की अनीतियों से स्वयं को मुक्त कर लेते हैं।

शुक्ल जी से अपनी पृथक्‌ता रेखांकित करते हुए वे कहते हैं कि शुक्ल जी की रस-सम्बन्धी व्याख्या भाव-व्यंजना या अनुभूति पर आश्रित न होकर एक नैतिक और लोकवादी आधार का आलम्बन लेती है। तर्क यह कि नैतिकता के आग्रहों के चलते ही भावनामय सूर की गोपियों के विरह को वे बैठे-ठाले का धन्धा मानते हैं। वाजपेयी जी की दृष्टि में काव्य की रसात्मकता का अर्थ है उसकी लोकोत्तर भावनामयता। रस का आनन्द, इसी अर्थ में है कि वह नैतिक और व्यावहारिक भावभूमियों को आत्मसात् कर भी उनके परे पहुँच जाता है।

वास्तव में वाजपेयी जी की दृष्टि में साहित्य का सर्वातिशायी और एकमात्र प्रतिमान सौन्दर्य ही है और कलाकार का मानस सौन्दर्य की इस व्यंजना के लिए समुन्नत होना

1. डॉ. राममूर्ति त्रिपाठी—भारतीय काव्यशास्त्र के नये क्षितिज, पृ.- 319

चाहिए। यह समुन्नति सामाजिक और सांस्कृतिक मूल्यों, वैचारिक रश्मियों, जीवन के समुचित पक्षों से सम्बन्धित होने पर ही सम्भव होती है। समग्रता को धारण करनेवाली यह 'सौन्दर्यानुभूति' ही उनकी दृष्टि में रसानुभूति है जिसमें 'कवि-कल्पित समस्त व्यापार' अन्तर्निहित रहा करते हैं। वाजपेयी जी के इस समग्रतावाद की जड़ें उस वैदिक दृष्टि में हैं जिसे वे बुद्धिवादियों अथवा विवेकवादियोंवाली दृष्टि की अपेक्षा अधिक परिपूर्ण मानते हैं और हमारे समय में जिसका सम्बन्ध उस विश्व-दृष्टि से जुड़ता है, जिसे हम आधुनिक भारतीय दृष्टि कह सकते हैं। 'बुनी हुई रस्सी' के कवि भवानीप्रसाद मिश्र का यह कथन मुझे यहाँ अत्यन्त प्रासंगिक लगता है—"दुनिया क्या है और उसे क्या होना चाहिए, मन में इसकी सम्यक् तस्वीर खींच लेना एक बहुत कठिन बात है। इसे सोचने लगते हैं तो समाज और राज और धर्म और साहित्य और उनके संघर्ष मन में सिर उठाने लगते हैं और बुद्धिनिष्ठ रहना, कठिन हो जाता है। हम वस्तुनिष्ठ भी नहीं रह पाते, बहुत तो विचारनिष्ठ बनकर रह जाते हैं यानी अपनी-अपनी सम्मतियों का आग्रह करने लगते हैं, यही सोचना सम्भव नहीं बचता, सब धुँधला हो जाता है।"[27] इसलिए वे 'समग्रता' की बात करते हैं। मुझे यह स्वीकार करने में कोई हिचक नहीं कि यह भी एक चिन्तन पद्धति है और इसे भी उतना ही आदर अपेक्षित है। वाजपेयी जी की आलोचना-दृष्टि को समझने के लिए इस चिन्तन- परम्परा को समझना जरूरी है। इस लेखक द्वारा एक साक्षात्कार के दौरान पूछे गये प्रश्न के उत्तर में उन्होंने कहा था—'मेरी समीक्षा में किसी एक वाद का अधिकार नहीं।' क्योंकि कोई उन्हें छायावादी, स्वच्छन्दतावादी, सौष्ठववादी, रसवादी, प्रगतिशील स्वच्छन्दतावादी कहता था तो कोई सृजनशील आदि। वाजपेयी का कहना था कि "कोई समीक्षक अपने को संकीर्ण सीमा में रखना पसन्द नहीं करेगा। इसलिए यदि इन विशेषणों के द्वारा सीमा का विस्तार हो रहा है तो मुझे क्या आपत्ति हो सकती है। यदि विशेषणों को निकालकर केवल साहित्य समीक्षक कहा जाये तो मुझे सर्वाधिक प्रसन्नता होगी।" ऐसा कहकर वस्तुतः वे काव्य और साहित्य-आलोचना की आत्मनिर्भर और स्वतन्त्र सत्ता पर ही जोर दे रहे थे। उनकी दृष्टि में काव्य के उपकरण अथवा घटक अनुभूति, कल्पना आदि हैं। जीवन-दर्शन और संस्कृति, इतिहास तथा विचारधारा के तत्त्व उसे अपने सहयोग से पुष्ट करते हैं। काव्य जिस चित्त से प्रस्रवित होता है, वह सम्प्रदायमुक्त और परम मानवीय होता है। इसलिए उसके अनुभव मार्मिक, सार्वजनिक और सुन्दर होते हैं। इन अनुभवों को इस रूप में ढालनेवाली अभिव्यंजना कवि की प्रातिभ शक्ति और उसकी असाधारण काव्य-साधना पर निर्भर करती है। जरूरी नहीं कि विचारधारा और जीवन-

———————

1. बुनी हुई रस्सी, पृ.- 10

दर्शन की श्रेष्ठता से दुर्बल अभिव्यंजना और प्रतिभा श्रेष्ठ या उत्कृष्ट का सृजन कर सके। कभी-कभी विपरीत इसके उत्कृष्ट काव्य प्रतिभा विचार-दुर्बल होकर भी मनोरम काव्य की सृष्टि कर सकती है। यह और बात है कि यह मनोरमता महानता के शिखरों का स्पर्श न कर सके।

बिहारी आदि कवियों में यह मनोरमता सुस्पष्ट है। वाजपेयी जी इसीलिए 'भारतीय साहित्यशास्त्र का पुनर्निर्माण' शीर्षक निबन्ध में यह कहते हैं कि, "आधुनिक कुछ आलोचकों ने रस-सम्प्रदाय और अलंकार-सम्प्रदाय के बीच यथार्थ से कहीं बड़ा काल्पनिक भेद खड़ा करने की चेष्टा की है और आपस में तू-तू मैं-मैं का लग्गा लगाया है, पर इससे उनका उत्तरदायित्व कम नहीं होता।"[1] उनके अनुसार साहित्य की मर्यादा सिद्धान्तवाद की अतियों का निषेध करते हैं, वहीं दूसरी ओर साहित्य के स्वरूप सृजन में आनेवाले अनेकानेक घटकों और उपकरणों की ओर हमारा ध्यान भी खींचते हैं अतः रस, रीति, अलंकार, वक्रोक्ति और ध्वनि एक-दूसरे के विरोधी नहीं बल्कि परस्पर की अतियों के विरुद्ध अनिवार्य अभिन्नता का सांकेतिक आग्रह लिये हुए हैं। इन स्वदेशी भूमियों की ओर नव प्रस्थान आधुनिक युग के आलोचक की ऐतिहासिक चुनौती है। वाजपेयी जी ने अपनी साधना के मध्यवर्ती चरण 'नया साहित्य : नये प्रश्न' में इसे स्वीकार करते हुए चरितार्थ भी किया। डॉ. रामविलास शर्मा ने लिखा है 'वाजपेयी जी अपने चिन्तन में स्वतन्त्र' और 'अनुकरण वृत्ति से दूर रहे हैं।' उन्हें अपने सिद्धान्तों पर दृढ़ आस्था थी। मेरी जानकारी में हिन्दी के वे पहले आधुनिक आलोचक हैं जिन्होंने रस-सिद्धान्त की रूढ़िगत सीमाओं की खुली आलोचना की। रूढ़िवादी आलोचना का विरोध करके वाजपेयी जी ने मौलिक चिन्तन और नवीन विचारधारा के लिए मार्ग प्रशस्त किया। उनकी हिन्दी साहित्य की यह सेवा अविस्मरणीय है। कोई आश्चर्य की बात नहीं कि 'गीतिका' में प्रसाद और निराला के साथ श्री नन्ददुलारे वाजपेयी की भूमिका छपी है।

यह घटना काव्य और आलोचना का दृढ़ सम्बन्ध, प्रसाद निराला-वाजपेयी का दृढ़ सम्बन्ध और काव्योत्कर्ष में आलोचना साहित्य की महत्त्वपूर्ण भूमिका प्रकट करती है।[2] वस्तुतः हिन्दी समीक्षा को उन्होंने 'सूक्ष्म सौन्दर्यबोध' के उन आधुनिक शिखरों तक पहुँचाया जहाँ से न तो मृत रूढ़ियों की ओर लौटा जा सकता है, न ही परम्परा की सामर्थ्य और तेजस्विता की अनदेखी की जा सकती है।

---

1. हिन्दी साहित्य बीसवीं शताब्दी, पृ.- 67
2. विरामचिह्न रामविलास शर्मा, पृ.- 215-216

# आलोचना की सृजनात्मकता और राष्ट्रीयता

वाजपेयी जी की सबसे बड़ी विशेषता साहित्य-सम्बन्धी उनकी उस अवधारणा में है जिसे उन्होंने भारतेन्दु और उनके युग से ग्रहण किया था। वे उस प्रवृत्ति को 'सामूहिक-रागिनी' का नाम देते हैं और कहते हैं—'भारतेन्दु हरिश्चन्द्र से आरम्भ होनेवाले आधुनिक साहित्यिक युग की मूल रागिनी सामूहिक रही है और सामूहिकता की ओर बढ़ती चली आयी है।' इसके बावजूद वे इस सच को झुठलाते नहीं कि 'स्वयं भारतेन्दु वैष्णव भक्ति और परम्परा के अनुयायी थे...उनके काव्य पर रीतिकाल की शृंगारिकता की भी घनी और गहरी छाया है...तथापि उनकी काव्य कृतियों को भक्त कवियों की परम्परा में मान लेने में बड़ी कठिनाई होती है। कहना पड़ता है कि भारतेन्दु व्यक्तिगत प्रेरणा से तो भावात्मक भक्ति की ओर उन्मुख थे, परन्तु वे अपनी समकालीन रीति-परम्परा के बोझ से भी आक्रान्त थे। यह उनका वैयक्तिक संघर्ष था, जो रीतिकाव्य की ऐहिकता और भक्तिकाव्य की भावात्मकता के बीच एक या दूसरी ओर पारी-पारी से खिंचता रहा। परन्तु 'भारतेन्दु और उनके युग की वास्तविक देन भक्ति और रीति के इस संघर्ष में नहीं पायी जाती। उनका असली कार्य नयी सामाजिक चेतना को प्रतिबिम्बित करने में था। और वह चेतना एक शब्द में राष्ट्रीय चेतना थी।' वाजपेयी अपने इस कथन की व्याख्या भी करते हैं—'इस व्यापक चेतना के अन्तर्गत विदेशी राज्य की भलाइयाँ-बुराइयाँ, हिन्दू-मुसलमानों के आपसी झगड़े और मतभेद तथा भारतीय समाज के विभिन्न अंगों और वर्गों की अलग-अलग समस्याएँ थीं। किन्तु कुल मिलाकर नवीन राष्ट्रीय एकता और विकास की अभिव्यक्ति हुई है।' आगे के वाक्यों में वे इसे उत्फुल्ल भाव से 'हरिश्चन्द्र युग की...'नवजाग्रत राष्ट्रीय चेतना' कहते हैं। आलोचक वाजपेयी जब इसके ठीक बाद आनेवाली नीतिवादी मर्यादा प्रधान द्विवेदीयुगीन कविता पर आते हैं तो उसे पूर्ववर्ती धारा को परिपुष्ट करनेवाली मानते हुए भी यह कहते हैं कि इस कविता ने भावात्मक क्षेत्र में कुछ गतिरोध भी उत्पन्न किये।

यह आवश्यकता से अधिक अतीतोन्मुखी था। इतना ही क्यों इन 'कवियों के ऊपर द्विवेदी जी के अतिरिक्त आचार्यत्व का दबाव' भी कुछ कम नहीं था।

वाजपेयी जी के इस कथन से शायद ही कोई असहमत हो। द्विवेदी जी एक आचार्य ही नहीं, सम्पादक के रूप में भी अपने काव्य-शिष्य मैथिलीशरण गुप्त की आलोचना छापने को कभी तैयार नहीं हुए। प्रसाद के अपने 7 अप्रैल, 1912 को लिखे पत्र में वे लिखते हैं—'बाबू मैथिलीशरण पर मेरा वात्सल्य भाव है। उनकी कविता की आलोचना भली हो या बुरी, छापना मैं उचित नहीं समझता आप नागरी प्रचारक में ही क्यों न निकालें। भवदीय—म.प्र. द्विवेदी

इस सन्दर्भ में इतना कहना जरूरी है कि न केवल आलोचक वाजपेयी बल्कि कवि प्रसाद भी इस आन्दोलनी राष्ट्रीयता को लेकर असहमत थे। इस अतीतोन्मुखता को लेकर भी जो काव्य तो कम इतिवृत्त कुछ अधिक थी। गुप्त जी को इसका एहसास न रहा हो ऐसा भी नहीं। सावनतीज संवत् 1993 (1936 ई.) के एक पत्र में वे कवि मित्र प्रसाद को लिखते हैं—'मुझे अपने साहित्यिक जीवन की क्षणिकता पर न कोई आह थी न औरों की बहुकालीनता पर डाह। यह मैं तुमसे सच कहता हूँ।...मेरे लिये चार दिन की चाँदनी ही क्या थोड़ी। परन्तु तुम्हें बहुत दिन भोगना है—अपने लिये न सही हमारे लिये।...जो हो, अब भी क्या हिन्दी इतिहास का भावी लेखक मेरी उपेक्षा कर सकता है? उसे इतना लिखना ही पड़ेगा—मैथिलीशरण, उस काल का एक पद्यकार जिसे हमारे कवि के बन्धु होने का ही सौभाग्य नहीं, उससे भेंट पाने का गौरव भी प्राप्त था...मैं प्रसन्नता से अपने सुँघनी साहु की चिलम चिरकाल तक भरता रहूँगा।...तुम्हारा—मैथिलीशरण।

लोक में प्रचलित 'राष्ट्रीय कविता' में भावना की दुर्बलता और द्विवेदी-युग की अनगढ़ता में आलोचक वाजपेयी कविता की प्रखरता और तेजस्विता में एक उतार-सा अनुभव करते हैं। उसका एक कारण उनकी दृष्टि में द्विवेदीयुगीन कविता में नीतिवादी दृष्टि का वर्चस्व भी है। स्मरणीय है कि नीतिवाद और काव्य-कला के सम्बन्धों को लेकर युवा वाजपेयी पहले ही आचार्य शुक्ल से तीखा और संहारक संवाद कर चुके हैं। शुक्ल जी पर अपने 'भारत' वाले सम्पादकीय के दिनों में ही वे यह लिख चुके हैं कि 'शुक्ल जी की सारी विचारणा द्विवेदी-युग की व्यक्तिगत, भावात्मक और आदर्शोन्मुख नीतिमत्ता पर स्थित है।' वहीं वे यह भी कह चुके हैं कि 'साहित्य, काव्य अथवा किसी भी कलाकृति की समीक्षा में जो बात हमें सदैव स्मरण रखना चाहिए, किन्तु जिसे शुक्ल जी ने बार-बार भुला दिया है, यह है कि हम किसी पूर्वनिश्चित सिद्धान्त को लेकर उसके आधार पर कला की परख नहीं कर सकते। सभी सिद्धान्त सीमित हैं, किन्तु कला के लिए कोई भी सीमा नहीं है, कोई बन्धन नहीं है।'[1] इसी

---

1. देखें—आचार्य रामचन्द्र शुक्ल

सिलसिले में अन्य एक स्थल पर वे लिखते हैं—'काव्य की सार्वजनीन रसानुभूति जो सब वादों से ऊपर है, शुक्ल जी के नीति-चक्र के फेर में पड़ गयी है। उन्होंने राम के निरूपण में ही रस की सत्ता मानी है, रावण के निरूपण से नहीं। स्पष्ट है कि काव्य से ऊपर नीति का स्थूल शासन शुक्ल जी नहीं छोड़ सके और भारतीय काव्यशास्त्रियों के रस तत्त्व की ऊँचाई को नहीं छू सके।'

वाजपेयी जी अपने इस नवयौवन काल के चिन्तन में (जबकि उनकी उम्र पच्चीस या चौबीस की थी) भारतीय काव्य-चिन्तन की जिस ऊँचाई की ओर संकेत कर रहे हैं, उसका सम्बन्ध भी उनकी इसी जातीय काव्य-चिन्ता और राष्ट्रीयता से है। 'रस निष्पत्ति : एक नयी व्याख्या' में वे यह प्रसंग उठाते हैं—"साधारणीकरण के साहित्यिक सिद्धान्त के साथ कुछ असाहित्यिक दलीलें भी लाकर जोड़ दी गयी हैं। उदाहरण के लिए यह कहा जाता है कि देवताओं और पूज्य व्यक्तियों के रति-भाव का साधारणीकरण प्रेक्षक को नहीं हो सकता। पर प्रश्न यह है कि रचयिता या कवि के लिए तो ये ये देवता या पुण्य चरित्र उतने ही पूज्य हैं जितने दर्शक या श्रोता के लिए। ऐसी अवस्था में कवि द्वारा वर्णित देवताओं का रति-भाव दर्शकों को उसी प्रकार प्रभावित करेगा—उसी भाव की सृष्टि करेगा जिस भाव की अनुभूति कवि या नाटककार ने स्वतः की है, उससे भिन्न भाव की सृष्टि हो ही नहीं सकती, क्योंकि कवि की रचना में उससे भिन्न भाव की स्थिति ही नहीं है। साधारणीकरण का अर्थ रचयिता और उपभोक्ता (कवि और दर्शक) के बीच भावना का तादात्म्य ही है। साधरणीकरण वास्तव में कवि-कल्पित समस्त व्यापार का होता है, केवल किसी पात्र-विशेष का नहीं। इस तथ्य को न समझने के कारण ही साधारणीकरण के प्रश्न पर अनेक विवाद होते रहे हैं।"

इतना ही नहीं, वे एक क्रान्तिकारी इतिहास-दृष्टि अपनाते हुए यह कहते हैं कि 'ये चारों मत क्रमशः काव्य की प्रेषणीयता और काव्य रस के आस्वादन की समस्या को समझाने का प्रयत्न करते हैं...कवि-कल्पित नायक से लेकर अभिनेता के नाट्य-प्रदर्शन, सहृदय के भावन और काव्य की ध्वन्यात्मकता के पक्षों की व्याख्या करनेवाले ये मत, हमारी दृष्टि में, काव्य की एक अत्यन्त आवश्यक समस्या के उद्घाटन की एक क्रमबद्ध योजना के रूप में उपस्थित किये गये हैं। यह बात दूसरी है कि खण्डन-मण्डन के वाग्जाल में पड़ जाने से उनका मूलवर्ती आशय या प्रयोजन भुला दिया गया हो। परम्परा सुरक्षित है, किन्तु उसका स्वरूप विकृत हो गया है।' नन्ददुलारे वाजपेयी परम्परा के इसी विकृत हो उठे स्वरूप के विरुद्ध परम्परा के स्वस्थ और समृद्ध विकास के नवनिर्माण के पक्ष में वैचारिक युद्ध करते हुए आये। उनका यह समर बहुस्तरीय

था। एक ओर तो वे उस नीरस और तर्कवादी बुद्धिवाद से लड़ रहे थे तो दूसरी ओर कला-विरोधी नीतिवाद और मर्यादावाद से। उनकी एक लड़ाई आर्यसमाज के उस पुनरुत्थानवादी आदर्शवाद से भी थी जिसकी अभिव्यक्ति कविता में मैथिलीशरण गुप्त, हरिऔध आदि तो कथा-क्षेत्र में प्रेमचन्द और उनके अनुगामी कर रहे थे। वाजपेयी जी ने इसे एक अन्य स्तर पर भी उठाया जिसे दार्शनिक कहा जा सकता है। इसका साक्षात्कार उनके दो अति महत्त्वपूर्ण दार्शनिक निबन्धों में होता है जिनके शीर्षक हैं—'बुद्धिवाद : एक अधूरी दृष्टि' और 'वैदिक दर्शन : एक समग्र दृष्टि', जयशंकर प्रसाद की साहित्य और कला-सम्बन्धी दृष्टियों की प्रस्तुति करनेवाली निबन्ध रचनाओं—'काव्य और कला तथा अन्य निबन्ध'—की भूमिका लेखक के रूप में वाजपेयी ने काव्य-कला-सम्बन्धी भारतीय पारम्परिक दृष्टि का अनुसन्धान और अनुस्मरण किया है।

वे साहित्य के कोरे आलोचक या चिन्तक नहीं हैं जिन्हें आत्मप्रतिष्ठा, परम्परागत सत्य की प्रतिष्ठा से कहीं अधिक महत्त्वपूर्ण कभी लगी हो। वैयक्तिकता का दम्भ और उससे उपजा मोह उनके विवेचनों को भ्रान्त नहीं करता। साहित्य और उसकी जातीय परम्परा का गतिमान् सत्य ही उनका अपना आलोचना-सत्य है। इसलिए वे अतीत और परम्परा के अर्थ को एक साथ गड्ड-मड्ड नहीं करते। रीति और स्वच्छन्दता के प्रवाह को भी वे उन औजारों से नहीं मापते जो एक को सर्वथा त्याज्य और दूसरे के अन्धग्रहण की वकालत करे। वे न तो शब्दवादी अति के समर्थक हैं न ही भावना की अतिरिक्तता के। यह मानते हुए भी कि 'सच्चा रोमाण्टिक कवि आत्मप्रेरणा से ही संचालित होता है।' वे यह समन्वय चाहते हैं कि दोनों दृष्टियाँ करीब आयें। पश्चिमी कला-चिन्तक विंकेलमैन को याद करते हुए उन्होंने लिखा—'केवल सौन्दर्य ही कला है, यह कहना पर्याप्त नहीं।' कला का सौन्दर्य समस्त निर्माण को लेकर, जिसमें भावाभिव्यंजना और आकृति का भेद मिट जाता है—आँका जाना चाहिए।'

आचार्य वाजपेयी की यह दृष्टि कैसे विकसित हुई और बनी थी इसके रहस्य में जायँ तो उनके दायें-बायें खड़े आधुनिक हिन्दी के दो महान् कवि प्रसाद और निराला दिखते हैं। प्रसाद की अनुभूतियों की गहराई में आनन्दवादी दार्शनिकता का दिव्य वैभव है तो निराला के प्रखर भावावेगों में प्रचण्ड बौद्धिक नवोन्मेष। इसलिए वाजपेयी केवल भावोन्मेष को या अनुभूति मात्र को वरीयता देने के पक्षधर नहीं। उनका कहना है—'जब तक काव्य की रूप-सत्ता उपयुक्त अभिव्यंजना या वाणी-विधान नहीं प्राप्त करती, तब तक उसमें आह्लादकता का गुण नहीं आ पाता।' किन्तु 'साहित्य-विवेचन में हम यदा-कदा वस्तु-पक्ष और रूप-पक्ष का अलग-अलग नाम क्यों लेते हैं? इसके दो ही उत्तर हो सकते हैं, या तो गलती से, या याद दिलाने के लिए। गलती से इसलिए कि

हम यह भूल जाते हैं कि साहित्य में रूप वस्तु ही है; और याद दिलाने के लिए इसलिए कि हम यह भूल जाते हैं कि साहित्य में वस्तु ही रूप है।' वे आगे का निर्णायक वाक्य लिखते हैं—'साहित्य में वस्तु और रूप के इस अनुस्यूत सम्बन्ध को समझना ही सबसे बड़ी साधना है।' आचार्य वाजपेयी आगे के वाक्यों में एक अतिमहत्त्वपूर्ण कथन करते हुए रचयिता, रचना और लोक के सम्बन्धों की एकतानता और एकरसता के प्रति हमारा ध्यान आकृष्ट करते हैं—'कल्पना' (यानी साहित्य का भावाश्रित रूप) तो व्यक्ति करता है पर 'रूप' बहुजन-संवेद्य होता है। इसी कारण इस 'रूप' तत्त्व में अंग-संगति, अनुक्रम तथा बौद्धिक ग्राह्यता की बहुमुखी सामग्री रहा करती है। यह सारी सामग्री शब्दों का परिधान धारण कर उपस्थित होती है, अतएव शब्दरहित 'रूप' की अपेक्षा यह शाब्दिक 'रूप' अपनी विशेषताएँ रखने को बाध्य है।

साहित्य में शब्द-प्रयोग की क्या विशेषता होती है इसका उत्तर वाजपेयी जी को ध्वनिवादियों के यहाँ मिलता है। वस्तु, अलंकार और रस-ध्वनि के समन्वित रूप में ही साहित्य की पूर्णता का रहस्य छिपा हुआ है।

'भारतीय साहित्य की एकता' शीर्षक अपनी वार्त्ता में आचार्य वाजपेयी कहते हैं—'कोई भी देश अपनी साहित्यिक परम्परा से नाता नहीं तोड़ सकता। अतीत का प्रभाव वर्तमान पर पड़ता ही है। इस भारतीय साहित्य को लेकर वे यह ऐतिहासिक महत्त्व का कथन करते हैं कि वह 'देश को विभाजित करने का साधन कभी नहीं रहा, वह सदैव उसे संयोजित और संगठित करने का माध्यम रहा है। काव्य विविधता में अन्तर्निहित एकता इस देश की संस्कृति की प्रमुख विशेषता रही है।...इतिहास तो इस तथ्य की ओर संकेत करता है कि जब कभी हमारे देश में भाषा और साहित्य की यह संयोजक शक्ति कम हुई है और पृथक्ता तथा विदेशी प्रभावों का बाहुल्य हुआ है, तब-तब सामाजिक और राजनीतिक क्षेत्रों में संकट आया है और हमें राष्ट्रीय दुर्दिन देखने पड़े हैं।'[1] एक स्वदेशी साहित्य-चिन्तक की तरह वाजपेयी भारत की इस राष्ट्रीय एकता की सुदृढ़ता के लिए निरन्तर कुछ उसी रूप में चिन्तित रहे हैं जिस रूप में नाट्यशास्त्र के भरतमुनि या फिर वे पुराणकार जिनके समक्ष भारतीय समाज के बिखराव का प्रश्न एक ऐतिहासिक संकट और चुनौती के रूप में खड़ा था।

वेदादि महान् रचनाओं के बाद पुराणों के आगमन के रहस्यों का उद्घाटन करती हुई रोमिला थापर अपनी किताब 'प्राचीन भारत का सामाजिक इतिहास' में यह सुस्पष्ट करती हैं कि—'पुराणों के पाठों को बड़े-बड़े श्रोता-समूहों के सामने पढ़ा जाता था।

———————

1. नन्ददुलारे वाजपेयी—नया साहित्य : नये प्रश्न।

पुराण और बौद्ध पाठ के स्रोतों को प्रसिद्धि उस काल में मिली जब बौद्ध और वैष्णव धर्म, अपनी धार्मिक भूमिका के अतिरिक्त, उन लोगों के लिए संस्कृतीकरण के अभिकरण का कार्य सम्पादित कर रहे थे जो अब तक इस महान् परम्परा के लाभ से वंचित थे। इस तरह के पाठ यद्यपि अतीत के सामाजिक सरोकारों का निरूपण करते थे तथापि उनमें प्रतिबिम्बित होते थे वर्तमान के सामाजिक सरोकार।' रोमिला जी यह भी सूचित करती हैं कि वेदादि सृष्टियाँ तो उच्च आर्यजनों के पाठ तक ही प्रतिबन्धित थीं किन्तु पुराण के द्वार तो सभी जनों के लिए खुले हुए थे।[1] यह लोक में आज भी प्रचलित है। पुराण एक प्रकार से भारतीय समाज के विस्तृत ऐक्य की गवाही देते हैं।

वाजपेयी जी को समझने के लिए न तो पश्चिम की इतिहास-दृष्टि उपयोगी होगी न ही भारत की पुराण-दृष्टि। वे बार-बार उस सांस्कृतिक दृष्टि की बात करते हैं जिसके एक ओर प्रेमचन्द खड़े हैं तो दूसरी ओर प्रसाद और निराला। आचार्य महावीरप्रसाद द्विवेदी और आचार्य रामचन्द्र शुक्ल को जब वे अपने पुरखों में शामिल करते हैं, तब भी उसका एक सांस्कृतिक प्रयोजन ही है और वह एक सुनिश्चित ऐतिहासिक यथार्थ की ओर हमारा ध्यान खींचता है। द्विवेदीयुगीन नैतिकता और मर्यादावाद हो या फिर आर्यसमाजियों का जुझारू हिन्दुत्ववाद ये सब वे प्रारम्भिक बातें हैं जिनसे बीसवीं सदी शुरू होती है। किन्तु इस सदी में जैसे ही गाँधी प्रवेश करते हैं, हमारी विश्वदृष्टि बदलने लगती है। 'राजनीतिक और सामाजिक आख्यानों में जैसी 'प्रत्यक्षता' चित्रित है, उसे वे आन्दोलन की तात्कालिक प्रतिक्रिया का ही परिणाम मानते हैं, इस प्रतिकूल टिप्पणी के साथ कि—'साहित्य कोरी राजनीति नहीं है, न वह राजनीतिक भावना का उच्छवास-मात्र है। साहित्य वास्तव में कवि की भाव-सत्ता के साथ उसके सम्पूर्ण व्यक्तित्व का समाहार है।'[2]

गाँधी के व्यक्तित्व को वे अभूतपूर्व जागृति केन्द्र के रूप में अनुभव करते और देखते हैं। गाँधी उनके लिए एक महान् राजनेता मात्र नहीं हैं।

उनके अनुसार उनका व्यक्तित्व 'राष्ट्रीय चारित्र्य का प्रतीक था। उनकी प्रेरणा सम्पूर्ण सामाजिक जीवन को आन्दोलित करती थी।' उनके न रहने पर कोई ऐसा आलोक-केन्द्र नहीं रह गया जो हमें नैतिक दिशा-निर्देश कर सकता। राजसत्ता और जन-समाज के बीच सम्बन्ध-सूत्र शिथिल होने लगे। राजसत्ता अधिकाधिक आत्मकेन्द्रित होती गयी।'

———————

1. देखें—उपन्यास और फिर पृष्ठ-21-22—राधावल्लभ त्रिपाठी
2. आधुनिक साहित्य (भूमिकांश-पृ.- 23)

एक अन्य निबन्ध 'प्रगति का ओर' में श्री वाजपेयी ने इसे साहित्यिक सन्दर्भों के हवाले से सीधे-सीधे कहा—'प्रगतिवाद और प्रयोगवाद दोनों ने अतिवादी दृष्टिकोण अपनाकर काव्यभूमि के प्रसार को दो छोरों में सीमित कर दिया। वह प्रशस्त भूमिका किनारे ही छूट गयी जिसकी ओर हिन्दी काव्य अग्रसर हो रहा था।' स्पष्ट ही उनका संकेत उस छायावाद-युग की ओर है जिसमें उस स्वदेशी चिन्तनधारा का गम्भीर विकास हो रहा था जो कालिदास-भवभूति से लेकर भारतेन्दु-युग तक चली आयी थी। 'राष्ट्रीय साहित्य तथा अन्य निबन्ध' की भूमिका में वे लिखते भी हैं—'छायावाद वस्तुतः हरिश्चन्द्र और द्विवेदी-युग की राष्ट्रीय विकास भूमियों को अधिक गहराई और प्रसार देता है, वह एक नयी मानववादी विश्वचेतना का भारतीय प्रतिरूप है।'

कुछ लोगों का यह तर्क हो सकता है कि विश्वचेतना के सन्दर्भ में राष्ट्रीयता के प्रश्नों का औचित्य क्या है? इसी पुस्तक में वाजपेयी जी इन तर्कों के उत्तर भी देते हैं? मसलन, (क) काव्य की सत्ता ध्वनि में है, प्रतिध्वनि में नहीं। (ख) काव्य और साहित्य में सार्वभौमिकता का एक गुण है, किन्तु उसकी सिद्धि राष्ट्रीय माध्यम से ही सम्भव और उचित है (ग) अपने विशिष्ट व्यक्तित्व को खोकर काव्य सार्वभौम तो होगा ही नहीं, अपने राष्ट्रीय और कलात्मक मूल्य भी खो देगा। उसकी स्थिति अपने को विश्वनागरिक घोषित करनेवाले उस 'पाश्चात्य' के समान होगी जिसे कोई देश अपनी सीमा में प्रवेश देने के लिए तैयार नहीं।'' दो- एक वाक्य आगे पीछे उनका निर्णायक कथन है—'हमारी राष्ट्रीय विशेषता हमारे काव्य को उसका विशिष्ट व्यक्तित्व प्रदान करती है और उस राष्ट्रीय स्वरूप के माध्यम से अभिव्यक्त हमारी कला सार्वभौम बनती है।'[1]

वाजपेयी जी जिस 'राष्ट्रीय स्वरूप' की माँग अपने समय के साहित्यिक लेखन से कर रहे हैं, वही माँग उनसे पहले आचार्य शुक्ल भी करते रहे थे।

'काव्य में रहस्यवाद' शीर्षक निबन्ध में उनका स्पष्ट आग्रह है—'यह अच्छी तरह समझ रखना चाहिए कि हमारे काव्य का, हमारे साहित्य शास्त्र का, एक स्वतन्त्र रूप है जिसके विकास की क्षमता और प्रणाली भी स्वतन्त्र है। उसकी आत्मा को, उसकी छिपी हुई भीतरी प्रकृति को पहले जब हम सूक्ष्मता से पहचान लेंगे तभी दूसरे देशों के साहित्य के स्वतन्त्र पर्यालोचन द्वारा अपने साहित्य के उत्तरोत्तर विकास का विधान कर सकेंगे।' शुक्ल जी ने आचार्य मुद्रा में यह एक निर्णायक वाक्य कभी लिखा था—

1. राष्ट्रीय साहित्य तथा अन्य निबन्ध, पृ.- 43

‘हमें अपनी दृष्टि से दूसरे देशों के साहित्य को देखना होगा; दूसरे देशों की दृष्टि से अपने साहित्य को नहीं। जब तक हम इस विचार-सामर्थ्य का सम्पादन न कर लेंगे तब तक अफ्रीका के जंगलियों की तरह—जो अँगरेजों के उतारे कपड़े बदन पर डालकर स्ववर्गियों के बीच बड़ी ऐंठ से चला करते हैं—भद्दी नकल को ही नवीनता मानकर सन्तोष करते रहेंगे और सभ्य-जगत के उपहास-भाजन बने रहेंगे। हमारी आँख अपना स्वरूप तक न देख सकेगी, विदेशी दर्पण की आवश्यकता होगी।[1]

शुक्ल जी जिसे ‘भारतीय भावना’ या ‘अपना स्वरूप’ कह रहे हैं, वाजपेयी जी उसे ही ‘राष्ट्रीय स्वरूप’ कहना चाह रहे हैं। दोनों आचार्यों में मतभेद भी कुछ कम नहीं है फिर भी इस एक बिन्दु पर दोनों एकमत हैं।

स्वतन्त्र भारत के कतिपय जाने-माने बुद्धिजीवियों में से एक धर्मपाल ने अपने समाजशास्त्रीय लेखन में इस सवाल को अत्यन्त गम्भीरता और प्रखरता से उठाया है। देशवासियों को सम्बोधित-सा करते हुए उन्होंने अपने निबन्ध का जो शीर्षक चुना है, वह हमें प्रथम दृष्टि में ही झकझोरने-सा लगता है—‘हम किसी और के संसार में रहने लगे हैं।’ धर्मपाल का अगला शीर्षक है—‘सभ्यताओं का नवीनीकरण तो करना ही होता है’ जिसमें वे सुझाते हैं—‘अपने इतिहास व अपने साहित्य का एक सिंहावलोकन-सा करके अपने चित्त व काल की एक प्रारम्भिक समझ बनानी है। सृष्टि के सर्जन और उसके विकास की प्रक्रिया का जो स्वरूप अपने मानस में अंकित है, उसका एक चित्र-सा बना लेना है। समय के साथ अपने साहित्य में, और शायद अपने मानस में भी विभिन्न विषयों पर जो असन्तुलन-सा आ गया है, उसका कुछ समाधान कर लेना है। और फिर अपने चित्त व काल की कोई ऐसी व्याख्या बना लेनी है जो साधारण भारतीय जन के मन को जँचती है और जिसे लेकर आज के विश्व में भारतीयता के फिर प्रतिष्ठापन का कोई मार्ग निकलता है।... विश्व हमें अपनी दिशा में चलते हुए और उस प्रयास में सफल होते हुए देखेगा तो शायद उसे भी भारतीयता में अपने लिये और सारी मानवता के लिए महत्त्वपूर्ण कुछ दिखायी देने लगेगा।’ वे हमें याद दिलाते हैं...अभी पचास-साठ वर्ष पहले जब महात्मा गाँधी इस देश को अपनी ही एक दिशा में ले चले थे, तब विश्व के बहुतेरे लोगों को लगने लगा था कि भारत पूरी मानवता को एक नया मार्ग दिशा देगा... उस स्थिति में पहुँचने के लिए जो बौद्धिक, मानसिक व भौतिक प्रयास करने आवश्यक हैं, उन्हें कर लेने का समय तो अब आ ही गया है।’’[2]

---

1. चिन्तामणि-2 पृ.-155 (काव्य में रहस्यवाद)
2. भारतीय चित्त, मानस और काल पृ.- 41-42

इस सन्दर्भ में अगर साहित्य का क्षेत्र देखें तो आचार्य शुक्ल और आचार्य वाजपेयी अगुवाई करते दिखायी देते हैं। अपने प्रौढ़ और परवर्ती दिनों में रामविलास शर्मा कथाकार कमलेश्वर और संस्कृतिविद् भगवान सिंह जैसे लेखकों ने भी इस समस्या से जूझने और समझने का प्रयास किया। समाजविज्ञानियों में किशन पटनायक, सच्चिदानन्द सिन्हा और पूरनचन्द्र जोशी ने इसे अपने-अपने ढंग से समझा। ये सब उस सांस्कृतिक उपनिवेशवाद के प्रति बाखबर हैं जो आज हमें चौतरफा से घेरता चला आ रहा है। नेलसन मण्डेला ने एक बार गाँधी के बारे में सोचते हुए कहा था ''जब औपनिवेशिक मनुष्य ने सोचना छोड़ दिया था और उसका समर्थ होने का अहसास लुप्त हो चुका था, गाँधी ने उसे सोचना सिखाया और उसके सामर्थ्य के अहसास को पुनर्जीवित किया।'' हिन्दी आलोचना में आजादी के बाद जिस एक आलोचक ने इसकी समर्थ अगुवाई की, वह नन्ददुलारे वाजपेयी ही थे। उन्होंने लिखा—'स्वतन्त्रता' या 'मुक्ति' शब्द भारत के लिए नया नहीं है। यह केवल वर्तमान काल की परिस्थिति से सम्बद्ध न होकर हमारी संस्कृति के गहनतम स्तर और हमारे तत्त्व-चिन्तन के केन्द्र से युक्त है।' इसी प्रकार 'आधुनिकता' जैसे अति फैशनेबुल पद पर वे कहते हैं— 'आधुनिकता से हम अधिकतर पश्चिमी आधुनिकता का ही अर्थ लेते हैं और उसमें भी हम एक विशेष प्रकार की आर्थिक व्यवस्थावाले देशों को आधुनिकता का प्रतिमान मानते हैं।' आचार्य वाजपेयी ऐसे आधुनिकतावादियों से पूछते हैं—क्या पूँजीवादी अथवा समाजवादी देशों की आधुनिकता ही भारत की अपनी आधुनिकता है या फिर इसके अपने कोई देशी और राष्ट्रीय सन्दर्भ भी हैं?

श्री वाजपेयी किसी भी ऐसे अवधारणात्मक पद या चल पड़े फैशन के सतही रूपों से आतंकित नहीं होते। न ही नये नामों के आकर्षण से विमोहित ही होते हैं। उनका बुनियादी आग्रह उस स्वदेशी चिन्तन प्रवाह के प्रति है जो वेद-उपनिषद् से लेकर बुद्ध और गाँधी तक अविच्छिन्न चलता चला आया है। सुखद आश्चर्य तो तब होता है जब ई.एम.एस. नाम्बादुरिपाद और राम विलास शर्मा जैसे वामपन्थी चिन्तक गाँधी की अग्नि धर्मी विरासत को पहचानने के साथ-साथ अवसरवादी वर्तमान वामपक्ष को सचेत हो जाने की नसीहतें देना अपना फ़र्ज समझते हैं। आधुनिक प्रौद्योगिकी की भयावहता पर केन्द्रित अपने अनूठे उपन्यास 'परमगति' की भूमिका में भगवानसिंह लिखते हैं— ''विश्वपूँजीवाद का नया चेहरा पुराने से अधिक कोमल और चरित्र उससे कई गुना अमानवीय है।'' यह अपने लाभ के लिए कोई भी जघन्यतम कुकृत्य कर सकता है। इसलिए मार्क्सवाद और गाँधीवाद का समन्वय आज की ऐतिहासिक जरूरत है। वाजपेयी जी अपने 'राष्ट्रीय साहित्य' वाले निबन्ध में कहते हैं—'ऐतिहासिक विकास

में विज्ञान की प्रमुखता के साथ टाल्स्टाय जैसे लेखकों का उदय और राष्ट्रीय भावना को क्रमशः विकास, अभाव की स्थिति से सम्पन्नता की ओर वहाँ की जनता का संकल्पित और कर्मठ अभियान हमें अपनी भावना के अतिशय समीप प्रतीत होता है।'

तथापि 'पश्चिम की संस्कृति आज अपने को ऐसी बन्द गली के छोर पर पाती है जिसके आगे कोई राह नहीं है। यह भावना उसके काव्य में, साहित्य में और इतिहास तथा दर्शन में स्पष्टतः परिलक्षित होती है। टी.एस. ईलियट और टायनबी जैसे कवि और इतिहासकार इसका जीवन्त और समग्र अनुभव करते हुए पुनर्मूल्यांकन और नयी दिशाओं की खोज करते पाये जाते हैं। इसके विपरीत भारत विकास के लिए अपने मार्ग देखता है। आधुनिक भारत में निर्मित होनेवाला जीवन केवल आरम्भ की स्थिति में है। ऐसी दशा में स्वाभाविक है कि पश्चिम के विकास काल के तत्त्व और उसकी विरासत के अनुकूल अंश स्वीकार करते हुए भी भारत पश्चिम की गति को अपनी गति न बनाये।[1]

'भारत सदैव सहिष्णुता और अतिशयों के बीच से निकलकर चलनेवाला देश रहा है। यही नहीं वर्तमान युग के बौद्धिक दृष्टिकोण के साथ हमारे राष्ट्रीय विकास में मानवतावादी दृष्टि की प्रधानता रही है। अतएव हमारी परिस्थितियाँ अपने ढंग से अधिक जटिल हैं और भौतिक जीवन की समस्याएँ हमें प्रबल रूप में आक्रान्त करती हैं। तथापि मानवतावाद को केन्द्र बनाकर चलनेवाला मध्यमार्ग हमारी भावनाओं और आकांक्षाओं के अनुरूप पड़ता है।'[2]

उनके इन कथनों से सुस्पष्ट है कि वे स्वदेशी चिन्तन परम्परा और काव्यचिन्तन पद्धति के हिमायती थे और भारत जैसे अति प्राचीन और आधुनिक दृष्टि से संयुक्त राष्ट्र को पश्चिम के उपनिवेश के रूप में देखना किसी भी स्थिति में उन्हें मंजूर नहीं था। इसीलिए वे मार्क्स हों या फ्रायड—दोनों को एक ही मुहावरे 'विदेशीरंग' से अभिहित करते हैं। ऐसा भी नहीं कि पश्चिम के विचारों को लेकर उनमें अस्पृश्यता का कोई ब्राह्मण-बोध हो—'हिन्दी समीक्षा में पूर्वी और पश्चिमी विचारों का सम्मिलन हो रहा था, और छायावादी युग में यह सम्मिलन स्वाभाविक आदान-प्रदान की स्थिति तक पहुँच गया था पर यहाँ आकर सारी टकसाल ही बदल गयी...यह हमारी राष्ट्रीय भावना के प्रति एक अनाकांक्षित आक्रमण भी था। यह हमारे लिये एक सांस्कृतिक तौहीन थी।'

---

1. राष्ट्रीय साहित्य तथा अन्य निबन्ध, पृ.- 7
2. वही, पृ.-34

इसी निबन्ध, जो आलोचना त्रैमासिक के सम्पादन के रूप में लिखा गया, में वे लिखते हैं—'साहित्य की प्रकृति मानव-जीवन की प्रकृति के अनुरूप ही विशाल और बहुमुखी है। साहित्य और कलाएँ देश और काल की प्रेरणाओं से अनुप्राणित होती हुई भी स्थायी मानव-मूल्यों का प्रतिनिधित्व करती हैं।'[1]

बार-बार अपने द्वारा प्रयुक्त 'राष्ट्रीय' पद को लेकर वे यह सफाई देना भी जरूरी मानते हैं कि—"राष्ट्रीय शब्द का प्रयोग 'राष्ट्रवादी' अर्थ में नहीं है, बल्कि राष्ट्रीय परिवेश से संबंध रखनेवाली सभी रचनाएँ उसकी सीमा में आ जाती हैं।"[2]

वाजपेयी जी यथार्थवाद के दोनों ही वादों को प्रत्यक्षतः साहित्येतर कहते हुए लिखते हैं—'इन वादों का सम्बन्ध मूलतः सामाजिक और वैयक्तिक जीवन से है। ये प्रत्यक्षतः साहित्यिक वाद नहीं हैं, इसलिए इन वादों की साहित्यिक व्याख्या का कार्य आसान नहीं रहा है। एक अन्य महत्त्वपूर्ण बात यह है कि कोई भी वाद बौद्धिक स्तर पर ही समझा और ग्रहण किया जा सकता है, किन्तु साहित्य की भूमि कोरी बौद्धिक भूमि नहीं होती। उसमें मानव व्यक्तित्व के अनेक अन्य तत्त्व भी सम्मिलित रहते हैं, इसलिए किसी भी बाह्य वाद या सिद्धान्त का साहित्यिक रूपान्तर प्रायः हो ही नहीं पाता। फिर साहित्य और विशेषकर काव्य, एक समन्वयात्मक वस्तु है। वह जिन जीवन वस्तुओं को आत्मसात् करता है, उन्हें अपने साथ पूर्णतया समन्वित कर लेता है। काव्य की इस प्रकृति के कारण कोरे बौद्धिक और विचारात्मक तथ्यों का काव्य में अन्तर्भाव कठिन हो जाता है। अनेक जटिल मानसिक पद्धतियों के समुच्चय से निर्मित होनेवाला काव्य किसी वाद-विशेष का स्थूल प्रतिरूप तो हो ही नहीं सकता।"[3]

काव्य-क्षेत्र में 'वाद' विशेष की उपस्थिति क्या करती है इस पर विचार करते हुए आचार्य शुक्ल का कथन चेतावनी जैसा है—'काव्यक्षेत्र में किसी वाद' का प्रचार धीरे-धीरे उसकी सारसत्ता को ही चर जाता है। कुछ दिनों में लोग कविता न लिखकर 'वाद' लिखने लगते हैं।[4]

'नया साहित्य : नये प्रश्न' के 'निकष' (भूमिका) में इन वादी दृष्टियों से अपना मतभेद रेखांकित करते हुए वाजपेयी जी लिखते हैं—'मेरे लिये समाज और साहित्य की प्रगति द्वन्द्वात्मक नहीं धारावाहिक है।' इसी भूमिका में प्रगतिवाद का सन्दर्भ आने

---

1. वही, पृ.- 80
2. वही, पृ.- 84
3. राष्ट्रीय साहित्य तथा अन्यनिबंध, पृ.- 85-86
4. चिन्तामणि-भाग-एक, पृ.- 237 'साधारणीकरण और व्यक्ति वैचित्र्यवाद' निबन्ध से

पर दो-टूक अन्दाज में उनका कथन है—'जहाँ तक प्रगतिवादियों की तीसरी विशेषता[1] वाद-विशेष का अनुसरण करने की नीति का प्रश्न है, मैं इसका विरोधी रहा हूँ और आज भी हूँ। मैं इसे उच्चकोटि के साहित्य-सृजन के लिए बाधा की वस्तु मानवता हूँ।'[2]

स्पष्टतः वाजपेयी यहाँ आचार्य शुक्ल को ही जैसे दुहरा रहे हों। तो क्या वे यथार्थवाद विरोधी लेखक हैं? इसका उत्तर उनकी कंकाल सम्बन्धी आलोचना में है जिसका प्रसंग आने पर उन्होंने लिखा—'प्रसाद जी के 'कंकाल' उपन्यास पर लिखते हुए पहली बार किसी 'यथार्थवादी' कृति पर प्रशंसा के शब्द लिख सका था।... तभी से मैं इस निर्णय पर पहुँचा कि साहित्य में आदर्श का ही नहीं, यथार्थ का भी स्थान हो सकता है; यदि लेखक का लक्ष्य समाज की कुरूपताओं, रूढ़ियों और अन्धविश्वासों पर तीव्र प्रकाश डालना और व्यंग्य करना हो।' यहाँ आलोचक वाजपेयी की आत्मस्वीकृति का स्वर भी असाधारण है—'यह मेरी साहित्यिक चेतना की एक नयी उपलब्धि थी।' यह उपलब्धि उन्हें काव्य-सृजन के अन्तर्गत प्रगीत रूप के आधार पर नहीं (जिसके कि वे युगान्तरकारी आलोचक थे और हैं) अपितु साहित्य की उपन्यास विधा के सहयोग से हुई। अन्यथा इसके पूर्व तो 'यथार्थवाद' उनके लिए साहित्य से सर्वथा बहिष्कृत वस्तु थी और वे उसके स्वागत के लिए तैयार नहीं थे। यहाँ यह उल्लेख जरूरी है कि वे प्रेमचन्द को एक आदर्शवादी लेखक ही मानते थे और गोदान जैसी कृतियों के आधार पर यह कह रहे थे कि धीरे-धीरे आदर्शवाद से उनका मोह टूट रहा था। विचारों का यह लचीलापन और गतिशीलता भी उनकी एक पहचान बनी।

आदर्श और यथार्थ सम्बन्धी उनकी अवधारणा भी बिलकुल स्वतन्त्र और स्वाधीन थी। सामाजिक परिष्कार में सहयोगी लेखन को वे किसी भी स्थिति में महत्त्वपूर्ण और मूल्यवान् तथा सामाजिक मन को उदासी और निराशा में ला खड़े करनेवाली रचना को वे आलोचना की दृष्टि से देख रहे थे। प्रसाद के 'कंकाल', यशपाल के दादा कामरेड और राहुल के उपन्यासों को आमने-सामने रख वे कह रहे थे कि— ये दोनों लेखक 'एक दी हुई नजर से ही दुनिया को देखते हैं।' लेखक जब अपने अनुशीलनों के आधार पर सर्जना में व्यस्त होता है तब उसकी उपलब्धियाँ भिन्न प्रकार की होती हैं। उनमें एक स्फूर्ति और ताज़गी होती है। वह जब अपनी 'स्वाधीन' और मौलिक दृष्टि का उपयोग करता है तो रचना में एक ऐसी सर्जनात्मक सुगन्ध भर उठती है जिससे उसके

---

1. दो अन्य विशेषताएँ हैं—क. शैलीगत वैशिष्ट्य ख. स्वतंत्र जीवन-दर्शन (भौतिक जीवन साँचा।)
2. नया साहित्य : नये प्रश्न—निकष, पृ.- 20

पाठकों का मन शक्ति से भर उठता है। कौन कहें स्वयं आलोचक वाजपेयी इसी स्वाधीन दृष्टि के कायल थे।

आई.ए.रिचर्ड आदि महान् आलोचकों की तरह वाजपेयी जी की आलोचना भी मूल्यदृष्टि से सम्पन्न थी। और इसे समझने के लिए उनका यह कथन ध्यान में रखना जरूरी होगा—'आज साहित्य में विचारकों और विचारधाराओं की कमी नहीं है, परन्तु किसी भी विचारधारा को हम उसके दिखावटी मूल्य पर नहीं ग्रहण कर सकते। हमें विचारों की तह में जाकर उसके मूल्य को आँकना होगा।'

'इसके लिए भी हमें लेखक या कलाकार के व्यक्तित्व तथा उसके सामाजिक संघर्षों को अच्छी तरह जानना और समझना होगा। साथ ही हमें यह भी देखना होगा कि कोई विचारधारा साहित्य में लाकर ऊपर से तो थोप नहीं दी गयी। वह रचना वाद मात्र ही तो नहीं रह गयी।' यहीं वे साहित्य-संसार के उस विदग्ध नागरिक को भी पुनः परिभाषित करते हैं जिसे 'सहृदय' या आलोचक कहा जाता रहा है। वे कहते हैं "भारतीय विवेचकों ने भावक या समीक्षक को 'सहृदय' की उपाधि देकर जिस साहित्य-तथ्य का आग्रह या संकेत किया है, उसकी रक्षा हमें करनी है। परन्तु सहृदय शब्द से केवल साहित्य-रसिक का अर्थ नहीं लिया जा सकता, सहृदय का अर्थ है मानवीय संवेदनाओं से सुपरिचित व्यक्ति।"[1]

इतना ही कहकर वे 'सहृदय' के बारे में सन्तुष्टि का अनुभव नहीं करते। वे उसके गुरुतर सांस्कृतिक दायित्वों का व्याख्यान भी करते हैं—"काव्य की इस अशेष रूप-सृष्टि में चयन और व्यवस्था का कार्य समीक्षक को ही करना पड़ता है, और इसके लिए उसकी सम्पूर्ण विद्या-बुद्धि और काव्य-प्रज्ञा अपेक्षित होती है। एक ओर उसे संसार के श्रेष्ठतम साहित्य के निदर्शनों को अपनी स्मृति में संकलित करना पड़ता है और दूसरी ओर अपने युग की रचनात्मक प्रेरणाओं को अपने व्यक्तित्व का अंग बनाना पड़ता है। इस दृष्टि से उसका दायित्व कवि या स्रष्टा के दायित्व से कहीं अधिक हो जाता है। कवि अपने काव्य के लिए ही जिम्मेदार है, पर समीक्षक अपने युग की सम्पूर्ण साहित्यिक चेतना के लिए जिम्मेदार है।"[2]

समीक्षक के गम्भीर सांस्कृतिक कार्य व्यापारों का उल्लेख करते हुए वे आगे लिखते हैं—"तुलसीदास जी ने समीक्षक को साहित्य-सरोवर का संरक्षक बताया है; पर वस्तुतः वह इससे भी कुछ अधिक होता है। संरक्षण तो वह करता ही है, साहित्य

1. 'नया साहित्य : नये प्रश्न' पृ.- 137
2. वही, निकष, पृ.- 7

की प्रगति का पुरस्कर्ता भी होता है। एक अर्थ में उसे जातीय जीवन का नियामक ही कह सकते हैं।''[1]

जातीय जीवन का यह नियमन उन्होंने कैसे किया इसका प्रमाण डॉ. रामविलास शर्मा की उनके बारे में लिखी ये पंक्तियाँ हैं—'रूढ़िवादी आलोचना का विरोध करके वाजपेयी जी ने मौलिक चिन्तन और नवीन विचारधारा के लिए मार्ग प्रशस्त किया। उनकी हिन्दी साहित्य की यह सेवा अविस्मरणीय है।'

आज यह कहने में संकोच नहीं कि कथा-साहित्य में जो सेवा प्रेमचन्द, काव्य में प्रसाद-निराला तथा गद्य में आचार्य महावीरप्रसाद द्विवेदी और आचार्य रामचन्द्र शुक्ल कर रहे थे उसी परम्परा को पण्डित नन्ददुलारे वाजपेयी जैसे समीक्षक आगे बढ़ा रहे थे। वे भारत को एक स्वाधीनचेता सांस्कृतिक समाज और राष्ट्र के रूप में देखने और बनाने की कोशिशों में जुटे हुए थे। ये सब किसी भी साम्राज्यवाद को स्वीकारने और उसका कैसा भी उपनिवेश बन जाने को किसी भी रूप में राजी नहीं थे। गाँधी से इनकी अपनी असहमतियाँ और सवाल भी रहे होंगे पर इन्हें अपनी सहज स्वाभाविक बुद्धि और मौलिक दृष्टि प्यारी थी। ये सब यह भी मानते थे कि भारतीय समाज का नवनिर्माण भारतीय मेधा और उसकी अपनी वैज्ञानिक दृष्टि के बल पर ही सम्भव होगा। उसे पश्चिम से कितना क्या लेना होगा, यह भी पश्चिम नहीं, भारतीय मेधावाले लोग ही तय करेंगे। भारत का महान् स्वाधीनता-आन्दोलन इसका पहला प्रमाण है कि भारत ने इसे पश्चिम से नहीं, स्वयं अपने बौद्धिक पुरुषार्थ से अर्जित किया है। हमारी कलाएँ और हमारा पारम्परिक ज्ञान-विज्ञान, यहाँ तक कि साहित्य भी हमारी अपनी असाधारण सृजनशीलता की देन है। रवीन्द्र हों या शरत्चन्द्र, प्रेमचन्द या प्रसाद-निराला, सुब्रह्मण्यम् भारती हों या कुमारन आसन, इनकी मौलिकता का वैभव पश्चिम की नकल और उपनिवेश बन जाने के रहस्य से जुड़ा नहीं है।

पश्चिम की औपनिवेशिक राजनीति और साम्राज्यवादी आकांक्षाएँ आज सारी दुनिया के सामने उघड़ चुकी हैं। भारत, खास तौर से हिन्दी के बहुपठित कथाकार कमलेश्वर अपने अति गम्भीर और लोकप्रिय उपन्यास 'कितने पाकिस्तान' में एशिया, भारत और पश्चिम की इस भिन्न दृष्टि को रेखांकित करते हुए लिखते हैं—'सच्चाई यह है कि एशिया ने सारे धर्म और सभ्यताएँ पैदा की हैं और यूरोप ने अपनी औद्योगिक क्रान्ति के बाद अपने मुनाफे के विदेशी बाजार तलाशने शुरू किये हैं... इस सत्य को मत भूलो कि भारत की तलाश में ही नयी दुनिया तुम्हारे हाथ आयी थी। तुम्हारे पास

---

1. नया साहित्य : नये प्रश्न—निकष, पृ.- 7

धर्म नहीं, धर्म का मुखौटा था। आत्मा की मुक्ति का तुम्हारा अभियान एक पाखण्ड था...तुम अपने जहाजों पर घोड़े और बारूद लेकर आत्मा को मुक्त करने नहीं, आत्माओं को गुलाम बनाने निकले थे...तुम्हारी भौतिक हवस ने पुरातन सभ्यताओं को ध्वस्त किया था। देखो इतिहास के पन्नों को आखिर बौद्ध धर्म भी भारत से निकलकर समस्त एशिया में फैला था लेकिन कहीं किसी भी देश में रक्त की एक बूँद तक नहीं गिरी थी... वे समुद्री रास्तों से चले थे तो साथ में अस्त्र भाले, तलवार और बन्दूकें नहीं थीं। उनके बेड़ों पर तोपें नहीं थीं। उनके पास था शान्ति, अहिंसा और करुणा का सन्देश और उनके हाथों में था बोधिवृक्ष। ...व्यापार और बाजार तब भी था। जिसे जितनी जरूरत थी, उतना ही आयात या निर्यात करता था। हमारी प्राची की सभ्यताएँ एक-दूसरे की अर्थ-व्यवस्था की पोषक और पूरक थीं। उनमें मुनाफे की स्पर्द्धा और शोषण शामिल नहीं था...।''

खेद है कि हमारे लेखकों ने तो इस स्वाधीन, स्वतन्त्र मौलिक दृष्टि का अध्यवसायपूर्वक अर्जन कर लिया किन्तु हमारी आलोचना अभी भी पश्चिम की उद्धरणी बनी हुई है। हमारे नामवर आलोचकों ने उसे पश्चिम का उपनिवेश और एक तर्क-कौतुक बनाकर रख दिया है। उनके चेतन में उस ऐतिहासिक जिम्मेदारी का सर्वथा अभाव है जो सबसे पहले राष्ट्रों की स्वाधीनता और संस्कृतियों के स्वदेश के लिए पहल करती है। नवीनतम अवधारणाओं के आक्रामक अभियान से बगैर भयभीत और आतंकित हुए। वह यह सोच पाती है कि 'भारत के बाद विकास की दो प्रधान दिशाएँ हैं जिनकी हम उपेक्षा नहीं कर सकते इनमें पहली है एशिया और अफ्रीका के साम्राज्य-शासित देशों को अपनी सारी हमदर्दी देना और उन्हें साम्राज्यशाही के भार से मुक्त करने के लिए कटिबद्ध रहना। साहित्य के क्षेत्र में हमारी विदेश-नीति की यही आधार-शिला बन सकती है। दूसरी-प्रधान वस्तु है आज की 'ऐटम' सभ्यता की विभीषिका से संसार को त्राण दिलाना।' 1955 में दिये गये वाजपेयी जी के इस वक्तव्य को जब हम परमगति (भगवानसिंह) और कितने पाकिस्तान (कमलेश्वर) जैसे उपन्यासों को समक्ष रखकर देखते हैं—जो बीसवीं सदी के आखिरी दशकों में रचे गये—तो आश्चर्यजनक प्रसन्नता होती है कि समकालीन हिन्दी भाषा की स्वतन्त्र प्रतिभाएँ अपनी क्रान्तदर्शी आलोचना के पथनिर्देशों से सहमत दिखती हैं। यही आलोचना सच्ची राष्ट्रीय आलोचना है क्योंकि यह सोच सकी है कि ''हमारे स्वार्थ भारतीय जनता के ही स्वार्थ हो सकते हैं और व्यक्ति तथा समूह के रूप में इस जन-समाज का विकास ही हमारा विकास है।...हमारा सारा लक्ष्य भारतीय जनतन्त्र की नैतिक और भौतिक उन्नति ही हो सकता है। अतः हमारा इस समय का 'विकास' रचनात्मक और क्रियाशील जनतन्त्र

के आदर्श पर ही आश्रित रह सकता है। गाँधी जी ने 'सर्वोदय' शब्द द्वारा इसी प्रकार के सर्वतोमुखी विकास की सूचना दी थी। मुझे 'रचनात्मक और क्रियाशील जनतन्त्र' शब्द अधिक सामयिक और सार्थक जान पड़ता है।''[1]

आगे का का पैरा है ''घर को सँभालकर ही बाहर की देख-रेख की जा सकती है, इसलिए हमारा पहला लक्ष्य रचनात्मक जनतन्त्र को अपने देश में ही कार्यान्वित करना है।'' इस सन्दर्भ में तीसरा सप्तक के कवि केदारनाथ सिंह की 'दीपदान' कविता एक जरूरी सन्दर्भ है।

वाजपेयी जी की समूची आलोचना-पद्धति इसी रूप में जनतान्त्रिक और रचनात्मक रही है। वे परम्परा की गतिमान् ऊर्जा और आधुनिकता के स्वदेशी उपकरणों और स्वाधीन शैलियों के समर्थक रहे हैं। वे साहित्य की सामूहिक रागिनियों के आग्रही आलोचक रहे हैं। साहित्य यदि केवल कलात्मक अभिव्यंजना मात्र नहीं है तो वे उसकी गम्भीर आध्यात्मिक संवेदनाओं के अन्वेषक और पोषक रहे हैं, साथ ही उसके विभिन्न अभिव्यक्ति प्रकारों और रूपों के विवेचक और विश्लेषक भी।

अपनी आलोचनाओं में उन्होंने यदि एक सत्याग्रही सहृदय का प्रमाण दिया है तो अपने द्वारा की गयी चूकों को समय आने पर सुधारा और अपनी मान्यताओं को बदला भी है। इसके अनेक प्रमाण उनके लेखन में स्वतः मौजूद हैं। साहित्य और उसकी आलोचना को वे एक सामूहिक सांस्कृतिक जीवन व्यापार मानते रहे हैं इसलिए उनकी एक दृष्टि यदि परम्परा और शास्त्र की ओर रही है तो दूसरी उस मौलिक और उत्कृष्ट साहित्य-सृजन पर जिससे नये शास्त्र पैदा होते हैं और परम्परा आत्मविकास कर पाती है। जहाँ इन दोनों में द्वन्द्व की नौबत आती दिखी आचार्य वाजपेयी ने परम्परागत साहित्यिक चारुतावाली सृजनशीलता की जगह प्रगल्भ भावोन्मेष का समर्थन करना आलोचक की आधारभूत जिम्मेदारी माना। अन्ततः वे एक साहित्य-समीक्षक थे जिसकी बुनियादी प्रतिबद्धता कला और शास्त्र के नियमों-उपनियमों के उच्चारण और गणना पर नहीं बल्कि मौलिक सृष्टियों की स्वच्छन्दता और उनके स्वाधीन रचना-व्यापार से जुड़ी हुई थी। इस अर्थ में वे एक ऐसे स्वच्छन्द आलोचक थे जो रचना की स्वाधीनता को सबसे ऊपर और सामाजिक जीवन के संघर्षों और सपनों से उसके रिश्तों को बुनियादी शर्त के रूप में देखा करते थे। उनकी आलोचना की कोई राष्ट्रीयता अगर थी, तो यही थी।

---

1. नया साहित्य : नये प्रश्न-निकष. पृ.- 25

# आचार्य नन्ददुलारे वाजपेयी : पूर्व और पश्चिम के सन्दर्भ

भारत के स्वाधीनता आन्दोलन के इतिहास में तिलक और गोखले के बाद गाँधी का अविर्भाव जैसे एक युगान्तरकारी ऐतिहासिक घटना है, वैसे ही हिन्दी भाषा और साहित्य-चिन्तन में आचार्य महावीरप्रसाद द्विवेदी और आचार्य रामचन्द्र शुक्ल के बाद नन्ददुलारे वाजपेयी का उदय भी एक युगान्तरकारी परिघटना ही है। जैसे ग़ालिब मीर के विरोध में नहीं आये थे, न प्रेमचन्द के उपन्यास देवकीनन्दन खत्री के चन्द्रकान्ता सन्तति जैसे उपन्यासों के विरोध में, वैसे ही जयशंकर प्रसाद, निराला और सुमित्रानन्दन पन्त, अयोध्यासिंह उपाध्याय 'हरिऔध', रामनरेश त्रिपाठी या फिर श्रीधर पाठक और कविवर मैथिलीशरण गुप्त के विरोध में नहीं आये थे। सृजनशील प्रतिभाओं का यह लक्षण होता भी नहीं। वे अपने पूर्ववर्तियों की सीमाओं का विस्तार करती और अपने युग को वाणी देती हुई आती हैं। आज यह कैसे कहा जा सकता है कि शिष्य अपने गुरु का प्रत्याख्यान करता हुआ आता है। परम्परा का विकास तो तभी सम्भव होता है जब शिष्य नयी दृष्टि का प्रवर्तन करे, न कि परम्परा रूपी अपने मूल आधार को नकारकर अभूतपूर्व और मौलिक होने का दावा करे। यों, मौलिकता परम्परा-निरपेक्ष होती भी नहीं। परम्परा-सापेक्षता में ही उसकी अभिनवता और सत्यता की परीक्षा सम्भव है। हाँ, ऐसी दुर्घटनाएँ होती हैं जब अभूतपूर्व नवीनता के नाम पर नया सर्जक अपने बुनियादी आधारों को त्यागकर किन्हीं अन्य देशान्तरगामी आधारों को ग्रहण करे। भारत जैसे सांस्कृतिक और अति प्राचीन देश में जिसने अपनी स्वतन्त्र विश्व-दृष्टि के साथ-साथ स्वाधीन कला और साहित्य-दृष्टि भी विकसित की हो, परम्परा की अनदेखी कर पाना सहज सम्भव नहीं है। फिर यह परम्परा केवल वैदिकों द्वारा आज पहचानी भी नहीं जाती। वह उतनी ही बौद्धों और जैनियों द्वारा भी और आज तो इस्लाम और ईसाई समूहों के अपने गम्भीर जीवन-विश्वासों और जीवन-आदर्शों के द्वारा भी पहचानी जाती है।

परम्परा को लेकर बहसों का एक अनन्त सिलसिला है। शास्त्रार्थ करनेवालों के अपने-अपने अर्थ भी हैं, तर्क और व्याख्याएँ भी। तथापि यह कहना अनुचित नहीं होगा कि परम्परा एक जटिल-संकुल और बहुस्तरीय (परतदार) व्यापार है। भारत में तो खास तौर से इसलिए कि यहाँ 'इतिहास' नामक उस विद्या-संस्था की उपस्थिति तो उस रूप में नहीं है जिसकी इन दिनों 'मृत्यु' घोषित की जा चुकी है। खतरा उठाते हुए भी कि कठमुल्ले प्रगतिशील इस सबको प्रतिक्रियावाद कह छुट्टी न पा लें, रोमिला थापर की भारतीय मानस सम्बन्धी यह व्याख्या मुझे बेहद सटीक लगती है—"राजनीतिक इतिहास भारतीय ऐतिहासिक परम्परा की धुरी नहीं था, जैसा कि वह शायद यूनानी ऐतिहासिक परम्परा में था।"[1] वही यह संकेत भी देती हैं कि प्राचीन भारत में 'ऐतिहासिक परम्परा वह है जिसे मैंने इतिहास-पुराण कहा है' और जिसके 'तीन मुख्य घटक थे—मिथक, वंशावली और ऐतिहासिक आख्यान।' रोमिला जी इन्हीं पृष्ठों पर काल-सम्बन्धी भारतीय अवधारणाओं को भी स्पष्ट करती हैं—"स्वयं काल शब्द कल से बना है। कल का अर्थ है हिसाब लगाना। इसलिए मूलतः इसका उपयोग माप के एक साधन के अर्थ में किया गया। अर्थ विस्तार के फलस्वरूप और शायद चक्रीय सिद्धान्त के प्रभाव के अधीन काल का अर्थ 'विनाश' भी हो गया। दिलचस्प बात यह है कि पहली सदी ई.पू. तक, अर्थात् जब भगवद्गीता की रचना हुई, काल को 'अविनशेय' कहा जाने लगा।"[2] वे अन्यों से इस अवधारणा की तुलना भी करती हैं—"काल की हिन्दू चक्रीय अवधारणा और यहूदी-ईसाई तथा इसलामी अवधारणा के बीच तुलनाएँ की गयी हैं। चक्रीय अवधारणा में चक्र के आरम्भ में स्वर्ण युग होता है जो क्रमशः मलिन होता जाता है। दूसरी अवधारणा में काल को एक सरल रेखीय गति के रूप में देखा गया है जिसमें मसीहाई परम्परा और नये स्वर्ग तथा नयी धरती का प्रतीकवाद एक आशामय परिप्रेक्ष्य प्रस्तुत करता है और इसमें ईश्वरीय इच्छा ऐतिहासिक घटनाओं को प्रगतिशील दिशा देती है। कुछ विद्वानों की राय है कि काल को विनाश और पतनशील गति से जोड़ देने से इतिहास के प्रयोजन की अभिधारणा बाधित होती है। यह किसी हद तक सच है। लेकिन हिन्दू चक्रीय अवधारणा मुख्य रूप से एक ब्रह्माण्डीय अवधारणा है। इसके कारण अतीत को सामाजिक दृष्टि से प्रासंगिक समझे जानेवाले ढंग से और वर्तमान तथा भविष्य के लिए आवश्यक रूप में

---

1. प्राचीन भारत का सामाजिक इतिहास, पृ.-250
2. वही, पृ.- 246

प्रलेखबद्ध करने में कोई रुकावट पैदा नहीं हुई। इस तरह की चक्रीय अवधारणा में सतत परिवर्तन को रेखांकित किया गया।''[1]

यही रोमिला जी लिखती हैं—''मिथक एक प्रकार से आद्य इतिहास है, क्योंकि वह अतीत के किसी महत्त्वपूर्ण पहलू को सुरक्षित रखने और अहमियत देने के प्रयोजन से आख्यान के रूप में विरचित विचारों का चयन होता है।... कोई जन समाज अपने अतीत के बारे में क्या सोचना पसन्द करता है, इसी को मिथक प्रलेखबद्ध करते हैं और इस हद तक कुछ आधुनिक इतिहास भी मिथकों के सृजन के एक अंश से मुक्त नहीं है।''[2]

स्तम्भकार (कभी-कभार-जनसत्ता) श्री अशोक वाजपेयी यह बिलकुल ठीक लिखते हैं कि वाजपेयी जी हिन्दी के पहले समीक्षक हैं जो साहित्य में बीसवीं सदी की अवधारणा लेकर आये थे। जो कि वे समीक्षक थे, इतिहासकार नहीं और जानते थे कि एक इतिहासकार को वह स्वतन्त्रता नहीं ही मिल पाती जिसे एक आलोचक अपने चयन और विवेचन-विश्लेषण में अपनाता है। इतिहासकार को समय के तथ्यों के चतुर्दिक् घूमना पड़ता है। वे उसे बाँधे भी रहते हैं। समीक्षक इस तुलना में काफी आजाद होता है। लेकिन उसकी यह आजादी उसके उन खतरों से बँधी भी रहती है जिन्हें वह अपने चयन की स्वतन्त्रता का उपयोग करते हुए उठाता है।

वाजपेयी जी ने अपनी पहली पुस्तक, जिसके अधिकांश लेख भारत सम्पादन काल (सितम्बर 30 से 10 नवम्बर 1932 तक) में लिख लिए गये थे—'हिन्दी साहित्य : बीसवीं शताब्दी' में जिन लेखकों को शामिल किगा उनमें आचार्य महावीरप्रसाद द्विवेदी, आचार्य शुक्ल, प्रेमचन्द, जयशंकर प्रसाद, सूर्यकान्त त्रिपाठी निराला, मैथिलीशरण गुप्त, सुमित्रानन्दन पन्त, जैनेन्द्र कुमार और महादेवी वर्मा उल्लेखनीय हैं। इससे यह पता तो लगता ही है कि वाजपेयी जी की समीक्षा में जिस बीसवीं सदी का अवगाहन है, उसके प्रमुख आधार-स्तम्भ ये सर्जक ही हैं। यद्यपि इसमें रत्नाकर भी हैं, कथाकार भगवतीप्रसाद वाजपेयी और कवि अंचल भी। रत्नाकर का होना तो इस रूप में तर्कसंगत लगता है कि वे ब्रजभाषा के अन्तिम महान् हस्ताक्षर थे। अगर मैथिलीशरण गुप्त और छायावादियों के खड़ीबोली काव्य वैशिष्ट्य को समझना हो तो रत्नाकर के काव्य की पृष्ठभूमि जरूरी है। भगवतीप्रसाद वाजपेयी को लेकर तो कम किन्तु अंचल की काव्य-प्रतिभा और बीसवीं शताब्दी जैसी अवधारणा

1. वही, पृ.-246-247
2. प्राचीन भारत का सामाजिक इतिहास, पृ.- 252

में उनका समावेश जरूर विवादास्पद और आलोचना का विषय रहा है। निराला द्वारा लिखित साक्ष्यों के आधार पर सूचना मिलती है कि अंचल-सम्बन्धी यह समीक्षा उनकी काव्य कृति अपराजिता की भूमिका के बतौर लिखी गयी थी। सम्भवतः वाजपेयी जी की यह समझ भी रही हो कि मधुशाला वाले बच्चन से अपराजिता वाले अंचल की काव्य-प्रतिभा अधिक कालान्तरगामी और दीर्घजीवी हो। पर अपनी धारणा बदलने में उन्होंने देर नहीं की और लिखा कि बच्चन में प्रथम श्रेणी की प्रतिभा है। आधुनिक साहित्य (1950) की भूमिका में वे एक दशक बाद ही यह लिखते हैं—सन् 1935 या उसके कुछ पूर्व-पश्चात् हिन्दी-प्रगीतों का एक अन्य युग आरम्भ होता है, जिसके दो प्रमुख प्रतिनिधि महादेवी वर्मा और बच्चन हैं। बच्चन की प्रतिभा की प्रशंसा करते हुए वे लिखते हैं—"इन रचनाओं में भावना की अनोखी एकाग्रता है और प्रगीत की लड़ियाँ खूब सजी हुई हैं।"...'आधुनिक साहित्य' में भी वे बीसवीं शताब्दी की ही अवधारणा लेकर चले हैं और यह याद करते और अपने पाठकों को याद दिलाना नहीं भूलते कि 'हिन्दी साहित्य : बीसवीं शताब्दी' के साथ 'आधुनिक साहित्य' के मेरे ये पूरक निबन्ध यदि नयी साहित्यिक रुचि और दृष्टि के निर्माण में कुछ भी योग दे सकें, तो यह इनकी आत्यन्तिक सफलता होगी।' उनकी एक और आकांक्षा भी है—'यदि नये साहित्य के किसी मर्मज्ञ और युग-द्रष्टा इतिहास-लेखक के हाथों से नये इतिहास की रचना करने में ये रंचमात्र भी सहायक सिद्ध हो सके, तो यह इनका चरम लाभ होगा। यहीं वाजपेयी जी इतिहासकार और समीक्षक के कामों का फर्क भी समझते हैं—"इतिहासकार निर्माण नहीं करता, वह निष्कर्ष निकालता है। वह समीक्षा नहीं करता, समीक्षाओं का संग्रथन करता, विधान और परिपाटी बनाता है। वह उद्भावना नहीं करता, उद्भावनाओं से काम लेता और उन पर काम करता है।"

आधुनिक साहित्य की इस भूमिका का आरम्भ भी वे 'शताब्दी का आरम्भ' शीर्षक से करते हैं। इसलिए यह कहना उचित होगा कि उनकी समीक्षा का परिपार्श्व ऐतिहासिक है और उनकी आलोचना-दृष्टि एक गहरे इतिहास-बोध से समर्थित है। वे एक ऐसे आलोचक हैं जो अपने अतीत के प्रति अतिसजग हैं जो बीसवीं सदी के प्रारम्भिक दशकों के सामाजिक जीवन के लिए बेहद प्रासंगिक है। इसीलिए वे कथाकार प्रेमचन्द की तरह प्रसाद के नाटकों को लेकर 'गड़े मुर्दे उखाड़ने जैसी टिप्पणी नहीं करते जिसके लिए उन्हें प्रेमचन्द की भाँति बाद में पछताना या लोकनिन्दा का पात्र बनना पड़े। वाजपेयी जी का इतिहास-बोध न वर्ण-व्यवस्था पोषित है, न ही साम्राज्यवादी-दृष्टि पोषित, न औपनिवेशिक। वह एक ऐसे गतिशील, अधुनातन, भविष्योन्मुखी, सांस्कृतिक विचार प्रवाह की देन है जिसमें उदारता और ग्रहणशीलता है। इसीलिए

उनकी यह दृष्टि समावेशकारी है। शुक्ल जी की तरह वे केवल हिन्दू-सो भी पौराणिक विचारधारा के विचारक नहीं हैं। न ही उस आर्यसमाजी विचारधारा के-जिसमें वैदिकों के अलावा किन्हीं अन्य दृष्टियों की समायी ही नहीं।

वाजपेयी पर विचार करते हुए भारतीय बुद्धिवाद के साथ-साथ पश्चिमी बुद्धिवाद की परम्परा पर भी दृष्टि डालनी पड़ेगी और विचार करना पड़ेगा कि अन्यान्य विद्याओं और विद्या-शास्त्रों से स्वयं काव्यशास्त्र का भेद क्या है। पश्चिम के कलाचिन्तकों ने भारत के सौन्दर्यशास्त्र पर कितना और कैसा विचार किया है इस प्रश्न के उत्तर में जाने से पहले यह जानना जरूरी होगा कि आचार्य शुक्ल भी इन प्रश्नों से जूझते रहे हैं। वे अक्सर 'भारतीय दृष्टि' का हवाला दे बैठते हैं। उदाहरण के लिए वे 'कल्पना' को काव्य का बोध पक्ष मानते हैं। उनके अनुसार इस बोध पक्ष के अतिरिक्त काव्य का भावपक्ष भी है। 'इसी से भारतीय दृष्टि ने भावपक्ष को प्रधानता दी और इसके सिद्धान्त की प्रतिष्ठा की। पर पश्चिम में 'कल्पना' 'कल्पना' की पुकार के सामने धीरे-धीरे समीक्षकों का ध्यान भावपक्ष से हट गया और बोध पक्ष पर ही भिड़ गया।'[1]

अपने इस निबन्ध 'साधारणीकरण और व्यक्तिवैचित्र्यवाद' में वे अन्यत्र लिखते हैं—'हमारी वाणी भावक्षेत्र के बीच भेदों में अभेद को ऊपर करती रही और उनकी वाणी झूठे-सच्चे विलक्षण भेद खड़े करके लोगों को चमत्कृत करने लगी।'[2] शुक्ल जी इसे और भी स्पष्ट करते हुए उदाहरण लेते हैं—'हमारे यहाँ के आचार्यों ने श्रव्य काव्य और दृश्य काव्य दोनों में रस की प्रधानता रखी है, इसी से दृश्य काव्य में भी उनका लक्ष्य तादात्म्य और साधारणीकरण की ओर रहा। पर यूरोप के दृश्य काव्यों में शील-वैचित्र्य या अन्तःप्रकृति-वैचित्र्य की ओर ही प्रधान लक्ष्य रहता है, जिसके साक्षात्कार से दर्शक को आश्चर्य या कुतूहल मात्र की अनुभूति होती है। अतः इस वैचित्र्य पर थोड़ा विचार कर लेना चाहिए।'[3]

'भारतीय काव्य-दृष्टि भिन्न-भिन्न विशेषों के भीतर से 'सामान्य' के उद्घाटन की ओर बराबर रही है। किसी-न-किसी 'सामान्य' के प्रतिनिधि होकर ही 'विशेष' हमारे यहाँ के काव्यों में आते रहे हैं। पर यूरोपीय काव्य-दृष्टि उधर बहुत दिनों तक विरल विशेष के विधान की ओर रही है। हमारे यहाँ के कवि उस सच्चे तार की झंकार सुनाने में ही सन्तुष्ट रहे जो मनुष्य-मात्र के हृदय के भीतर से होता हुआ गया है।''[4]

1. चिन्तामणि भाग-1, पृ.-239
2. वही, पृ.-238
3. वही, पृ.- 233
4. वही, पृ.- 238

'काव्य में रहस्यवाद' शीर्षक अपने निबन्ध में वे फिर अपनी चिन्ताओं को रेखांकित करते हैं—'पाश्चात्य रहस्यवाद पर पाश्चात्य स्वाभाविक रहस्य-भावना का थोड़ा विस्तृत उल्लेख इसीलिए करना पड़ा कि आजकल विचारों की पराधीनता के कारण यूरोप ही जगत् समझा और कहा जाता है।'[1] 'काव्य में अभिव्यंजनावाद' वाले निबन्ध में वे अपनी इस चिन्ता को फिर दोहराते हैं—'आजकल पाश्चात्यवाद-वृक्षों के बहुत-से पत्ते-कुछ हरे नोचे हुए, कुछ सूखकर गिरे पड़े हुए—यहाँ पारिजात-पत्र की तरह प्रदर्शित किये जाने लगे हैं, जिससे साहित्य के उपवन में बहुत गड़बड़ी दिखायी देने लगी है। इन पत्तों की परख के लिए अपनी आँखें खुली रखने और उन पेड़ों की परीक्षा करने की आवश्यकता है जिनके वे पत्ते हैं पर यह बात हो नहीं रही है।'[2] गौरतलब है कि शुक्ल जी भारतीय काव्य-दृष्टि की तर्कसंगतता, व्यापकता, वैचारिक स्वाधीनता की याद दिलाते हैं और उस महान् विरासत की लोकोपयोगिता और उत्कर्ष का बखान करते हैं जो स्पष्टतः वही राष्ट्रीय विचारधारा है जिसका नेतृत्व सांस्कृतिक-मंच पर दयानन्द-विवेकानन्द, राजनीतिक मंच पर तिलक, गोखले और गाँधी तथा साहित्य के मंच पर भारतेन्दु, आचार्य महावीरप्रसाद द्विवेदी और प्रेमचन्द आदि कर रहे थे। 'भारतेन्दु हरिश्चन्द्र' वाले निबन्ध में उनका यह वाक्य ध्यान देने योग्य है—'कविता की नवीन धारा के बीच भारतेन्दु की वाणी का सबसे ऊँचा स्वर देशभक्ति का था।' वे उन्हें 'सामंजस्य-पटु साहसी और प्रतिभा-सम्पन्न पुरुष' के रूप में देख रहे थे जिसने नये-नये विचारों के आवाहन के साथ परम्परागत साहित्य का मेल कराया।[3] तो क्या आचार्य शुक्ल पश्चिम-विरोधी या यूरोप-द्वेषी आलोचक थे? या फिर वे भी उसी वैचारिक और सांस्कृतिक स्वराज की निष्ठा से जुड़े हुए थे जिसका नेतृत्व दयानन्द से लेकर गाँधी और योगी अरविन्द तक कर रहे थे।

पिछले चालीस-पचास सालों से भारत के लोगों को यह समझाने का प्रयास किया जा रहा है कि ज्ञान-विज्ञान के क्षेत्र में पूर्व और पश्चिम का विभेद व्यर्थ है। ज्ञान-विज्ञान सार्वभौमिक हैं। यहाँ विचारधारावादी, आधुनिकतावादी, उत्तर आधुनिकतावादी लगभग एकमत हैं। किन्तु यहाँ एक और पक्ष भी है जो पूछ रहा है कि क्या तकनीक या प्रौद्योगिकी भी ग्लोबल होती है या फिर उसकी अपनी भी स्थानिक रंग, माँगें और अनिवार्यताएँ होती हैं? क्या शीतप्रधान देशों और भू-भागों के लिए जो तकनीक

---

1. वही, पृ.-140
2. चिन्तामणि भाग-पृ. 165
3. चिन्तामणि भाग-1 पृ.- 191-92

उपयोगी है वही उष्णकटिबन्धीय भूभागों के लिए भी? वे लोग क्या कहीं ज्यादा तर्कसंगत हैं जो पसीना ला देनेवाली भीषण गर्मी में भी अपनी ही निगाह—जो कि एक गुलाम निगाह है—में श्रेष्ठ और सुन्दर (?) दिखने के लिए कसे हुए (टाइट) कपड़े सूट-बूट-टाई और मोजा पहन लेते हैं। या फिर वे जिन्हें हलके-फुलके, ढीले-ढाले वस्त्र पहन प्रकृति के अनुकूलन और उसके साथ संगति बिठाने की कला आती है?

इसे अगर विश्व चित्रकला के आधार पर समझना हो तो यह देखा जा सकता है कि भारतीय कला-दृष्टि यूरोप और मिस्र आदि देशों की कला-दृष्टि से कितनी स्वाधीन है। इसी अर्थ में विशिष्ट भी।

एक कला-विचारक के अनुसार 'भारतीय कला ने अन्य संस्कृतियों से अलग ही सृजन की अपनी परिपाटी विकसित की।' अजन्ता की चित्रकला से उदाहरण लेते हुए उसने यह व्याख्या प्रस्तुत की कि इसमें चित्रित कथाओं का अपने-आप में स्वतन्त्र अस्तित्व भी है और एक तरल परिप्रेक्ष्य में घटनाओं के प्रवाह का बोध भी होता है। जहाँ किसी महल के परिवार को चित्रित करने के लिए परिप्रेक्ष्य को ज्यामितीय रूप देने का प्रयास हुआ है, वहाँ यूरोपीय पुनर्जागरण-काल की तर्ज पर पृष्ठभूमि को दूर अनन्त की ओर ले जाने की बजाय ऐसा दिखाया गया है मानो दर्शक स्वयं घटनाओं के बीच में उपस्थित हो। पास से सब-कुछ देख रहा हो। आकारों को कोई आदर्श रूप देने की जो आकांक्षा सेजाँ ने व्यक्त की थी वह आकांक्षा तो भारतीय कला में सदा रही है। लेकिन जहाँ सेजाँ चित्रित वस्तुओं के घन, मिलिण्डर, आयत आदि के रूप में प्रदर्शित करने का आदर्श सामने रखता था, वहाँ भारत में परम्पराओं से प्राप्त सौन्दर्य और लय को व्यक्त करनेवाले आदर्श आकारों के रूप में व्यक्तियों, उनके अंगों तथा वस्तुओं को चित्रित करने का प्रयास हुआ। त्रिभंग (अंगेजी अक्षर S की वक्रता) की मुद्रा भारतीय कला में नृत्य से लेकर चित्र तक सभी में अपनायी जाती रही है—यथा नटराज की मुद्रा में।...प्रायः मानव चित्रों को नृत्य या नाट्य की मुद्रा में बनाया जाता था जिससे अतिरिक्त भावबोध होता था।''[1]

आज जब भारत का औपनिवेशिक और उत्तर-आधुनिक मानस संस्कृति और कला के क्षेत्र में भी, यह तर्क, चाहे रामचन्द्र शुक्ल का हो या जयशंकर प्रसाद का, चाहे कुमारस्वामी का हो या फिर निराला, नन्ददुलारे वाजपेयी या खुद रामविलास शर्मा का—मानने को तैयार नहीं है तब यह संवाद लगभग असम्भव सा हो उठा है।

1. संस्कृति और समाजवाद, पृ.-61 सच्चिदानन्द सिन्हा

एक समकालीन चिन्तक का वाक्य है—'हिन्दी भाषा में मनुष्य की आजादी के बारे में बात नहीं हो पाती है।[1] प्रश्न है क्यों? क्यों दलित-विमर्श और स्त्री-विमर्श को आज भी मार्क्सवाद के रास्ते अपनी मुक्ति के रास्ते नहीं दिखायी देते? क्यों पचहत्तर-अस्सी साला भारतीय मार्क्सवाद की सक्रियता (?) के बावजूद दक्षिणपन्थी ताकतों का जोर यहाँ बढ़ा है? क्यों भारत के लोकतन्त्र का प्रधान स्वप्न 'समाजवाद' लड़खड़ाकर गिर पड़ा और चखनाचूर हो गया? क्यों भारत का वही मध्यवर्ग जो मार्क्सवाद का नेतृत्व भी थामे हुए था, धीरे-धीरे किसान-संघर्षों से अलग-थलग जा पड़ा है। क्यों कर विश्व पूँजीवाद और बाजार की दैत्याकार कम्पनियाँ सारे देश को अपनी चपेट में लेती जा रही हैं? भारत के मार्क्सवाद और उसकी राजनीति आज तक अपना वैसा कोई विशाल जनाधार नहीं रच पाये हैं तो क्यों? कहीं वे सब पुराने पुरोहितों की तरह बेहद कर्मकाण्डी स्वार्थी और चालाक तो नहीं हो गये है? आत्म-विवेचन और आत्मचिन्तन से उन्हें अपने लिए ये खतरे का अनुभव तो नहीं होने लगा है? वे हस्तक्षेप और संवाद-विवाद का मुहावरा अपनाते जरूर हैं किन्तु उनका प्रगल्भ वामपन्थ प्रायः मार्क्सवाद के अन्तर्निहित विमर्शों से कतराता हुआ क्यों निकलता जाता है? लेखक मुद्राराक्षस अपने निबन्ध 'सत्तासुखी हिन्दी आलोचना के पीठमर्द' में ठीक ही लिखते हैं—हिन्दी में मूर्तिमोही लोग बहस नहीं करते टण्टा करते हैं या फिर प्रच्छन्न हिंसा करते हुए यह धमकी भी देते हैं कि हम आपका यह वह बिगाड़ देंगे।'[2]

यही मुद्राराक्षस अपने इसी लेख में नन्ददुलारे वाजपेयी और डॉ. नगेन्द्र जैसे आलोचकों की याद करते हुए लिखते हैं—"हम पचास और साठ के दशकों के रचना विवेक के पर्यावरण पर नजर डालें। पचास के दशक में तीन क्षेत्रों के आलोचक सक्रिय थे। दो सशक्त पक्ष थे। प्रगतिशीलों का एक मजबूत पक्ष था जो रचना में अच्छा नहीं था पर आलोचना में बेहतर काम कर रहा था और दूसरा पक्ष प्रयोगशीलों और नये कवियों का था जो प्रगतिशील हिन्दी लेखकों की तुलना में बेहतर रचनात्मक लेखन कर रहे थे और आलोचना में भी उनका काम स्तरीय था। एक तीसरा, प्रभावशाली पक्ष उन आलोचकों का था जिनकी बुनियाद शास्त्रीय थी पर वे नये लेखन में भी हस्तक्षेप करते थे जैसे नन्ददुलारे वाजपेयी या डॉ. नगेन्द्र।"[3] मुद्राराक्षस इसी लेख में यह तुलनात्मक निष्कर्ष भी प्रस्तुत करते हैं कि "वामपन्थी आलोचक की तुलना में वामपन्थ

---

1. विकल्पहीन नहीं है दुनिया, पृ.- 75, किशन पटनायक
2. कृति संस्कृति सन्धान-साहित्य सिद्धान्त विशेषांक, पृ.- 35
3. वही, पृ.- 22-23

विरोधी अज्ञेय सहधर्मी अपेक्षाकृत ज़्यादा रैशनल हैं। अगर यह बात सच है तो निश्चय ही उनके लिए चिन्ता का विषय होगी जो हिन्दी वामपन्थी रचना विवेक पर भरोसा करना चाहते हैं।''[1]

ऐसा क्यों है यदि इस प्रश्न में जायँ तो कहना पड़ेगा कि भारत के कम्युनिस्ट आन्दोलन ने न तो ठीक से मार्क्सवाद को समझा न भारत की परिस्थितियों और परम्पराओं को, जिनकी बहुत गहरी जड़ें हैं। फिर मार्क्सवादियों की अपनी कथनी-करनी का भारी फर्क भी कुछ कम नहीं है जैसे कि वाणी तक तो समाजवाद किन्तु आचार में सामन्तवादी और सुख-सुविधादायी पूँजीवाद समर्थक। डॉ. रामविलास शर्मा ने चिन्तित होकर इस पर एक पूरा इण्टरव्यू ही दिया है।[2]

अनिल शुक्ल को दिये गये इसी साक्षात्कार में डॉ. शर्मा कहते हैं—'यहाँ के सांस्कृतिक क्षेत्र में सबसे ज़्यादा प्रभाव अमरीका का है। भाषाविज्ञान से लेकर कविता में अस्तित्ववाद तक, अमरीकियों का प्रभाव बढ़ता गया है।''[3] दूसरी ओर 'एक झूठी अन्तरराष्ट्रीयता भी है कि आप अपनी परम्पराओं को जानते नहीं और समझते हैं कि किसी देश विशेष की नकल कर लेने से बहुत प्रगतिशील हो जायेंगे। वे सलाह देते हैं इससे भी बचना चाहिए।'[4]

आचार्य शुक्ल से लेकर रामविलास शर्मा तक सबकी चिन्ता यही है कि अपनी परम्पराओं को जाने बिना साहित्य और संस्कृति के क्षेत्र में स्वाधीनता की आकांक्षा बेमानी है। आचार्य नन्ददुलारे वाजपेयी परम्परावादी अथवा शास्त्रवादी (परायण) तो हो ही नहीं सकते थे क्योंकि बार-बार वे शास्त्र की एक सीमा है जैसा मुहावरा ही उद्धृत नहीं करते बल्कि स्वयं को साहित्य-सृजन में प्रगल्भ भावोन्मेष का समर्थक कहते हुए नूतन काव्य-दृष्टि, नयी शैली, नयी भावाभिव्यक्ति का समर्थक मानते हैं। तथापि यह जिज्ञासा बची ही रह जाती है कि फिर 'नवीनता' और 'नयी राहों का अन्वेषी' बनकर आनेवाली काव्यधारा का इतना प्रचण्ड विरोध उन्होंने क्यों किया? उत्तर बहुत स्पष्ट है कि पहले तो वे इसे विजातीय मानते रहे साथ ही उस व्यक्तिवादी मध्यवर्ग की देन भी जिसका विश्वास संघर्ष और श्रमपरायणता में तो कम किन्तु श्रम-विमुख वैचारिकता और कलावाद में कहीं अधिक था। फिर इसमें अनुभवों का वह स्वदेश अनुपस्थित था

1. आज के सवाल और मार्क्सवाद, पृ.- 323 सम्पादक अजय तिवारी
2. वही, पृ.- 323
3. वही, पृ.- 323
4. वही, पृ.- 323

जिसका प्रवर्तन भारतेन्दु आदि युग-प्रवर्तकों ने किया था। आलोचना के अपने एक सम्पादकीय 'सामयिक परिवेश' में वे लिखते हैं—'हम राष्ट्रीय बनने के लिए पहले ही अन्तरराष्ट्रीय बन गये हैं।...हमारे ये साहित्यिक समीप की वस्तु को छोड़कर दूर की दौड़ लगा रहे हैं। स्पष्ट है कि वाजपेयी जी को समीप की यह वस्तु या तो छायावादी कवियों में दिखायी देती थी या फिर प्रेमचन्द और रेणु जैसे कथाकारों में। वे यह अन्तर करना भी नहीं भूलते कि प्रेमचन्द के यहाँ सब-कुछ 'जीवन के प्रत्यक्ष अनुभव से आत्मावान् है', जबकि यशपाल आदि के यहाँ सिद्धान्त-प्रेरित कृतित्व के चलते ऐसा सम्भव नहीं हो पाया है। वाजपेयी जी आश्चर्यजनक दृष्टि से यशपाल से कहीं अधिक कथाकार राहुल को वरीयता और महत्त्व देते हैं। वे उनकी लेखनी को अधिक शक्तिमती मानते हैं। इन सबकी तुलना में प्रेमचन्द के उपन्यासों में स्थानिकता का आकर्षण और गतिशील राष्ट्रीय चेतना का सौन्दर्य उन्हें परवर्तियों में सबसे सशक्त रूप में रेणु में दिखायी देता है। यह कम उल्लेखनीय नहीं है कि वे रेणु के मैला आँचल के उनकी 'परती परिकथा' को अधिक महत्त्व देते हैं और कहते हैं—'कथाशिल्प की दृष्टि से 'परती परिकथा' एक समृद्ध रचना है।' ऐसी रचनात्मक दृष्टि और प्रतिभा से समन्वित कोई कृति हिन्दी में कदाचित् वर्षों से प्रकाशित नहीं हुई। अब अगर कुछ लोग इसे उपन्यास न मानना चाहें तो न मानें—उपन्यास नाम न होने से पुस्तक का महत्त्व किस प्रकार घटता है?' यह उनका प्रश्न है।[1]

वाजपेयी जी यहीं ठहर नहीं जाते। वे अन्तरराष्ट्रीय साहित्य और कला—परिदृश्य से भी संवादातुर हैं। पर ठीक शुक्ल जी की आमने-सामने की मुठभेड़ शैली में नहीं। न ही अतिरिक्त देश प्रेमी या राष्ट्रवादी अन्दाज़ में। वे एक वस्तुपरक संवाद की शैली में उतरते हुए पश्चिमी कला-चिन्तकों के उस दम्भ और अज्ञान को उद्घाटित करते हैं जिनका यह मानना रहा है कि पूर्व के देशों में सुव्यवस्थित कला-दर्शन का अभाव है और पूर्व की सौन्दर्य-चेतना अभी भी अविकसित दशा में पड़ी है। बर्नार्ड बोसाँके के इस हवाले को याद करते हुए, उनके इस मुगालते से परिपूर्ण दावे का उल्लेख भी वाजपेयी जी करते हैं जिनके अनुसार पूर्व में सौन्दर्यदर्शन के अभाव का एक बड़ा कारण 'पश्चिम की प्रगतिशील जातियों के जीवन' से उसका सम्पर्क न हो पाना है। वाजपेयी जी की इस सम्बन्ध में टिप्पणी है कि पश्चिम के इतिहासकारों ने केवल साहित्य के ही नहीं किन्तु काव्यशास्त्र और सौन्दर्यशास्त्र के इतिहासों में भी पूर्वीय देशों के सृजनात्मक और समीक्षात्मक साहित्यों का नगण्य विवरण दिया है। तथाकथित

1. राष्ट्रीय साहित्य तथा अन्य निबन्ध—नये उपन्यास, पृ.- 48-57

विश्व साहित्य और विश्व कलादर्शन की रूपरेखाओं में भी भारत और पूर्व की देन को या तो अत्यन्त स्वल्प स्थान मिला है या उसकी सम्पूर्ण उपेक्षा की गयी है। जिस समय से यूरोप ने राजनीतिक क्षेत्र में पूर्व पर आधिपत्य प्राप्त किया तभी से ऐसी स्थिति चली आ रही है, और यद्यपि राजनीतिक आधिपत्य अब समाप्त हो चुका है या तेजी से होता जा रहा है, तथापि सांस्कृतिक और साहित्यिक धरातलों पर अब भी वही मनोवृत्ति बनी हुई है। 'विश्व व्यवस्था' की उपलब्धि के मार्ग में यह मनोवृत्ति अनेक रूपों में बाधक है। सर्वप्रथम, वह सत्य की प्राप्ति के प्रतिकूल और ज्ञान की विरोधक है। दूसरे, वह वस्तुस्थिति का गलत चित्र प्रस्तुत करती है और सम्यक् बोध का पथ रोक देती है, दृष्टि धुँधली और विकृति बनी रहती है, तथा मूल्यांकन पक्षपातपूर्ण और असन्तुलित हो जाता है। तीसरे, उन देशों पर इसका प्रभाव घातक होता है जो इस प्रकार आक्रमित या तिरस्कृत होते हैं। उससे एक मूलभूत हीनता की भावना उत्पन्न होती है और अनेक अस्वस्थ परिणाम होते हैं। आघातों का उत्तर प्रत्याघातों से और आरोपों का प्रत्यारोपों से दिया जाता है, इस प्रकार एक अन्तहीन विवाद-चक्र की सृष्टि होती है और निष्पक्ष दृष्टि से कुछ देख सकना प्रायः असम्भव हो जाता है; राष्ट्रों और उनकी राष्ट्रीय संस्कृतियों के संगठित विकास एवं वस्तु के समन्वित ग्रहण के लिए कोई उपयुक्त मार्ग नहीं मिलता, तथा देश और देश एवं राष्ट्र और राष्ट्र की आध्यात्मिक दूरी बनी ही रहती है।[1]

इस लम्बे उद्धरण का प्रयोजन मात्र इतना है कि आलोचक वाजपेयी विभिन्न राष्ट्रीय संस्कृतियों के संगठित विकास की कामना से ही भरे हुए नहीं हैं, वे उनकी सांस्कृतिक उपलब्धियों को वस्तुगत दृष्टि से देखने और उनके समन्वित ग्रहण के लिए उपयुक्त मार्गों या पद्धतियों के आकांक्षी भी हैं। यह भी कि विभिन्न राष्ट्रीयताओं और संस्कृतियों के बीच ठीक वैसी ही विभिन्नता में एकता देखना चाहते हैं जैसे भारतीय समाज की विविधता में एकता की दृष्टि विद्यमान है। यहीं वे आचार्य शुक्ल से अपना मार्ग अलग कर लेते हैं।

आचार्य वाजपेयी के पाठकों के लिए यह जानकारी उपयोगी होगी कि उन्होंने भारतीय साहित्यशास्त्र की जैसी रूपरेखा प्रस्तुत की है, वैसा ही गम्भीर और क्रमिक विवेचन उन्होंने पाश्चात्य समीक्षा के सैद्धान्तिक विकास का भी प्रस्तुत किया है। इस लम्बे निबन्ध में वे अपने प्रयोजनों का खुलासा भी करते हैं—एक तो यह कि हिन्दी के नये साहित्य को कुछ आलोचक पश्चिम के नवीनतम पैमाने पर परखने की कोशिश

---

1. नया साहित्य : नये प्रश्न—भारतीय साहित्य की रूपरेखा, पृ.- 100

कर रहे हैं। अगर कर रहे हैं तो उनके लिए इन पैमानों (प्रतिमानों) तथा इनकी प्रयोग-विधियों को जानना जरूरी है। दूसरे, इनकी प्रकृति और परम्परा क्या है, वे किन सामाजिक परिस्थितियों की उपज हैं और उनमें हमारे नये साहित्य का मापदण्ड बनने की क्षमता कितनी है? सम्भव है, इस दूसरी बात को किसी हद तक अप्रासंगिक समझा जाये क्योंकि जब नये साहित्य की परीक्षा के लिए पश्चिमी पैमानों का प्रयोग होने लगा है, तब उनकी उपयोगिता का प्रश्न उठाना, पानी पीकर जाति पूछने की ही भाँति है। फिर भी हम यह अस्वीकार नहीं कर सकते कि अनमिल सम्बन्ध वांछनीय नहीं होते, वे आज नहीं तो कल टूटेंगे ही। ऐसी स्थिति में हमें इस सम्बन्ध की जाँच करनी ही चाहिए और यदि नये हिन्दी साहित्य और नव्यतम पश्चिमी समीक्षा की जोड़ी बेमेल जान पड़ती है तो इस सम्बन्ध को सुधारने या आवश्यक हो तो तोड़ देने में भी हिचकना नहीं चाहिए। इससे कहीं बड़ी चिन्ता वाजपेयी जी की यह है कि 'हमारे नये साहित्य के साथ हमारी अपनी समीक्षा भी बढ़ती जा रही है। उसके नैसर्गिक विकास को कृत्रिम उपायों से अवरुद्ध कर देना हमारे लिये ठीक न होगा।...इन प्रश्नों के साथ मूलवर्ती समस्या यह भी है कि हमारी राष्ट्रीय संस्कृति अपना स्वतन्त्र अस्तित्व रखेगी या वह पश्चिम की नकल बनकर उसके पीछे-पीछे चलना चाहेगी? इस उलझे हुए किन्तु ज्वलन्त राष्ट्रीय प्रश्न को सामने रखकर ही हम यह निबन्ध लिखने बैठे हैं।[22]

आचार्य वाजपेयी के आलोचक की यह एक प्रधान चिन्ता है। जिस प्रकार नृत्य, संगीत, चित्रकला तथा अन्यान्य कलाओं में भारतीय जाति और उसकी अपनी असाधारण मनीषा की झलक मौजूद है, वह साहित्य-सृजन और उसके आलोचना-प्रतिमानों में भी दिखती रहे, यही उनकी बुनियादी आकांक्षा और कोशिश है। पर यह किसी ऐसे कोरे भावुक की निराधार और अतर्कसंगत आकांक्षा नहीं है। इसके पीछे पूर्व और पश्चिम का उनका अधीत पाण्डित्य और उसे ग्रहण करनेवाली उनकी सूक्ष्म मेधा का सक्रिय योगदान है।

पूर्व और पश्चिम के कला-इतिहास और साहित्य-चिन्तन को वे जिस वस्तुगत धरातल पर देखते हैं, उसमें उनकी वह उत्कट राष्ट्रीय चेतना भी किसी प्रकार की बाधा नहीं डाल पाती। यही कारण है कि पश्चिम के स्वच्छन्दतावादियों तथा क्रोचे आदि के चिन्तन को वे बहुत आदर से देखते और पश्चिमी कला-चिन्तन के विकास में उनके योगदान को स्वीकार करते हैं। वे तो क्रिस्टोफर कॉडवेल जैसे मार्क्सवादी कला-विवेचकों को भी अत्यधिक महत्त्व देते हैं और लिखते हैं—'कॉडवेल मार्क्सवादी

------

1. नया साहित्य : नये प्रश्न, पृ.- 58

साहित्यादर्श को बड़ी विलक्षणता के साथ साहित्य-संसार के समक्ष रखता है। कॉडवेल की एक अन्य देन यह है कि उसने कला या साहित्य-निर्माण की मनोवैज्ञानिक प्रक्रियाओं का उल्लेख किया है जिसके सम्बन्ध में अब तक मार्क्सवादी एकमत नहीं हैं।'

यही वाजपेयी अत्यन्त उदार होकर यह लिख सके हैं कि पाश्चात्य साहित्यालोचन की परम्परा अटूट मानी जाती है और वह यूरोप की राष्ट्रीय सीमाओं को पार कर समस्त पश्चिमी संसार और अमेरिका की वस्तु बन चुकी है। जिस तरह पश्चिमी देश क्रिश्चियन सभ्यता के नाम पर अपने को एक मानते हैं, उसी प्रकार पश्चिमी साहित्यालोचन भी, उक्त क्रिश्चियन सभ्यता की ही भाँति सारे पश्चिमी राष्ट्रों की सम्पत्ति बन गया है। आज हमारे साहित्य की एक बड़ी आवश्यकता यह है कि हम भारतीय साहित्यालोचन के क्रम-विकास को उसी वैज्ञानिक और विकासमूलक भित्ति पर स्थापित करें जिस पर पाश्चात्य साहित्यालोचन स्थापित हो चुका है।

कौन कहे आचार्य नन्ददुलारे वाजपेयी ने इसके लिए आरम्भिक उद्योग नहीं किये। 'भारतीय साहित्यशास्त्र की रूपरेखा' प्रस्तुत करते हुए उनकी यह व्याकुलता देखने योग्य है—'पिछले पचास वर्षों में भारतीय साहित्यालोचन की अपनी परम्परा से कितना मिला, और पश्चिम के वादों और सिद्धान्तों का उस पर कितना प्रभाव पड़ा इसकी मीमांसा की जाय तो यह स्पष्ट हो जायगा कि पश्चिम हमारे ऊपर कितनी तेजी से छा रहा है, और हमारी अपनी ज्ञान-राशि किस हद तक उपेक्षित हो रही है।[1] यहीं वे यह भी कहते हैं कि 'पाश्चात्य साहित्यालोचन ठीक उसी मार्ग पर नहीं चला जिस मार्ग पर भारतीय समीक्षा चली है।' इसलिए 'आज के साहित्यिक विद्यार्थी के लिए यह आवश्यक है कि भारत और पश्चिम की साहित्य-समीक्षा का सर्वाङ्ग स्वरूप उसके समक्ष रहे। तभी वह तुलनात्मक दृष्टि से अपने देश की समीक्षा-सम्बन्धी प्रगति की ठीक-ठीक जानकारी प्राप्त कर सकेगा और तभी वह पूर्वी तथा पश्चिमी सैद्धान्तिक विकास को उचित भूमिका पर रखकर दोनों की परीक्षा कर सकेगा।'[2]

'नया साहित्य : नये प्रश्न' के कतिपय निबन्धों में उन्होंने न केवल इसकी शुरुआत एक अभियान के रूप में की वरन् इसका बौद्धिक नेतृत्व करते हुए लिखा है—''समीक्षा कोई देश-काल निरपेक्ष वस्तु नहीं है और सृजनात्मक साहित्य से पृथक् स्वतन्त्र रूप में उसके सिद्धान्तों का अनुशीलन उसके स्वरूप पर उचित प्रकाश नहीं

---

1. नया साहित्य : नये प्रश्न, पृ.- 98
2. वही, पृ.- 99

डालता। तथ्य यह है कि समीक्षा सदा सृजनात्मक साहित्य के समानान्तर तथा अन्तर्सम्बद्ध रूप में विकसित होती है, और इसीलिए महान् समीक्षकों के विचारों का अनुशीलन करते समय उनके समसामयिक साहित्य पर दृष्टि रखना अतिरिक्त लाभप्रद हो सकता है।''

इसी विचार की पृष्ठभूमि पर जब वे भारत और पश्चिम के प्राचीन काव्यशास्त्र पर निगाह डालते हैं तो उन्हें कुछ सामान्य समानताएँ भी मिलती हैं जैसे—''दोनों ही स्थानों में समीक्षात्मक विचारणा नाटक की चर्चा से आरम्भ हुई नाटक की समग्र विवेचना के दोनों के आधार प्रायः एक हैं। भरत मुनि और ऐरिस्टॉटल दोनों वस्तुमुखी विचारक हैं तथा दोनों अपने विवेचन के लिए मूल नाट्य कृतियों के विश्लेषण पर आश्रित हैं। लोक-जीवन और नीति को केन्द्र में रखते हुए दोनों उदात्त चरित्रों को आधार बनाते हैं। यदि भरत मुनि ने धीरोदात्त नायक की स्थापना की है तो ऐरिस्टॉटल भी करुण नाटक के लिए उच्चकोटि के प्रभुत्व-सम्पन्न नायक की कल्पना करते हैं।' किन्तु 'दोनों के विवेचन में भिन्नता का मुख्य स्रोत उनकी पृष्ठभूमि में विद्यमान संस्कृति और जीवन-दर्शन की भिन्नता है।' यह जीवन-दर्शन निश्चय ही उस जातीय जीवन-दृष्टि से उद्भूत है जिसके मूल में सृष्टि और उसके उद्भव तथा विकास की गाथाएँ मौजूद हैं। करुण अथवा त्रासद और आनन्द अथवा रसवाद के पीछे इस दृष्टि की भूमिका समझी जा सकती है। वाजपेयी इसके बाद एक महत्त्वपूर्ण ऐतिहासिक कथन करते हैं—'नाट्य के मूल में दोनों ही अनुकरण प्रवृत्ति की स्थापना करते हैं, किन्तु अनुकृतिवाद को एक समग्र कला-सिद्धान्त का रूप देने का कार्य केवल एरिस्टॉटल ने किया है। एरिस्टॉटल ने यदि नाटक में सामंजस्य और व्यवस्था तथा संगठन के तत्त्वों पर जोर दिया है तो भरत मुनि ने मुख्यतः उसके परिणाम या प्रभाव के स्वरूप, उसके सामाजिक मूल्य तथा उसके आनन्द प्रदान करने की उन्मुखता के पक्षों पर अधिक विस्तार के साथ विचार करते हुए रस का सिद्धान्त निरूपित किया है।' वे आगे लिखते हैं—'नाट्य की समग्रता की दृष्टि से भरत मुनि का कार्य कहीं अधिक सम्पूर्ण है। एरिस्टॉटल की विवेचना नाट्य के साहित्य अंश पर केन्द्रित है। नाटक की सम्पूर्णता में रंगमंच और प्रत्यक्ष अभिनय का जो अनिवार्य स्थान है उसे अपने विवेचन की परिधि में उन्होंने सम्मिलित नहीं किया। भरत मुनि के विवेचन में साहित्यिक अंश के लेकर रंगमंच और अभिनय तक कोई भी पक्ष नहीं छूटा है।[1]

———————

1. प्रकीर्णिका—भारतीय और पश्चिमी समीक्षा : समानता और भिन्नता, पृ.- 48

आचार्य वाजपेयी जिस वस्तुपरक और वैज्ञानिक दृष्टि को लेकर आगे बढ़ते हैं, आज उसके तटस्थ मूल्यांकन की जरूरत है। जरूरत ही नहीं, यह हमारे लिये ऐतिहासिक चुनौती भी है। आचार्य वाजपेयी जैसे आलोचकों की महत्ता अगर कोई हो सकती है तो इन्हीं सवालों के सन्दर्भ में क्योंकि सांस्कृतिक संकट और गहराते जा रहे हैं। आलोचना इसमें शायद कोई मदद हमारी करे और राह दिखाए।

# वे एक साम्राज्यवाद-विरोधी आलोचक थे

बीसवीं शताब्दी भारत की आत्मचेतना की पुकार की शताब्दी यदि है तो वह साम्राज्यवाद के नये-नये और सूक्ष्म हमलों की सदी भी है। कौन नहीं जानता कि भारतीय राष्ट्रीय कांग्रेस (सन् 1885) की स्थापना के पीछे सर ह्यूम की सोच क्या थी? यदि हम सन् 1857 के स्वाधीनता-संग्राम की पहली क्रान्तिकारी लहर को ध्यान में रखें और कांगेस की स्थापना के पीछे के प्रयोजनों पर गौर करें तो पायेंगे कि कांग्रेस संस्था का इस्तेमाल ब्रिटिश सत्ता ने एक सेफ्टी वाल्ब के रूप में किया था। कई इतिहासकारों ने इसी रूप के मार्फत कांग्रेस को याद भी किया है। तिलक और गाँधी के उदय ने कांग्रेस के चेहरे को काफ़ी कुछ बदला, किन्तु गाँधी तो अपने सारे हथियार स्वतंत्र रूप से लेकर आये थे। राष्ट्र ने अगर उन्हें ही महात्मा और राष्ट्रपिता कहा तो कारण यही थे कि गाँधी भारत की उसी आत्मा के प्रतीक थे और हैं, जिसके बगैर इस सहस्राब्दियोंवाले समाज को पहचान पाना सम्भव नहीं है।

आज यह बड़ा विचित्र लगता होगा कि वनवासी राम ने बग़ैर हाथी-घोड़ेवाली सुविकसित सेना के विकसित सैन्य शक्तिवाले लंकाधिपति रावण को कैसे पराजित किया होगा, किन्तु संस्कृति का सच तो यही है कि रावण जैसे रथी शत्रु को विरथ रघुवीर ने पराजित किया। सम्भव है, यह 'इतिहास' का सच न भी हो।

बीसवीं सदी में दिगन्तव्यापी अछोर ब्रिटिश साम्राज्यवाद से स्वाधीनता की लड़ाई लड़नेवाले गाँधी और उनके साथी भी तो निहत्थे ही थे। राम के हाथ में तो फिर भी दिव्य धनुष-बाण और अस्त्र-शस्त्र थे, पर गाँधी का समूचा अस्तित्व ही दिव्य था। लौकिक होकर भी परम अलौकिक, साक्षात् भौतिक होकर भी दिव्य आध्यात्मिक। यह हमें तब और समझ में आ सकता है, जब हम गाँधी को अम्बेडकर, जिन्ना और नेहरू के परिप्रेक्ष्य में देखें।

यह जान लेने के बाद कि भारत अपनी राजनीतिक स्वतन्त्रता प्राप्त करके रहेगा, पश्चिम के साम्राज्यवाद ने उसे जिन अन्य मायावी उपायों से गुलाम बनाने की योजनाएँ बनायीं और भारत की स्वाधीनता के सपने में छेद किया, उसका इतिहास अब कोई

छिपा हुआ किस्सा नहीं है। अब तो वे पश्चिमवादी प्रगतिशील और पूँजीपरस्त भारतीय भी यह महसूस करने लगे हैं कि उत्तर-साम्राज्यवाद और उत्तर-पूँजीवाद पूर्व के दिनों के साम्राज्यवाद और पूँजीवाद के कई गुना अधिक नृशंस और ख़तरनाक है।[1] पिछला साम्राज्यवाद अगर सिर्फ़ मन को नियन्त्रित और संचालित किया करता था तो नया साम्राज्यवाद हमारी चेतना बदलने के अभियान में लगा हुआ है और हम उत्साहपूर्वक इस अभियान के हिस्से भी होते जा रहे हैं।

भारत का राष्ट्रीय आन्दोलन सिर्फ़ राजनीतिक नहीं था, इसे हम प्रायः भूलते जा रहे हैं। उसके पीछे नवजागरण की ऐतिहासिक चेतना काम कर रही थी। भारत अपने अतीत में जाकर स्वयं को नये सिरे से खोजने और पहचानने में लगा था। हिन्दी भाषा और साहित्य में भारतेन्दु, मैथिलीशरण गुप्त आदि तो अपनी जगह हैं ही, प्रेमचन्द, जयशंकर प्रसाद और रामचन्द्र शुक्ल भी भारत के इस 'आत्म' की तलाश अपने-अपने ढंग से कर रहे थे। निराला भी इसी अभियान के साथी थे।

निराला के स्तुतिकार साहित्यिकों को न जाने निराला से कभी यह पूछने का मन नहीं बनाया कि डार्विन वाले कथन—'सर्वाइवल आफ़ द फिटेस्ट' के वैज्ञानिक सिद्धान्त के प्रतिकार में अपनी कविता 'जागो फिर एक बार' में ये पंक्तियाँ क्यों लिख रहे थे—'योग्य जन जीता है/ पश्चिम की उक्ति नहीं/ गीता है, गीता है/ स्मरण करो बार-बार/ जागो फिर एक बार।' यही निराला इसी कविता में यह पंक्ति भी लिखते हैं—'सिंहों की माँद में, आया है आज स्यार।' कवि के व्याख्याकारों से पूछना चाहिए कि इसमें सिंह कौन है और स्यार कौन? निराला का जातीय दर्प कैसा है और वे चाहते क्या थे?

प्रेमचन्द ने भारत के इस 'आत्म' की खोज किसान के मार्फ़त की। वे इतिहास और पुराण की ओर नहीं गये। दर्शन और धर्मशास्त्र में भी नहीं। कहते हैं, वेद और उपनिषद् में भी नहीं। जो लोग इसे ताल ठोंककर कहते हैं, उन्हें कभी-कभी दिमाग और आँख खोलकर यह भी देख लेना चाहिए कि प्रेमचन्द कट्टर आर्यसमाजी भले न हों, पर पक्के आर्यसमाजी जरूर थे। हमीरपुर आर्यसमाज के रजिस्टरों पर यह नाम आज भी दर्ज होगा। इसलिए वेद-उपनिषद् के बारे में वे कोरे या अनाड़ी जैसे थे—कहना झूठ होगा। पर एक लेखक के तौर पर भारत को जानने-समझने और पहचानने की उन्होंने वही तरकीब निकाली, जो गाँधी ने निकाली थी। या फिर गोखले ने गाँधी को सुझाया था कि भारत को जानना हो तो किसानों के मार्फ़त जानो।

———————

1. देखें—डंकल प्रस्ताव—शैलेन्द्र शैली का पैम्फलेट

आज यह सवाल चौंकानेवाला लग सकता है कि जयशंकर प्रसाद जैसे बड़े और प्रेमचन्द के समकालीन लेखक ने अपने लिये यह रास्ता क्यों नहीं चुना? किसान उनके लेखन के केन्द्र में क्यों नहीं है? निराला के 'बादल-राग' में तो वह है, पर प्रसाद के यहाँ ख़ास तौर से उनकी महान् काव्य-यात्रा में तो 'किसान' कहीं कोई पड़ाव नहीं है। उनकी काव्य-यात्रा का समूचा चरित्र बकौल प्रेमचन्द 'पूर्वजों की कीर्त्ति' के गायन और नये भारत के भविष्य का, इस बहाने नवनिर्माण है। पर प्रेमचन्द इस ढंग के लिए अपने अन्तरंग मित्र प्रसाद को माफ़ नहीं करते। उनकी 'स्कन्दगुप्त' जैसी असाधारण नाट्य-कृति पर अपनी प्रतिक्रिया प्रकट करते हुए यह कहने से चूकते नहीं कि 'आपने इसमें गड़े मुर्दे उखाड़े हैं।[1]

जो प्रेमचन्द प्रसाद के लेखन के बारे में यह राय लेकर चल रहे थे, वही मुम्बई पहुँच ख़त में उनसे यह अनुरोध भी कर रहे थे कि प्रसाद 'सीता' को लेकर कहानी लिखें—

"कई दिन हुए मि. हिमांशु राय से मुलाकात हुई। वह मुझे कुछ समझदार आदमी मालूम हुए। फ़िल्मों के विषय में देर तक उनसे बातें होती रहीं। वह 'सीता' पर कोई नयी फ़िल्म बनाना चाहते है...अगर आज सीता पर कोई फ़िल्म लिखना चाहें तो मैं हिमांशु राय से जिक्र करूँ। मेरे खयाल में सीता का जितना सुन्दर चित्र आप खींच सकते हैं दूसरा नहीं खींच सकता।" पत्र 1.10.1934 का है।

इसे आश्चर्य नहीं तो और क्या कहा जाय कि जो प्रेमचन्द, स्कन्दगुप्त, चन्द्रगुप्त, चाणक्य पर लिखनेवाले प्रसाद को गड़े मुर्दे उखाड़ने वाला कहकर व्यंग्य किया करते थे, वही उनसे 'सीता' जैसे पुराख्यानक पर लिखने का अनुरोध भी कर रहे हैं।

क्या यह माना जाय कि गतिशील सचेत बौद्धिक प्रेमचन्द की राय धीरे-धीरे बदलने लगी है और वे यह भी मानने लगे हैं कि भारत के 'आत्म' को सिर्फ़ 'किसान' के दरवाज़े से देखना पूरा नहीं होगा। उसके लिए अन्य रास्ते और दरवाज़े भी खोलने पड़ेंगे। समूचा द्विवेदी-युग और छायावाद कहीं इसी रास्ते तो नहीं चल रहा था? कवियों की उर्मिला-विषयक उदासीनता (महावीरप्रसाद द्विवेदी) यशोधरा, पंचवटी, द्वापर, साकेत (मैथिलीशरण गुप्त), प्रियप्रवास (अयोध्यासिंह 'हरिऔध') ये सब वही गड़े मुर्दे थे, जिनका आगामी विस्तार प्रसाद अपने बौद्धयुगीन नाटकों में प्रदर्शित करते हैं?

---

1. आज यह पुनर्विचार क्यों नहीं किया जाना चाहिए कि प्रेमचन्द कहीं यहाँ वैचारिक अतिवाद से तो काम नहीं ले रहे थे? क्या उनके इस मत से हिन्दी के रंगनिर्देशक भी सहमत हैं और पहले थे? या यह सचमुच ही उनका बौद्धिक अतिवाद था?

आज यह सवाल क्यों नहीं उठाया जाना ज़रूरी है कि भारतेन्दु के 'सत्य हरिश्चन्द्र' से लेकर प्रसाद की 'ध्रुवस्वामिनी' तक जो सब लिखा गया, उसके पीछे का सृजनात्मक ध्येय क्या है? और क्यों नहीं उस सबको 'रिजेक्ट' कर दिया जाना चाहिए? अगर यह तर्कयुक्त नहीं होगा तो फिर विचार क्यों नहीं होना चाहिए कि भारत के 'आत्म' की खोज और पहचान के लिए ये दोनों ही कोशिशें परस्पर पूरकता का काम करती हैं और एक के बिना दूसरी अधूरी मानी जायगी।

इसमें भी क्या शक कि प्रेमचन्द वर्तमान की समस्याओं को लेकर संवेदनात्मक और बौद्धिक स्तर पर बहुत उद्वेलित थे। उनका यह उद्वेलन 'सेवासदन', 'कायाकल्प', 'गबन' आदि के साथ-साथ 'रंगभूमि' और 'गोदान' में प्रकट भी है। यह कितना अजीब है कि यह वही प्रेमचन्द हैं, जो एक तरफ़ वेदों को संस्कृति-सर्वस्व और सार माननेवाली संस्था आर्यसमाज के सदस्य हैं तो दूसरी तरफ़ भारत के नवनिर्माण के लिए अतीत की ओर देखने को कुफ्र जैसा मानते हैं। 24 जनवरी, 1930 को काशी-निवास-काल में ही प्रसाद के 'कंकाल' उपन्यास को पढ़ चुकने के बाद जो उल्लसित और प्रशस्तिमूलक पत्र वे लेखक प्रसाद को लिखते हैं, उसका कुछ अंश यहाँ उद्धृत है—

'प्रिय प्रसाद जी, पहले मुझे आज्ञा दीजिये कि मैं 'कंकाल' पर आपको बधाई दूँ। मैंने इसे आदि से अन्त तक पढ़ा और मुग्ध हो गया। आपसे मेरी जो पुरानी शिकायत थी, वह बिलकुल मिट गयी। मैंने एक बार आपकी पुस्तक 'समुद्रगुप्त' (यह पुस्तक स्कन्दगुप्त थी) की आलोचना करते हुए लिखा था कि "आपने इसमें गड़े मुर्दे उखाड़े हैं। इस पर मुझे काफ़ी सज़ा भी मिली थी, पर जो लेखनी वर्तमान समस्याओं को इतने आकर्षक ढंग से जनता के सामने रख सकती है, इस तरह दिलों को हिला सकती है, उसे फिर वही बात मेरे मुँह से निकलती है, क्षमा कीजिये।"

"आगे प्रेमचन्द अपनी धारणा की व्याख्या पर भी उतरते हैं—"पूर्वजों की कीर्त्ति का भविष्य के निर्माण में भाग होता है, लेकिन हमें तो नये सिरे से दुनिया बनानी है। अपनी किस पुरानी वस्तु पर गौरव करें—वीरता पर? तप पर?...वर्णाश्रम धर्म पर, जिसने हमारी जड़ खोद डाली।"

प्रेमचन्द का गुस्सा भी बेवजह नहीं है। पर भारत के 'अतीत' को लेकर उनकी जो दृष्टि है, वह बहसतलब है, निर्विवाद तो एकदम नहीं। दूसरे, प्रसाद जो रास्ता पकड़ चल रहे थे, बाद में उस रास्ते चलकर भारत को समझने का उद्यम कई मार्क्सवादी चिन्तकों और लेखकों ने किया। और तो और, रामविलास शर्मा ने अपनी बृहद्काय पुस्तक 'भारतीय संस्कृति और हिन्दी प्रदेश' की भूमिका में पहला ही वाक्य लिखा— 'भारत की प्राचीन संस्कृति का अध्ययन वर्तमान सामाजिक परिस्थितियों में अत्यन्त

प्रासंगिक है। इस संस्कृति के बारे में हमारी भ्रान्तियाँ आज के राजनीतिक जीवन को प्रभावित करती हैं। प्राचीन संस्कृति सामन्तों और पुरोहितों की रची हुई है, आज के युग में हमें उससे कुछ लेना-देना नहीं है। प्राचीन संस्कृति के प्रति उपेक्षा का भाव—यह भी एक भ्रान्ति है। डॉ. शर्मा यहीं थम नहीं जाते—'अक्सर देखा यह जाता है कि जो प्राचीन संस्कृति की उपेक्षा करते हैं, वे वर्तमान संस्कृति की भी उपेक्षा करते हैं। साहित्य और संगीत से उनका दूर का ही सम्बन्ध है। यह स्वाभाविक भी है, क्योंकि साहित्य और संगीत में प्राचीन उपलब्धियों को आधार बनाये बिना कोई विकास सम्भव नहीं है।' डॉ. शर्मा का यह कथन निर्णायक मुद्रा में है और हमारा ध्यान खींचता है—'प्राचीन संस्कृति के अध्ययन की उपेक्षा और वर्तमान सांस्कृतिक समस्याओं के अध्ययन की उपेक्षा वास्तव में लोकमानस की उपेक्षा है।'

हिन्दी के मार्क्सवादियों ने अगर प्रेमचन्द के प्रति अपने गहरे लगाव का परिचय देते हुए उनका विस्तार से अध्ययन-चिन्तन और मनन तथा प्रसाद के प्रति अपनी विमुखता प्रदर्शित करते हुए (एक-दो अपवादों को छोड़) अगर उपेक्षा का भाव प्रदर्शित किया है तो क्या यह माना जाय कि प्रसाद के प्रति यह रणनीति अपनाकर उन्होंने भारत के 'लोकमानस की उपेक्षा' की है? मुझे लगता है कि प्रेमचन्द कुछ ज़्यादा ही जल्दबाजी में थे और अत्यन्त भावुक किस्म के इन्सान थे। उनके इसी अति उत्साह और जल्दबाजी को देख विजयदेव नारायण साही को यह लिखना पड़ा—"गाँधी जी अपने साथ न सिर्फ सत्य लाये थे, बल्कि उसकी अनुभूति की एक नयी प्रणाली भी। जिन लोगों ने उस दिशा में देखा, जिधर यह नया महापुरुष देख रहा था और अन्तर्ध्वनि सुनने की चेष्टा की, उन लोगों ने हिन्दी में छायावादी कविता का आवाहन किया। कुछ ऐसे भी थे, जिन्हें अन्तर्ध्वनि सुनने की न अभिलाषा थी और न सामर्थ्य ही। उन्होंने क्षितिज की दिशा में न देखकर महापुरुष की ओर ही अपनी दृष्टि केन्द्रित कर दी। उन्होंने उस समय 'राष्ट्रीय' कही जानेवाली कविताएँ लिखीं और समाज-सुधार के उपन्यास लिखे, जिसके शीर्ष पर प्रेमचन्द हैं। संक्षेप में हिन्दी में गाँधी जी का व्यक्तित्व दो भागों में विभाजित हो गया। एक ने सत्य की अनुभूति की प्रणाली ली और दूसरे ने सत्य की वे व्याख्याएँ, जो गाँधी जी ने विकसित कीं।"

विजयदेव नारायण साही के अनुसार प्रेमचन्द गाँधी के इसी दूसरे पक्ष के प्रति आकृष्ट थे। प्रसाद सम्भवतः सत्य की उस अनुभूति-प्रणाली और उसकी अन्तर्ध्वनि के प्रति, जिसका सम्बन्ध गाँधी के व्यक्तित्व के गम्भीर पक्षों से था। मन कहता है कि कहूँ कि गाँधी का वह आधारभूत दृष्टिकोण और स्वप्न था, जिसका उपयोग वे भारत की स्वाधीनता के पक्ष में करना चाहते थे। गाँधी का यह 'दृष्टिकोण' और 'सपना' क्या

था, इसे यदि समझना हो तो आलोचक नन्ददुलारे वाजपेयी के निबन्ध 'बुद्धिवाद : एक अधूरी दृष्टि' को सामने रखने की ज़रूरत पड़ेगी। आज तो यह बहस अधिक प्रासंगिक और महत्त्वपूर्ण हो उठी है, पर चालीस-पचास के दशक में जब नन्ददुलारे वाजपेयी ने इसे उठाया था, तब हिन्दी में कुछ और भी बहसें चल रही थीं। वाजपेयी जी उन्हीं के बीच यह रेखांकित करते हैं कि "यह सिद्धान्त संसार के विकास या गति को ही नित्य मानता है और मनुष्य को सर्वोपरि विकसित प्राणी ठहराता है। इसके साथ ही बुद्धि को ही मनुष्य के विकास का सम्बल बतलाता है। अतः स्वभावतः उस सिद्धान्त में चढ़ा-ऊपरी का भाव तथा बुद्धि की सम्वर्द्धना का सन्देश निहित है। जब इसके साथ अयोग्य जीवों के विनाश (Survival of the fittest) सम्बन्धी सिद्धान्त और उदाहरण उपस्थित किये गये, तब बुद्धिवाद ने अपना संघर्षप्रिय नाशक-रूप भी स्पष्ट कर दिया। सम्पूर्ण प्रकृति को अपने अधिकार में करने की प्रवृत्ति दृढ़तर हो उठी (आज तो सर्वसमर्थ अमरीका सारी दुनिया (भूमण्डल) को अपने पाँवों के तले रख लेना चाहता है—लेखक) और जीवन-कलह का सिद्धान्त सर्वमान्य समझा जाने लगा। भौतिक विजय के लिए अधिकाधिक यन्त्र आविष्कृत हुए और क्रमशः वह समय भी आया, जब एक राष्ट्र या मनुष्य-वर्ग दूसरे राष्ट्र के मनुष्यों के संहार के लिए इन अस्त्रों का प्रयोग करने लगा। वाजपेयी जी सवाल करते हैं—संघर्ष या युद्ध के इस विकास के साथ...प्रेम या शान्ति का कितना विकास हुआ? विकास तो विकास ही है, उसकी तो सभी दिशाएँ होनी चाहिए।

वाजपेयी जी कार्ल मार्क्स पर भी आते हैं—"यूरोपीय विचारकों में एक मार्क्स ही निम्नश्रेणी की जनता को ऊँचे उठने का मार्ग प्रदर्शित कर सका और इस दृष्टि से वह दुखितों और पददलितों का प्रेमी अवश्य कहा जा सकता है, किन्तु वह भी हिंसात्मक संहार का ही पाठ पढ़ाता है।"

इस तुलना में जब वे गाँधी पर आते हैं, तब उनका कहना है—"गाँधी जी की नीति का राजनीतिक मूल्य ही नहीं है।, जीवनव्यापी या दार्शनिक मूल्य भी है। पिछली शताब्दी के यूरोप के एकांगी विकास के परिणामस्वरूप जो विषमता उत्पन्न हो गयी है, उसकी प्रतिक्रिया गाँधी जी के द्वारा पूरी हो रही है। मेरे विचार से उनकी प्रधान नीति संसार के भौतिक विकास के साथ-साथ क्षीण होती हुई मानसिक उदारता को उसकी समता पर ला सकना है। इन दोनों के बढ़े हुए भेद का नाम ही आधुनिक सभ्यता है, जिसके गाँधी जी विरोधी हैं। इन दोनों का सामीप्य और अन्त में ऐक्य कर देना ही उनका मन्तव्य है। पश्चिमी साम्यवाद और उसके प्रवर्तकों से महात्मा गाँधी और उनका यह साम्यवाद भिन्न है।

वाजपेयी जी लेख के अन्त में यह वाक्य भी लिखते हैं—'बुद्धिवाद की एकांगी पश्चिमी प्रवृत्ति को भी सँभलने का अवसर गाँधी जी ने दिया है।'

जिस राष्ट्रीय अथवा जातीय परम्परा को लेकर वे अपने जीवन के उत्तरकाल में बहुत फ़िक्रमन्द हैं, वह वही है, जिसे दयानन्द आदि आधुनिक ऋषि वेदों से जोड़ते हैं। साहित्य के आधुनिक ऋषि आलोचक कहे जानेवाले रामविलास शर्मा लिखते हैं—संसार का प्राचीनतम ग्रन्थ हमारे देश का ऋग्वेद है। ऋग्वेद से पहले काव्य, दर्शन और इतिहास की एक सुदीर्घ परम्परा थी, उपनिषदों की विचारधारा ऋग्वेद की स्थापनाओं को आधार बनाकर ही आगे बढ़ती है। काव्य और दर्शन की इस सुदीर्घ परम्परा से रवीन्द्रनाथ ठाकुर, सुब्रह्मण्य भारती, निराला जैसे समर्थ कवि जुड़े हुए हैं। कोई भी विद्वान् इस प्राचीन संस्कृति की उपेक्षा करके इन महाकवियों का अध्ययन पूरा नहीं कर सकता।

विकास और आधुनिकता की पश्चिमी अवधारणाओं को लेकर आँख मूँद आगे बढ़नेवाले नवलेखनवादियों और अन्यों से वाजपेयी जी नेहरू-काल में ही यह पूछते हैं कि 'क्या आधुनिकता पूँजीवादी देशों की आधुनिकता है?' और हमें सुझाते हैं कि आधुनिकता के अपने राष्ट्रीय सन्दर्भ भी होते हैं। यह भी सुस्पष्ट करते हैं कि उनकी आधुनिकता-सम्बन्धी अवधारणा न तो साम्यवादी है, न पूँजीवादी, न ही संकीर्ण अर्थों में राष्ट्रवादी। उनका वाक्य है—'हम राष्ट्रीय परिवेश में आधुनिकता की प्रतिष्ठा करना चाहते हैं...जो विश्वजनीन है, परन्तु उसकी जड़ें और बुनियाद हमारे राष्ट्रीय परिवेश की रहनी चाहिए। जिस व्यक्तिवाद की विचारधारा यूरोप के लिए उपयुक्त हो सकती है, कदाचित् हमारे देश के लिए वह उतनी उपयुक्त नहीं है, क्योंकि हमारे देश में समाज और व्यक्ति का वह विच्छेद घटित नहीं हुआ, जो यूरोप और अमरीका की राष्ट्रीय चिन्तना में घटित हो चुका है। आगे वे यह भी लिखते हैं—'भारतीयता से हमारा आशय उस स्वाभाविक विकास से है, जो हमारी राष्ट्रीय चेतना के अनुरूप हो सकता है और है।'

इस 'राष्ट्रीय चेतना' को वे जिन महान् हिन्दी लेखकों से उदाहृत करते हैं, उनमें प्रसाद, प्रेमचन्द और रामचन्द्र शुक्ल प्रमुख हैं। इससे पहले वे छायावादी वृहत्त्रयी — प्रसाद, निराला, पन्त के काव्य के ऐतिहासिक महत्त्व को रेखांकित करते हुए लिख चुके हैं—'उन्मुक्ति की एक आकांक्षा, मानव व्यक्तित्व के प्रति सम्मान तथा विश्व के समस्त जन-समाज को एकान्वित करनेवाली मानवतावादी भूमिका यहाँ विद्यमान है।' उन्हीं के शब्दों में—'कामायनी' छायावादी युग की समग्रता को समाविष्ट करनेवाली अन्यतम सिद्धि है...संस्कृति की उसकी परिकल्पना राष्ट्र की सीमाओं से कहीं विशाल

है। वह मनुष्य के मूल्य तत्त्व का स्पर्श कराती है... वह नये रूप से युक्त नये युग का महाकाव्य है। अपनी विशेषता में वह अप्रतिम है।

जिन प्रेमचन्द को लेकर उन्हें अकसर कठघरे में खड़ा किया जाता है, उन्हीं प्रेमचन्द को लेकर लिखे गये उनके वाक्य हैं—'वृहत् सामाजिक अन्याय के उद्घाटन को हम प्रेमचन्द के कृतित्व का मूलतत्त्व कह सकते हैं, किन्तु इस अन्याय की कसौटी वे कहाँ से प्राप्त करते हैं? मनुष्य के व्यक्तित्व में अटल और अदम्य आस्था के द्वारा। निश्चय ही भारतीय उपन्यास की रूपरेखा पुष्ट रूप में प्रस्तुत करने के लिए वे सदा स्मरणीय रहेंगे।'

इसी तरह आचार्य रामचन्द्र शुक्ल पर उनकी यह टिप्पणी—'रामचन्द्र शुक्ल ने भारतीय काव्यशास्त्र पर पुनर्चिन्तन कर हिन्दी कविता के भावी विकास के लिए न केवल नये मानदण्ड ही निर्धारित किये, नये तत्त्वों से समाविष्ट होकर सामने आनेवाले उसके नये रूपों को उपयुक्त आधार भी प्रदान किया। काव्य को लोकमंगल की कसौटी पर कसकर वस्तुतः उन्होंने भी विश्व-साहित्य की मानवतावादी परम्परा को भारतीय चिन्तन की स्वस्थ गतिविधि से ही परिचित कराया है।

इसी प्रकर्ष-विन्दु पर पहुँच वाजपेयी जी हिन्दी में सक्रिय 'आधुनिकता के पुजारी' लेखकों पर बरसते हैं—'वे पश्चिमी विद्वानों के द्वारा किये गये विवेचनों को पढ़ते हैं। अपनी जड़ें पश्चिम में जमाकर उसके फल वे भारत को देने के अभिलाषी हैं वे यह सोचने का प्रयास नहीं करते कि आधुनिकता शब्द का भारत के लिए अपना अर्थ भी हो सकता है और वस्तुतः यही उसकी आत्मा का वास्तविक परिचायक भी होगा।...जैसे पश्चिम में कवि और इतिहासकार अपने विकास की समष्टि को एक इकाई के रूप में देखकर अपने वर्तमान को समझने और भविष्य के लिए दिशाएँ खोजने का प्रयत्न कर रहे हैं, वैसे ही हमें भी अपनी समष्टि को इकाई के रूप में देखकर अपना मार्ग तय करना है। वेद और उपनिषद् से लेकर बुद्ध और गाँधी तक भारतीय चिन्तन और जीवन-दर्शन अपनी ऊर्जा से विकसित और पुष्पित होता रहा है। इन सबको अपनी आत्मा में स्थान देकर अपने स्वतन्त्र चिन्तन से कुछ निर्माण करके ही हम बुद्धिवादी निर्माता और भारतीय लेखक होने का दावा कर सकते हैं।

यहाँ पहुँच हम वाजपेयी जी के 'बुद्धिवाद' और 'भारतीय' शब्द को यदि समझना चाहें तो हमें बुद्धिवाद के भारतीय सन्दर्भ-सम्बन्धी उनकी इन पंक्तियों पर ग़ौर करना होना—"प्राचीन बुद्धिवाद के इस आधुनिक प्रतिनिधि गाँधी की नीति क्या है? मेरे विचार से उनकी प्रधान नीति संसार के बढ़ते हुए भौतिक विकास के साथ-साथ क्षीण होती हुई मानसिक उदारता को उसकी समता पर ला सकना है। इन दोनों के बढ़े हुए

भेद का नाम ही आधुनिक सभ्यता है, जिसके गाँधी जी विरोधी हैं। इन दोनों का सामीप्य और अन्त में ऐक्य कर देना ही उनका मन्तव्य है। पश्चिमी साम्यवाद और उसके प्रवर्तकों से महात्मा गाँधी और उनका यह साम्यवाद भिन्न है।'' वाजपेयी जी पश्चिमी साम्यवाद की विशेषताएँ भी एक हद तक मंजूर करते हैं, किन्तु उसकी सीमाएँ भी पहचानते हैं पश्चिम का यह साम्यवाद यन्त्र की भाँति मनुष्यों का नियमन कर सार्वजनिक सुख की व्यवस्था तो करता है; पर मानसिक परतन्त्रता की बेड़ी भी साथ ही पहना देता है। गाँधी जी का आदर्श जीवन की वास्तविक सुख-समृद्धि का सर्वतोमुखी विकास करना है। वे केवल धन की ही नहीं, मन की भी उन्नति की साधना करते हैं।

जिस भारतीय बुद्धिवाद का सम्बन्ध वे गौतम बुद्ध और चार्वाक आदि महानों से जोड़ते हुए गाँधी तक आते हैं, निस्सन्देह उसमें कहीं कोई अलौकिकता या रहस्य नहीं है। संकेतों-संकेतों में वे यह कहते हैं कि भारत में भी आधुनिक सभ्यता की बुनियादें रखी जा रही हैं। इससे बाह्य या भौतिक समृद्धि सम्भावित है। गाँधी इसे न भाँप सके हों—ऐसा कैसे कहा जा सकता है। और तभी तो उन्होंने यह सिद्धान्त प्रतिपादित करना चाहा—बाह्य समृद्धि का देशभर में वितरण और उसकी प्रणाली सामाजिक जीवन की शान्ति के लिए आवश्यक है।' गाँधी का समर्थन करते हुए वाजपेयी जी अपने पाठकों को याद दिलाते हैं—'समाज की उन्नत होती हुई परम्परा में धन की परम्परा क्षीण होती चलने की प्राचीन योजना थी। जैनियों का 'अपरिग्रह' भला और क्या है?

वाजपेयी जी निष्कर्ष की ओर बढ़ते हुए लिखते है—महात्मा गाँधी बाह्य समृद्धि-सम्बन्धी आदर्श कार्यक्रम देश के लिए सुझा गये हैं। साथ ही उन्होंने मानसिक और आचार-सम्बन्धी अन्तर्मुख साधना का इतना स्वच्छ और मार्जित स्वरूप हमारे सामने रखा है। और स्वयं उसके इतने बड़े प्रतिनिधि हुए हैं कि युगों के लिए भारत का मस्तक ऊँचा हो गया है। बुद्धिवाद की एकांगी पश्चिमी प्रवृत्ति को भी सँभलने का अवसर गाँधी जी ने दिया है। इस ओर ध्यान देना ही पश्चिमी दुनिया और संसार के लिए इस समय एकमात्र कल्याण का मार्ग है।

वाजपेयी जी ये सब बातें भले ही 'हिन्द स्वराज' का उल्लेख किये बग़ैर कर रहे हों, परन्तु गाँधी को वे भारतीय बुद्धिवाद के जिस बड़े फलक पर रखकर उन्हें समूची परम्परा का आधुनिक प्रतिनिधि कह रहे हैं, वही भारतीयता है। उनकी दृष्टि में पश्चिमी बुद्धिवाद अधूरा है। आज के सन्दर्भ में वह चाहे विज्ञान हो या तकनोलॉजी, मनुष्य को अपना दास बनाकर रखना चाहते हैं। भारतीय चिन्ताधारा में 'सबार ऊपरे मानुष सत्य ताहार ऊपरे नाई' या फिर 'नाहि मानुषात् श्रेष्ठतरं हि किञ्चित्' की धारणा अभी तक

तो निर्विवाद है। तन्त्र-केन्द्रित अथवा मनुष्य केन्द्रित व्यवस्था में से आधुनिक मनुष्यता किसे अंगीकार करेगी, इस पर विवाद की गुंजाइश बहुत कम है। उर्दू के मीर, ग़ालिब आदि शायरों ने इसी इन्सानी सर्वोपरिता को जीवन के सर्वोच्च मूल्य के रूप में रेखांकित किया है। 'आदमी को है मयस्सर नहीं इन्सां होना'—यह प्रसिद्ध उक्ति तो ग़ालिब की ही है।

वाजपेयी का समूचा लेखन इसी मानव-बोध का समर्थक है। किन्तु वे यह नहीं भूलते कि भारत की दृष्टि अन्य विश्व दृष्टियों से कहीं अधिक सार्थक, उपयोगी और मूल्यवान् है। 'बुद्धिवाद : एक अधूरी दृष्टि' तो उन्होंने पैंतालीस-पचास के आस-पास लिखा। हाल में कमलेश्वर जैसे बड़े कथाकार का बहुचर्चित उपन्यास 'कितने पाकिस्तान' छपकर आया, जिसने इस बहस को नये सिरे से खड़ा कर दिया है कि पश्चिम की सभ्यताओं का असली और छिपा हुआ खूँखार चेहरा कैसा है। उपन्यास की अदालत में अपराधी की तरह हाजिर और कठघरे में खड़े भारत-विभाजन के सूत्रधार लॉर्ड माउण्ट बैटन को सम्बोधित करते हुए कहा गया—"माउण्ट बैटन साहब! सच्चा इतिहास सिर्फ वह नहीं है, जो साम्राज्यवादी नस्लों ने लिखा है... सच्चा इतिहास वह है, जिसकी इबारत शोषित और दलित देशों पर आज भी उत्कीर्ण है। कबीर ने दहकते हुए शब्दों में कहा—हमारे पास इतिहास की नदियाँ मौजूद हैं, तुम्हारे पास वे नहरें हैं, जो तुमने तर्कों और स्वार्थों की कुदाल से खोद-खोदकर निकाली हैं।

उपन्यास में पश्चिम की कथित सभ्यता का यह चेहरा जगह-जगह रेखांकित है—'लू-सुन ने अपनी धीर-गम्भीर आवाज़ में कहा—सच्चाई यह है कि एशिया ने सारे धर्म और सभ्यताएँ पैदा की हैं और यूरोप ने अपनी औद्योगिक क्रान्ति के बाद अपने मुनाफ़े के विदेशी बाज़ार तलाशने शुरू किये हैं...इसीलिए तुम पश्चिमवासी भौतिकतावादियों ने प्राच्य की सभ्यताओं पर आक्रमण शुरू किये हैं...आख़िर बौद्ध धर्म भारत से निकलकर समस्त एशिया में फैला था, लेकिन कहीं, किसी भी देश में रक्त की एक बूँद तक नहीं गिरी थी... उनके हाथों में भाले, तलवार और बन्दूकें नहीं थीं। उनके बेड़ों पर तोपें नहीं थीं। उनके पास था शान्ति, अहिंसा और करुणा का सन्देश और उनके हाथों में था बोधिवृक्ष।

कथाकार यहीं नहीं रुकता—'अगाध जलवाले सागरों की लहरें तब स्वयं मानवीय धर्म के सिद्धान्तों और शान्ति के सन्देश को एक सभ्यता के तट से दूसरी सभ्यता के तट पर पहुँचाया करती थीं...व्यापार और बाज़ार तब भी था। जिसे जितनी ज़रूरत थी, उतना ही आयात या निर्यात करता था। हमारी प्राची की सभ्यताएँ एक-दूसरे की अर्थव्यवस्था की पोषक थीं। उनमें मुनाफ़े की स्पर्द्धा और शोषण शामिल नहीं था।'

यही उपन्यास यह वाक्य भी लिखता है—"संस्कृति ही पूर्वजों की जीवित परछाइयों का संसार है—बड़ी सभ्यताओं को निस्तेज करने का यही तरीका इन विदेशी लुटेरों ने निकाला है... यह पहले पूर्वजों की परछाइयाँ छीनते हैं... कत्ल करते हैं...विनाश करते हैं, फिर पुरानी और पुख़्ता सभ्यताओं को बदलते हैं।"

अपने समूचे लेखन और कर्म में वाजपेयी जी इन्हीं परछाइयों को बचाने और ज़िन्दा रखने की कठिन कोशिशों में लगे हुए थे। भले ही वे कमलेश्वर की तरह इतने तीखे और आक्रामक न दिख सके हों, किन्तु यह कहने से भी वे पीछे कभी नहीं रहे कि अपने राजनीतिक आधिपत्य के समाप्त हो जाने पर भी पश्चिम सांस्कृतिक और साहित्यिक धरातल पर अपना आधिपत्य जमाने के मन्सूबों से भरा हुआ है। उनके अनुसार पश्चिम अपना सांस्कृतिक वर्चस्व बनाये रखना चाहता है। (जिसमें कि वह काफ़ी हद तक क़ामयाब भी हुआ है।) वाजपेयी जैसे आलोचक अत्यन्त चिन्तित होकर लिखते हैं—हिन्दी साहित्य सदैव जन-समाज का साहित्य बनकर ही अपनी समृद्धि करता आया है और अपने इन्हीं गुणों के कारण आज हिन्दी भाषा राष्ट्रीय प्रतिनिधित्व करना चाहती है...जब हमारे साहित्य पर राष्ट्रीय साहित्य कहलाने की महान् ज़िम्मेदारी आ गयी है, तब वर्गों, फिरकों या सम्प्रदायों में विभक्त कर हिन्दी साहित्य को परखने की पद्धति हमारे लिये अत्यन्त घातक होगी...हमारी नवीन राष्ट्रीय चेतना और संस्कृति अभी अपनी निर्माणावस्था में है; इसे नये प्रतिभा-जल से निरन्तर सींचते रहना और सम्पूर्ण राष्ट्रीय एकाग्रता और अध्यवसाय से इसकी रक्षा और संवर्धना करना हमारे लिये आवश्यक है।"

अपने इसी विश्वास की रक्षा करते हुए जब वे भारतीय काव्यशास्त्र के नवनिर्माणकारी पक्षों के पुनर्संघटन की ओर बढ़ते हैं, तब भी वे पश्चिम के सौन्दर्यशास्त्र को अपनी निगाह से ओझल होने नहीं देते। तथापि वे यह कहना ज़रूरी मानते हैं कि विश्व-साहित्य और विश्व-कलादर्शन के इतिहासों में या तो भारत की पूर्ण उपेक्षा की गयी है या फिर नाम-मात्र का उल्लेख है। वाजपेयी जी अपना प्रतिवाद इन शब्दों में दर्ज़ करते हैं—'विश्व व्यवस्था' की उपलब्धि के मार्ग में यह मनोवृत्ति अनेक रूपों में बाधक है।' उनके अनुसार—यह असत्य मार्ग है और ज्ञान-विरोधी भी। वस्तुस्थिति का ग़लत चित्र प्रस्तुत करती है। सम्यक् बोध का पथ रोक देती है और मूल्यांकन को पक्षपातपूर्ण बनाती है। उन्हीं के शब्दों में इससे 'उन देशों पर इसका प्रभाव घातक होता है, जो इस प्रकार आक्रमित या तिरस्कृत होते हैं। इससे 'राष्ट्रों और उनकी राष्ट्रीय संस्कृतियों के संगठित विकास एवं वस्तु के समन्वित ग्रहण के लिए कोई

उपयुक्त मार्ग नहीं मिलता तथा देश और देश एवं राष्ट्र और राष्ट्र की आध्यात्मिक दूरी बनी ही रहती है।'

इस कथन से यह समझते देर नहीं लगती कि श्री वाजपेयी विश्व-समाज विरोधी और कट्टर राष्ट्रवादी नहीं हैं, बल्कि हम इस निष्कर्ष पर पहुँचते हैं कि वे भी विश्व-व्यवस्था के सपने के साथ हैं। तथापि अन्य राष्ट्रीय संस्कृतियों की रक्षा के साथ भारतीय संस्कृति की रक्षा और स्वाधीनता का प्रश्न उठाते हुए। यही तो गाँधी भी चाहते थे। वाजपेयी की सोच अगर कुछ है तो यही है।

# नन्ददुलारे वाजपेयी और प्रेमचन्द

आलोचक नन्ददुलारे वाजपेयी प्रेमचन्द जैसे महान् कथाकार को समझ नहीं पाये थे और उनके घनघोर साहित्य-शत्रु थे, यह समझ अवधारणा के स्तर तक स्वयं को प्रगतिशील कहलानेवाले लेखकों के बीच बना दी गई है और मौके-मौके पर सुनियोजित ढंग से फैलायी और प्रचारित की जाती है। सम्भवतः यह एक बड़ा आधार और कारण है, शुक्लोत्तर आलोचना की अगुवाई करनेवाले आलोचक नन्ददुलारे वाजपेयी को आलोचकों की बुनियादी सूची से ही गायब कर देने का। और यह काम वे लोग कर रहे हैं जो साहित्य में वस्तुगतता और प्रगतिशीलता के पक्षधर हैं। प्रगतिशील और जनवादी लेखक संघों के कर्त्ता-धर्त्ता अगर किसी लाचारीवश नन्दुलारे वाजपेयी की चर्चा करते-कराते भी हैं तो मकसद यही रहता है किस तरह उनका कद छोटा किया जा सके। स्वयं को हिन्दी आलोचना का बिग बी माननेवाले एक आलोचक ने तो सार्वजनिक घोषणा कर दी कि नन्ददुलारे वाजपेयी उपेक्षा के योग्य हैं और उनके महत्त्व को समझने की कोई भी कोशिश व्यर्थ ही मानी जायेगी। ऐसे वातावरण में यह और भी जरूरी हो जाता है कि हम कम-से-कम हिन्दी साहित्य के सुसम्बद्ध क्रम विकास और आलोचना के आधार-स्तम्भों की वस्तुगत खोज करें जिससे साहित्य की गतिशीलता और वैचारिकी की रक्षा सम्भव की जा सके। इस सन्दर्भ में कथाकार प्रेमचन्द ओर आलोचक नन्ददुलारे वाजपेयी के संवादों को याद करना शायद सबसे अधिक उपयुक्त आधार का काम करेगा। पर इससे पहले यह प्रसंग याद आ रहा है जो मार्च, 2007 में मेरे और हिन्दी के वरिष्ठ कवि केदारनाथ सिंह जी के बीच संवाद के रूप में घटित हुआ।

उस शाम विश्व-कविता-दिवस था। भारतीय भाषा परिषद् के निदेशक इन्द्रनाथ चौधरी ने बँगला भाषा के कवियों के साथ केदार जी जैसे महत्त्वपूर्ण हिन्दी कवि को आमन्त्रित किया था। संचालन 'वागर्थ' के सम्पादक और मेरे प्रिय शिष्य कवि एकान्त श्रीवास्तव कर रहे थे। काव्य-पाठ के बाद केदार जी के संकेत-निर्देश पर जब मैं उनके साथ शेक्सपियर लेन कोलकाता के फुटपाथ पर सहचरण कर रहा था, वाजपेयी जी की रचनावली के प्रति अपनी उत्सुकता प्रकट करते हुए केदार जी ने मेरे सामने सहज

ही यह सवाल रख दिया कि वाजपेयी जी और प्रेमचन्द जी के बीच जो विवाद हुआ उसके आधारभूत कारण क्या थे? तब जो पहली बात मैंने उनसे कही थी वह यही कि इसके मूल में प्रेमचन्द के उपन्यास और कहानियाँ नहीं, हंस का आत्मकथांक था जो बाद में संस्मरणांक के रूप में प्रकाशित (1932) हुआ। नन्ददुलारे वाजपेयी तब 'भारत' (प्रयाग) के सम्पादक हुआ करते थे और उनकी उम्र छब्बीस साल थी और प्रेमचन्द बावन साल के।

मैंने उन्हें 'भारत' के पृष्ठों का हवाला देते हुए बताया कि विवाद उठा तो तूफान की तरह था पर समाप्त हुआ था बेहद आत्मीय गर्मजोशी में। महान् कथाकार प्रेमचन्द जो एक महान् व्यक्ति भी थे, ने लिखा था—'जब अहंकारों की चोट लगती है तो आदमी संयत रहने का प्रयास करने पर भी बौखला जाता है। अन्त में हम श्रीयुत् नन्ददुलारे वाजपेयी से नम्रता के साथ निवेदन करते हैं कि मेरी तो अच्छी-बुरी किसी तरह कट गयी धन तो हाथ न लगा हालाँकि कोशिश बहुत की...' लेकिन आपको अभी बहुत-कुछ करना है बहुत-कुछ सीखना है बहुत-कुछ देखना है। आदर्श बहुत-कुछ चीज है लेकिन संसार में बड़े-से-बड़े आदर्शवादियों को भी कुछ-न-कुछ झुकना ही पड़ता है। यह न समझिये कि जो कुछ आप समझते हैं वही सत्य है दूसरे निरे गावदी हैं। मतभेद होंना स्वाभाविक है लेकिन जिनसे मतभेद हों, उन्हें नीच न समझिये। जिसे आप नीचा समझेंगे, वह आपकी पूजा न करेगा। अब गुस्सा थूक दीजिये। आपने बिगड़कर मन को शान्त कर लिया। मैंने आपके बिगड़ने का आनन्द उठाकर मन को शान्त कर लिया। आइये हाथ मिला लें। और वाजपेयी जी ने रविवार 10 अप्रैल, 1932 को अपने साफ-सुथरे मन को 'भारत' के पृष्ठों पर बिछाते हुए लिखा—'मैं जो कुछ कर चुका हूँ आशा है, उसके बाद अब मुझे प्रेमचन्द जी से क्षमा-प्रार्थना की आवश्यकता नहीं रही। मैं तो उस दिन की प्रतीक्षा कर रहा हूँ जब पिछले दिनों लखनऊ में दिये हुए अपने वचन के अनुसार प्रेमचन्द जी प्रयाग आकर मुझे दर्शन देंगे और मेरे अतिथि बनेंगे।' दोनों के बीच 'जागरण' और 'भारत' के पृष्ठों पर घटित-इस विवाद के मूल में निश्चय ही कुछ और भी कारण रहे होंगे। मसलन प्रसाद के नाटकों को लेकर प्रेमचन्द की वह जगजाहिर तीखी टिप्पणी कि 'प्रसाद जी गड़े मुर्दे उखाड़ते हैं।' यह भी कि दोनों के लेखन का स्वभाव अलग था किन्तु दोनों ही राष्ट्रीय आन्दोलन से कुछ अधिक ही गहरे भाव से जुड़े थे। तथापि कहानी में प्रसाद और प्रेमचन्द स्कूल की चर्चा भी कुछ कम नहीं थी। जैनेन्द्र कुमार जैसे अति प्रतिभाशाली युवा कथाकार प्रेमचन्द के साथ थे तो नन्ददुलारे वाजपेयी और निराला जयशंकर प्रसाद के साथ। प्रेमचन्द स्पष्टतः गाँधी और उनके नेतृत्व में चल रहे राष्ट्रीय आन्दोलन के साथ थे तो प्रसाद उस सांस्कृतिक-दार्शनिक परम्परा और करवटें लेते इतिहास के साथ जिसे

पश्चिम के बुद्धिवाद और साम्राज्यवाद से लड़ना था। प्रसाद का साहित्य निश्चय ही उस तात्कालिकता की अभिव्यक्ति नहीं कर रहा था जिसकी पहचान मैथिलीशरण गुप्त और प्रेमचन्द करा रहे थे। फिर भी प्रेमचन्द के अनुभावों की जमीन अत्यन्त गहरी थी और निरन्तर विकसनशीन और गतिशील भी।

प्रसाद और प्रेमचन्द के बीच की यह दूरी घटी 'कंकाल' जैसे अति महत्त्वपूर्ण उपन्यास के बाद, जब प्रसाद-निराला के निपट विरोधी पत्रकार और 'विशाल भारत' के सम्पादक बनारसीदास चतुर्वेदी को लिखे 14.11.1932 पत्र में प्रेमचन्द ने लिखा—"आपको 'कंकाल' अच्छा नहीं लगता, मुझको लगता है, बात खतम। प्रसाद जी बहुत अच्छे आदमी हैं। अनायास उनसे मुहब्बत हो जाती है। अब जब कि मैं उन्हें पास से देख रहा हूँ तो मैं पाता हूँ कि साल भर पहले मैं उनके बारे में जो सोचता था वह उससे काफी विपरीत हैं।" यही प्रेमचन्द उन्हीं बनारसीदास को 24 अगस्त, 1933 के एक पत्र में लिखते हैं—'नन्ददुलारे वाजपेयी में भी अद्‌भुत व्याख्यात्मक विश्लेषणात्मक शक्ति है।' इसी क्रम में उनका एक वाक्य भी है—'रोमाण्टिक स्कूल के प्रसाद हैं।' इस पृष्ठभूमि पर जब हम प्रेमचन्द और नन्ददुलारे वाजपेयी के विवाद-संवाद को देखते हैं तब इस निष्कर्ष पर भी पहुँचते हैं कि दोनों ही क्रमशः अपनी प्रारम्भिक धारणाओं से मुक्ति पाते और एक दूसरे के प्रति अधिक निकट आते दिखायी देते हैं। और यह केवल व्यक्तिगत स्तर पर नहीं रचनात्मक लेखन के स्तर पर भी घटित होता रहा।

'प्रेमचन्द जी का साहित्य' (16 अक्टूबर, 1932) शीर्षक अपने 'भारत' वाले लेख की शुरुआत श्री वाजपेयी कुछ यों करते हैं—'आज आप सामयिक पत्रों में जो चर्चा पढ़ चुके हैं कल प्रेमचन्द जी की कहानियों में उसे दुबारा पढ़िये।...प्रेमचन्द जी की कहानियाँ उन्हीं का दूसरा रूप हैं। यह दूसरा रूप प्रदान करने में कहानी की तकनीक खड़ी करने में प्रेमचन्द जी को कमाल हासिल है यह मुक्त कण्ठ से प्रत्येक समीक्षक स्वीकार करेगा।' वाजपेयी यहीं थमते नहीं, आगे के उनके वाक्य हैं—"हमारा तो अनुमान है कि इतने सीमित क्षेत्र में इतना अधिक साहित्य-निर्माण करना प्रेमचन्द जी के कला-कौशल का निश्चित प्रमाण है और हम तो यह नहीं जानते कि संसार के किस दूसरे उपन्यासकार ने इतनी थोड़ी सामग्री से इतना विशाल साहित्य-सृजन किया है।" वाजपेयी यह भी कहते हैं कि देश के वातावरण में जो साम्प्रदायिक आँधी राष्ट्रीय आन्दोलन के रूप में चल रही है और जो एक अर्द्धजाग्रत-अर्द्धनिद्रित सामूहिक चेतना कभी धूमवत् कभी अग्निशिखा-सी दिखायी दे जाती है, यह उस आँधी की ही प्रज्ज्वलित की हुई है।

निस्सन्देह वाजपेयी यहाँ प्रेमचन्द की कहानी-कला की सीमाएँ गिनाते हैं और उनसे एक गम्भीर जीवन-दर्शन की माँग करते हैं। पर एक लेखक के बतौर वे प्रेमचन्द की ईमानदारी की भरपूर तारीफ करते हैं—'वे भीतर-बाहर एक हैं। उनकी रचनाधारा उनकी मनोधारा के सर्वत्र सामानान्तर बहती है।' प्रेमचन्द की राष्ट्रीयता को रेखांकित करते हुए अपने उसी लेख में वे लिखते हैं—"इस राष्ट्रीयता के रंग में शराबोर होकर प्रेमचन्द जी की साहित्यकला रंजित हुई है। प्रेमचन्द जी की आत्मा में इसी का प्रकाश है...।" लेख का समापन वे इन पंक्तियों से करते हैं—"हमारे चारों तरफ जो दुःखपूर्ण परिस्थिति छायी हुई है उसी के भीतर से आशा की झलक दिखाना प्रेमचन्द जी की मुख्य कला है।"

हिन्दी साहित्य : बीसवीं शताब्दी (1942) में प्रेमचन्द पर लिखते हुए वाजपेयी जी शुरुआत करते हैं—'प्रेमचन्द जी की निन्दा-स्तुति तो एक अच्छी मात्रा में की जा चुकी है पर उनकी साहित्य-कला का अध्ययन करके अभी किसी ने नहीं देखा। यह प्रेमचन्द जी का दुर्भाग्य है कि वे हिन्दी के ऐसे युग में उत्पन्न हुए हैं जिसने उन्हें उपन्यास सम्राट् की उपाधि दे रखी है, पर शास्त्रविधि से उनका अभिषेक नहीं किया।' वाजपेयी जी सम्भवतः पहले व्यक्ति हैं जो कथाकार प्रेमचन्द का तीखा विश्लेषण करते हैं, लगभग उनके स्थापित गौरव को ध्वस्त-सा करते हुए किन्तु इन पंक्तियों के साथ—"लोग कहते हैं, समय ने प्रेमचन्द जी का साथ दिया है, पर हम ऐसा नहीं समझते। सामयिक परिस्थिति में प्रेमचन्द जी को जो प्रसिद्धि मिली है, उससे अधिक के वे अधिकारी थे। वास्तविक बात यह है समय ने प्रेमचन्द जी का साथ उतना नहीं दिया, जितना प्रेमचन्द ने समय का साथ दिया है।"

सच तो यह कि ये दोनों लेखक जिस युग की उपज थे, उसमें वैचारिक मतभेदों को व्यक्तिगत शत्रुता के आधार पर भुनाने की राजनीति तब तक आविष्कृत नहीं हुई थी। न ही इतनी मूल्य-भ्रष्टता हावी थी जितनी कि आज वह बदबू मार रही है। वह गाँधी का जमाना था और लोगों में आज जैसी समझदारी और चतुराई आयी नहीं थी। इसीलिए प्रेमचन्द का मन भी साफ होता गया और नन्ददुलारे वाजपेयी का भी। न केवल साफ बल्कि दोनों ही रचनात्मक उत्कर्ष और उदात्तता की ओर निरन्तर बढ़ते रहे। प्रेमचन्द ने कई एक उपन्यास 1931-32 के आस-पास और बाद में लिखे। गबन और गोदान इन्हीं में आते हैं। वाजपेयी भी इसी क्रम में यह मंजूर करते चले हैं कि उनके उपन्यासों का जो 'अत्यधिक सबल पक्ष' है उसका आभास उन्हें कुछ समय बाद हो सका। वे यह कहने का भी साहस दिखाते हैं कि 30-32 में उनकी दृष्टि प्रेमचन्द को परिधि पर सक्रिय लेखक के रूप में देख रही थी जिसके केन्द्र में थे प्रसाद, निराला और पन्त। उनका हू-ब-हू वाक्य ऐसा है—'यहाँ तक कि प्रेमचन्द जैसे लेखक को भी

में स्वतन्त्र पार्श्वभूमि नहीं दे सका हूँ।' (निकष, नया साहित्य : नये प्रश्न, पृष्ठ-4) यही आलोचक 1955 में लिखता है—'उनका सबल पक्ष है भारतीय परिस्थितियों और विशेषकर भारतीय ग्रामों का उनका विशाल अनुभव और उससे भी बढ़कर ग्रामीण जन-समाज के प्रति उनकी अपार सहानुभूति।' प्रसाद और प्रेमचन्द को बीसवीं शताब्दी का शीर्ष स्थानीय लेखक मानते हुए वे कहते हैं कि इन 'लेखकों की कृतियों के अनुशीलन से, मेरी साहित्यिक और विवेचनात्मक अभिज्ञता बढ़ी है, यह निर्देश करना आत्मश्लाघा या अनुचित प्रशंसा नहीं युग-विशेष का उदात्त समापन भी मानते हैं।

1950 में आधुनिक साहित्य की भूमिका लिखते हुए जैनेन्द्र, इलाचन्द्र जोशी, अज्ञेय और अश्क आदि कथाकारों की चर्चा के प्रसंग में वे 'प्रेमचन्द की गौरवपूर्ण परम्परा' और उसके उत्तराधिकार का प्रश्न उठाते हैं। यह आजादी के बाद के नन्ददुलारे वाजपेयी हैं जो प्रेमचन्द के उपन्यासों के स्वस्थ, उल्लासपूर्ण और विकासोन्मुख भावों और विचारों को अन्य तमाम कथाकारों के लिए बाध्यताकारी मानते हैं। उनकी चिन्ता इस बात को लेकर बढ़ भी रही है कि लेखन में सामूहिकता घट रही है और विदेशी प्रभाव और विभेदक प्रवृत्तियों का बोलबाला हो रहा है। 'नये साहित्य का विकास' (1953) शीर्षक अपने एक व्याख्यान में उपन्यास का सन्दर्भ उठाते हुए वे उस समय के कथाकारों—जैनेन्द्र, अज्ञेय, इलाचन्द्र जोशी, भगवतीचरण वर्मा, उपेन्द्रनाथ अश्क आदि के लेखन को रेखांकित करते हुए फिर यह कहते हैं—'ये सभी हमारे साहित्य के प्रथम श्रेणी के कलाकार हैं किन्तु उन्होंने प्रेमचन्द जी की जनवादी परम्परा को नहीं अपनाया है।' राहुल और यशपाल को 'जनवादी' स्वीकारते हुए भी वे कहते हैं—'परन्तु ये भी प्रेमचन्द की स्वस्थ ऊँचाइयों पर अब तक नहीं पहुँचे हैं। इन दोनों में प्रेमचन्द जी की महान् आस्था की कमी है।'

'नये उपन्यास' (नया साहित्य : नये प्रश्न) शीर्षक अपनी एक अन्य समीक्षा में वे फिर प्रेमचन्द की ओर लौटते हैं और उन्हें मार्गदर्शी कथाकार निरूपित करते हुए लिखते हैं—'प्रेमचन्द को हम पीछे छोड़ आये, यह दावा हम उसी दिन कर सकेंगे जिस दिन उससे बड़ी मानवीय संवेदना हमारे बीच प्रकट होगी। उसके बाद ही हम कह सकेंगे कि प्रेमचन्द का महत्त्व ऐतिहासिक है।' वाजपेयी जी कलावादियों और रूढ़ यथार्थवादियों पर करारी टिप्पणी करते हुए यह भी लिखते हैं कि 'प्रेमचन्द की और हमारी दृष्टि में यह अन्तर होता जा रहा है कि प्रेमचन्द को मानवता से प्रेम था, हम केवल मानवता की प्रगति चाहते हैं। हमने आख्यान साहित्य को प्रेमचन्द जी से आगे बढ़ाया है लेकिन केवल 'टेकनीक' की दिशा में साहित्यकार की संवेदना को उसकी मानवीय चेतना को-हमने अधिक विकसित या प्रसारित नहीं किया है।'

वाजपेयी जैसे आलोचक के पाठक बखूबी जानते हैं कि बीसवीं सदी के तीसरे-चौथे दशक से ही वे साहित्य का प्रमुख धर्म राष्ट्रीयता मानने लगे थे। किन्तु यह वह आन्दोलनी सतही राष्ट्रीयता नहीं थी जिसकी अभिव्यक्ति कुछ जोशीले आन्दोलनकारी कवि और लेखक कर रहे थे। वे मानते थे कि राजनीति की तरह साहित्य भी तात्कालिक और प्रत्यक्ष गतिविधि नहीं है। उनके ही शब्द हैं—'इतनी प्रत्यक्षता' 'काव्य-साहित्य के लिए लाभकर नहीं होती।' आगे के वाक्य हैं—'साहित्य कोरी राजनीति नहीं है न वह राजनीतिक भावना का उच्छ्‌वास-मात्र है।'

आधुनिक साहित्य-भूमिका से जिसके कारण आज पुरानी सदियों की शृंखलाओं को तोड़ने का उपक्रम किया जा रहा है वियोग नहीं, संयोग युग-धर्म बन रहा है। हिन्दू, मुसलमान, ईसाई नवयुवक अधिकाधिक एक होकर धर्म के व्यापक पहलुओं की ओर खिंचते दीख पड़ते हैं'... और 'भविष्य में भी हिन्दुस्तान का नाम बाकी बचाये रखने के लिए, जी-जान से प्रयत्न कर रहे हैं।'

यह वह 'राष्ट्रीयता है जिसमें भारतीय भूमि और परिवेश से प्रेरणा ली गयी हो तथा समस्त राष्ट्र के एकीकरण और उन्नयन की सम्भावना निहित हो। जिसमें प्रत्यक्ष राष्ट्र का सक्रिय और गम्भीर जीवन विशिष्ट ऐतिहासिक अनुभवों और जातीय दृष्टि से युक्त होकर न केवल राष्ट्रीय बल्कि सार्वभौमिक जीवन के लिए भी उपादेयकारी हो। वाजपेयी वस्तुतः ये बातें उस स्थायी और श्रेष्ठ साहित्य को लक्ष्य कर रहे हैं जिसका उदाहरण प्रेमचन्द, प्रसाद और निराला जैसे सर्जक अपनी सर्जना से प्रस्तुत करते हैं।

'आलोचना' पत्रिका के सम्पादक के रूप में 1957 में रेणु के 'परती-परिकथा' को पढ़ चुकने के बाद 'नये उपन्यास' शीर्षक सम्पादकीय में श्री वाजपेयी ने लिखा 'इसे पढ़कर समाप्त करने पर हमारे समक्ष कोसी अंचल की सम्पूर्ण प्राकृतिक और मानवीय दृश्यावली ही नहीं झलक उठती बल्कि उस दृश्यावली के साथ कलाकार की अप्रतिहत और अदम्य आस्था और अन्तर्दृष्टि भी झाँकने लगती है। ऐसी रचनात्मक दृष्टि और प्रतिभा से समन्वित कोई कृति हिन्दी में कदाचित् वर्षों में प्रकाशित नहीं हुई। उनके शब्दों में रेणु हिन्दी उपन्यास का नया परिप्रेक्ष्य लेकर आये हैं। यहीं श्री वाजपेयी फिर याद करते हैं—'प्रेमचन्द के उपन्यास राष्ट्रीय चेतना से सम्पन्न हैं। प्रेमचन्द के पश्चात् उसी राष्ट्रीय पैमाने का उसी सशक्त सर्जना शक्ति का दूसरा लेखक हिन्दी उपन्यास क्षेत्र में शायद कोई नहीं था। अब हमारी दृष्टि रेणु की ओर जा सकती है।' इन्हीं शब्दों के आगे के शब्द लिखते हुए 'कला का जोखिम' में निर्मल वर्मा ने रेणु को लेकर लिखा—'कलात्मक विजन' और क्रान्ति दोनों की पवित्रता उनकी समग्र दृष्टि में निहित है...एक ऐसी सम्पूर्णता जो समझौता नहीं करती, भटकती नहीं, सत्ता के टुकड़ों पर कोई सिद्धान्तों की आड़ में अपने को दूषित नहीं करती। यही निर्मल वर्मा यह भी लिखते

हैं—'कितनी विडम्बना थी कि मार्क्सवादी आलोचक जिन्होंने सबसे पहले रेणु जी के महत्त्व को पहचानना था, अपने थोथे नारों में इतना आत्मलिप्त हो गये कि जनवादिता की दुहाई देते हुए सीधे अपनी नाक के नीचे जीवन्त जनवादी लेखक की अवहेलना करते रहे।' निर्मल वर्मा यह सब 1977 में कह पाये। वाजपेयी जी ने इसे ऐतिहासिक तौर पर 1957 में ही रेखांकित कर दिया था। प्रसंग चूँकि प्रेमचन्द और आलोचक नन्ददुलारे वाज़पेयी का है इसलिए इतना ही कहना पर्याप्त होगा कि वाजपेयी जी के तटस्थ और वस्तुपरक विवेचन की जितनी जरूरत समकालीन हिन्दी आलोचना को आज है उतनी ही उस ईमानदारी की भी जो प्रेमचन्द जी में थी और आलोचक वाजपेयी में भी। शायद ही इसमें कोई सन्देह हो।

# नन्ददुलारे वाजपेयी की निगाह में कथाकार राहुल सांकृत्यायन

अपने संस्मरण 'बौद्धिक आभिजात्य की राजस मुद्रा' में हिन्दी के ललित गद्य-शिल्पी और 'कल्पतरु की उत्सवलीला' जैसे महत्त्वपूर्ण जीवनी-ग्रन्थों के स्रष्टा कृष्णबिहारी मिश्र, महापण्डित राहुल सांस्कृत्यायन और आचार्य नन्ददुलारे वाजपेयी के सम्बन्धों की याद करते हुए लिखते हैं—""मैं पहली बार सन् 1957 में सागर गया था तो उनके कमरे की दीवाल पर एक ही चित्र देखा था जो राहुल जी के साथ वाजपेयी जी का था। जिस विवेक के आग्रह से एम.ए. के छात्र नन्ददुलारे वाजपेयी ने हिन्दी विभाग में छायावाद पर वक्तव्य देने के लिए निराला जी को आमन्त्रित किया था उसी विवेक से उन्होंने राहुल जी, जयप्रकाश नारायण और रामवृक्ष बेनीपुरी को आचार्य की हैसियत से सागर विश्वविद्यालय में विभिन्न अवसरों पर आमन्त्रित किया था।''

वाजपेयी जी के प्रारम्भिक जीवनीकार उमेश मिश्र ने एक और हवाला दिया है जिससे महापण्डित राहुल और नन्ददुलारे वाजपेयी की बौद्धिक सन्निकटता का पता चलता है। काशी प्रगतिशील लेखक संघ के अध्यक्ष नन्ददुलारे वाजपेयी के कार्यकाल में एक बार जब 'लोकभाषा बनाम राष्ट्रभाषा' का प्रश्न उठा और रूसी आदर्श पर लोकभाषाओं को एक समन्वित राष्ट्रीय भाषा पर तरजीह देने की कोशिश की गयी तब वाजपेयी जी ने अपने वक्तव्य में वही लाइन लगभग पकड़ी, जो 1947 के हिन्दी साहित्य सम्मेलन में मुम्बई अधिवेशन के अध्यक्ष राहुल जी ने पकड़ी थी। राहुल जी एक व्यापक राष्ट्रीय भाषा के पक्षधर थे जो तीर्थयात्रियों से लेकर सुदूर अहिन्दी प्रान्तों के साधु-सन्तों की अपनी भाषा रही है। यानी कि एक सीधी लोकव्यवहारवाली जनभाषा।

यही राहुल जी अपने उसी 1947 के भाषण में समालोचना का प्रसंग आने पर लिखते हैं—'आज हमारे सामने आधे दर्जन समालोचक हैं, जो अधिकांश तरुण हैं; किन्तु इतने ही समय में उन्होंने जो लिखा है, उनसे हमें आशा होती है...।'

अब तक वाजपेयी जी आलोचक के रूप में प्रतिष्ठित हो चुके थे। उनकी क्रान्तिकारी आलोचना-पुस्तक 'हिन्दी साहित्य : बीसवीं शताब्दी' हिन्दी साहित्य सम्मेलन प्रयाग से छपकर 1942 में आ चुकी थी। 'प्रयोगवाद' पर उनका महा आलेख अपनी आक्रामक उपस्थिति से धूम मचाये हुए था। राहुल जी की निगाह ही नहीं, वाजपेयी जी के प्रति उनका व्यक्तिगत आकर्षण भी कई साहित्यिक प्रश्नों को लेकर बढ़ चुका था। इस आकर्षण का एक और कारण वह प्रगतिशील साहित्य बोध था जिसके दोनों हामीकार थे।[1]

वाजपेयी जी तो शुरू से इस पार या उस पार वाली लड़ाई लड़नेवालों में से थे। सम्भवतः उनके व्यक्तित्व का यह वह खास तत्त्व था जो उन्हें निराला जैसे कवियों के निकट ले आया और राहुल जैसों को भी। अपने प्रारम्भिक दिनों में ही कवि मित्र निराला को पत्र लिखते हुए वाजपेयी ने एक यह वाक्य भी लिखा—'अपने राम तो मर मिटेंगे।' उनका यह भाव केवल निराला को लेकर रहा हो, ऐसा नहीं। वह राहुल जी को लेकर भी उतना ही था। उमेश मिश्र जीवनी में लिखते हैं—'उनकी राष्ट्रीय भावना अत्यन्त बलवती है; परन्तु उनकी राजनीतिक प्रवृत्ति भारतीय राजनीति के वामपक्ष के अधिक समीप कही जा सकती है। यद्यपि डॉ. राजेन्द्र प्रसाद और डॉ. राधाकृष्णन के साथ उनका काफी साहचर्य रहा है और वे उन्हें सम्मान की दृष्टि से देखते हैं; परन्तु उनका निजी झुकाव आचार्य नरेन्द्र देव, श्री जयप्रकाश नारायण और राहुल सांकृत्यायन के प्रति अधिक रहा है, जिन्हें उन्होंने सागर विश्वविद्यालय में व्याख्यान देने के लिए बुलाकर उन दिनों खतरा भी मोल लिया था।'

श्री उमेश मिश्र 'खतरे' को सुस्पष्ट तो नहीं करते किन्तु इसका संकेत तो करते ही हैं कि कुछ-न-कुछ ऐसा था जरूर, बावजूद जब वाजपेयी जी को दोनों में से किसी एक को चुनने का प्रश्न उठा तो उन्होंने राहुल जी के रूप में ही खतरे को चुना।

एक आलोचक के रूप में वाजपेयी जी राहुल जी को किस निगाह से देखते थे, चर्चा बाद में करूँगा किन्तु जिस प्रकार के लेखक-व्यक्तित्वों को लेकर वे प्रायः सोचा करते थे उनमें से राहुल एक थे। इसका सबसे बड़ा प्रमाण मुक्तिबोध के सन्दर्भ में लिखी वाजपेयी जी की इन कुछ पंक्तियों में दर्ज है। नयी कविता और उसके कवि-व्यक्तित्वों पर अपनी समीक्षात्मक दृष्टि रेखांकित करते हुए वाजपेयी जी लिखते हैं—'कुल मिलाकर मुक्तिबोध, निराला और राहुल की जाति के लेखक और कवि हैं। परन्तु काव्य

1. अभिनव कदम—राहुल विशेषांक सं. जयप्रकाश धूमकेतु-मऊ (उ.प्र.)

की भूमिका पर वे निराला की उदारता और सन्तुलन-कौशल से वंचित हैं। गद्य लेखन में वे राहुल के स्तर पर नहीं पहुँचते।

इन उदाहरणों से साफ हो जाता है कि श्री वाजपेयी को अपने समकालीनों में जिन सर्जकों का व्यक्तित्व निरन्तर आकृष्ट और उत्साहित करता रहा है उसमें निराला और राहुल उल्लेखनीय हैं। इसका एक अन्तर्निहित कारण वह स्वच्छन्दता हो सकती या कही जा सकती है जो इन दोनों ही लेखकों की प्रचण्ड बौद्धिकता को नयी रचनात्मक ऊँचाइयाँ दिया करती थी। खुद आलोचक वाजपेयी को जब शास्त्रीय बन्धनों और स्वच्छन्द उड़ानों के बीच में से किसी एक को चुनने का अवसर आता, वे स्वच्छन्दता को ही चुना करते। यही आधारभूत सहृदयता उनके आलोचक की विशिष्ट पहचान थी। न होती तो सम्भव था वे वाद, विचारधारा और वास्तविक जीवन-अनुभवों में से अन्तिम के साथ खड़े क्यों मिलते। जीवन-बोध और शास्त्रबोध में से जब भी मौका आता वे जीवन की गतिशीलता और अनुभवपरकता को चुना करते।

वाजपेयी जी के यहाँ लेखक राहुल की चर्चा एक उपन्यासकार के रूप में आयी है। 'आधुनिक साहित्य', 'नया साहित्य : नये प्रश्न' और 'राष्ट्रीय साहित्य तथा अन्य निबन्ध' जैसी कृतियों में वे कई-कई बार कथाकार राहुल को सन्दर्भ में लाते और चर्चा करते हैं। किन्तु उतना ही यह भी सच है कि वे राहुल पर कोई स्वतन्त्र आलोचनात्मक आलेख प्रस्तुत नहीं करते। हाँ 1955 में प्रकाशित होनेवाली अपनी आलोचना पुस्तक 'नया साहित्य : नये प्रश्न' में वे अवश्य एक महत्त्वपूर्ण पैराग्राफ सम्मिलित रूप से यशपाल और राहुल पर दोनों लिखते हैं, जो इस प्रकार हैं—

'यशपाल और राहुल सांकृत्यायन दो प्रगतिशील साहित्यिक हैं, जो इस युग में महत्त्वपूर्ण कार्य कर रहे हैं।...वाजपेयी जी के शब्दो में ऊपर के सभी विवेचित साहित्यिकों (जिनमें जैनेन्द्र, अज्ञेय और यथार्थवादी नाटककार लक्ष्मीनारायण मिश्र आते हैं) की अपेक्षा ये दोनों प्रसाद और प्रेमचन्द की परम्परा के अधिक समीप हैं।' बल्कि 'कई अर्थों में ये उस परम्परा को आगे भी बढ़ाते हैं। फिर भी ये दोनों विशिष्ट लेखक आवश्यकता से अधिक व्यंग्य, विडम्बना और विध्वंस के हिमायती हैं। इनकी कृतियों की रचनात्मक क्षमता इन्हीं माध्यमों से प्रकट हुई है। 'दूसरी बात यह है कि 'वैज्ञानिक यथार्थवाद' के सूत्रों में बँध जाने के कारण ये दोनों ही लेखक, विशेषतः यशपाल जी, एक दी हुई नजर से ही दुनिया को देखते हैं।'

यशपाल जी के साथ 'विशेषतः' का प्रयोग कर वाजपेयी जी जैसे अपने मित्र राहुल के साथ कोई सद्भावना-सी प्रकट कर रहे हों। या फिर यह कहना चाह रहे

हों कि यशपाल की तुलना में राहुल किंचित् स्वाधीन हैं। वे उस मतवाद और सैद्धान्तिकता के उतने भक्त नहीं हैं जितने कि यशपाल।

यह लिखने के बाद वे फिर दोनों के बारे में यह सम्मिलित बयान करते हैं—'वह ताजगी जो किसी लेखक में अपने अनुशीलन से आती है, इनमें शत-प्रतिशत कहाँ से आये। फिर ये दोनों लेखक मनुष्य के नैतिक व्यक्तित्व को कोरमकोर अर्थाश्रित मानते हैं और क्षण-क्षण में उसकी खिल्ली उड़ाने को तैयार रहते हैं। आलिंगन-चुम्बन व्यभिचार और मांस-मदिरा के नज्जारे इनके उपन्यासों में जितने अधिक हैं किसी भी बड़े लेखक में शायद ही हों। इन्हीं कारणों से हमारे ये दो प्रतिभाशाली लेखक हिन्दी साहित्य को ईप्सित विकास की ठोस भूमि पर नहीं पहुँचा सके हैं...।'

वाजपेयी जी राहुल जी को उनके यथार्थवादी ढंग के चलते कभी यशपाल के साथ ब्रैकेट करते हैं तो कभी उनकी ऐतिहासिक कथावस्तु के कारण वृन्दावनलाल वर्मा के साथ।

राहुल को एक खास प्रकार की विचारधारा का लेखक मानते हुए वाजपेयी जी अपने निबन्ध 'नवीन कथा-साहित्य : विचारपक्ष' में लिखते हैं—'हिन्दी के नये उपन्यास और कहानी-साहित्य में आधार रूप से उन्हीं से सम्बन्ध रखनेवाली भावनाएँ, शैलियाँ और विचारधाराएँ काम कर रही हैं—उनमें से एक है मानव-विकास की ऐतिहासिक और वैज्ञानिक व्याख्या करनेवाली विचारधारा। श्री भगवतशरण उपाध्याय और श्री राहुल सांकृत्यायन इसी वर्ग के कथा लेखक हैं।' वाजपेयी जी के शब्दों में 'श्री राहुल ने 'वोल्गा से गंगा' में छह सौ ईसवी पूर्व से लेकर 1942 ई. तक के मानव-समाज के ऐतिहासिक, आर्थिक, राजनीतिक प्रवाहों का चित्रण बीस कहानियों में किया है। 'सिंह सेनापति' और 'जय यौधेय' आदि में उन्होंने ऐतिहासिक विकास की अपेक्षा आर्थिक संघर्ष की समस्या प्रधान कर दी है। राहुल जी के उपन्यास और उनकी कहानियाँ केवल एक तथ्य विशेष का दृष्टान्त बनकर रह जाती हैं।

यही वाजपेयी 'नये साहित्य का विकास' शीर्षक अपनी समीक्षा में फिर लिखते हैं कि राहुल और यशपाल (इस बार राहुल पहले और यशपाल पीछे हैं) जैसे दो जनवादी या मानवतावादी लेखक अवश्य हैं परन्तु ये भी प्रेमचन्द की स्वस्थ ऊँचाइयों पर अब तक नहीं पहुँचे हैं। उनके अनुसार 'इन दोनों में प्रेमचन्द जी की महान् आस्था में कमी है।' ये उस कोटि के संवेदनशील लेखक नहीं हैं, जिस कोटि के प्रेमचन्द थे।

वाजपेयी जी इन दोनों लेखकों की कुछ अन्य त्रुटियाँ भी गिनाते हैं। उनके अनुसार 'इनके उपन्यासों में एक अजीब सूखापन आ गया है...राहुल जी और यशपाल दोनों ही लेखकों की एक दूसरी त्रुटि यह है कि वे अपनी कृतियों में कलात्मक सज्जा लाने

की चेष्टा नहीं करते, जिसके कारण वे कृतियाँ बहुत-कुछ ऊबड़-खाबड़ और कहीं-कहीं असाहित्यिक भी दिखायी देती हैं। फिर भी इन दोनों लेखकों के दूसरे महान् गुण उनके इन दोषों को बहुत-कुछ ढक लेते हैं।' तथापि इन दोनों में बहुत-कुछ ऐसा है जो वाजपेयी जी के शब्दों में इन्हें 'प्रेमचन्द का उत्तराधिकारी बनाता है।'

राहुल जी को लेकर वाजपेयी जी यहीं थम नहीं जाते। 1957 में आलोचना के अपने सम्पादकीय में हिन्दी उपन्यास के विकास पर वे फिर लौटते हैं—'नये उपन्यास' शीर्षक से। इस बार यशपाल और राहुल अलगा दिये गये हैं। यशपाल में उन्हें हिन्दी उपन्यास की एक विशिष्ट-शैली दिखायी देती है। उनके लेखन में 'जीवन की व्याप्ति और सामाजिक जागरूकता' के पोषक तत्त्व दिखायी देते हैं। तथापि उनकी भाषा और अभिव्यंजना वाजपेयी जी को अनगढ़ और रुक्ष प्रतीत होती है। यहाँ तक कि उनकी कृतियों के संगठन के विषय में भी इससे बहुत भिन्न बात उनके अनुसार नहीं कही जा सकती।

इस निबन्ध में वे अपने मित्र, कथाकार राहुल को, लेखकों के उस वर्ग में ले जाकर खड़ा कर देते हैं जिनके लेखन का उद्देश्य बहुत-कुछ उपयोगितावादी है। ऐसे लेखकों के बारे में वे तर्क देते हैं—'उनकी लेखनी का बल उनकी कलात्मकता को एक हद तक अपवाहित कर देता है।' उनके शब्द हैं—'इस श्रेणी में राहुल सांकृत्यायन की गणना हो सकती है, जिनके ऐतिहासिक उपन्यास हिन्दी में अपना स्थान रखते हैं। इनसे बहुत-कुछ भिन्न और साहित्यिक दृष्टि से अधिक प्रौढ़ ऐतिहासिक उपन्यासकार वृन्दावनलाल वर्मा हैं जिनकी कृतियों में राष्ट्रीय चेतना और रोमांस का सुन्दर सम्मिलन हुआ है।' लेकिन श्री वाजपेयी अपनी बात यहीं समाप्त नहीं करते। आगे का वाक्य भी वे लिखते हैं—'परन्तु राहुल की लेखनी की-सी शक्तिमत्ता कदाचित् उनमें नहीं है।'

यह लक्ष्य करने योग्य है कि वे न तो राहुल को यशपाल की तरह 'मतवादी' मानने को तैयार हैं, न वृन्दावनलाल वर्मा की तरह का रोमांसवादी तथापि राहुल उन्हें एक अपरिहार्य और अनन्य सर्जक लगते हैं और जनवादी लेखक भी। प्रेमचन्द के उत्तराधिकार की परम्परा में आनेवाले और कलम के धनी भी।

# आचार्य वाजपेयी के आलोचनात्मक संकल्प

जयशंकर प्रसाद वाली अपनी पहली किताब में ही उन्होंने अपने पाठकों को आगाह और समानधर्मियों को सूचित कर दिया था कि—"मैं साहित्य में रचनाकार की अन्तःप्रेरणा का अनुसन्धान करने तथा उसके कलात्मक स्वरूप का परिचय देने में ही व्यस्त रहा हूँ। इसी के साथ-साथ संक्षेप में बाह्य स्थितियों का दिग्दर्शन करा देना और उन पर रचनाकार की प्रतिक्रिया दिखा देना बस समझता हूँ। फलतः मुझे विस्तार में जाने की आदत नहीं है। रचयिता की चुनी हुई विशेषताओं और प्रवृत्तियों का यथासम्भव थोड़े में उल्लेख कर देना मेरे लिये पर्याप्त है। इसलिए यत्र-तत्र इंगित-शैली से काम लिया गया है।"

इसी क्रम में वे पाठकों से यह भी अनुरोध करते हैं कि वे "पुस्तक में यत्र-तत्र सूत्र रूप से कही गयी बातों को पैनी दृष्टि से पकड़ने की चेष्टा करें और साथ ही व्यास-शैली में बड़ा पोथा न लिख सकने को मेरी अक्षमता को क्षमा कर दें।"

अपने प्रौढ़ तो चुके दिनों में इसी सन्दर्भ में उन्होंने एक और खास बात कही कि सामयिक साहित्यिक परिवेश में समीक्षक के रूप में पण्डित-व्यक्तित्व वाले विद्वज्जनों का बाहुल्य हो रहा है किन्तु शुद्ध समीक्षक-व्यक्तित्वों की विरलता अखरने वाली है। यहीं वे एक और वेदनापूर्ण बात रेखांकित करते हैं कि साहित्य के सैद्धान्तिक और वैचारिक पक्षों पर बहुत कम काम हो पा रहा। बस, पश्चिम की सैद्धान्तिक समीक्षा से सम्बन्धित जो नये तथ्य आ रहे हैं, देश के समीक्षक प्रायः उन्हीं की आवृत्ति कर रहे हैं। फलतः साहित्यशास्त्र के सम्यक् विश्लेषण और उसके आधार पर नवीन साहित्यिक विचारणाओं का राष्ट्रीय भूमिका पर निर्माण नहीं हो पा रहा है। इसके कारणों का उल्लेख करते हुए वे यह कहने से भी परहेज नहीं करते कि—"नये समीक्षकों ने साहित्य की स्वदेशी परम्परा से क्रमशः सम्बन्ध-विच्छेद करके एकमात्र पश्चिम की ही नयी विवेचना को ही अपना लिया है। इस प्रकार नया साहित्य और नयी समीक्षा दोनों ही बहुत-कुछ विदेशी अनुकृति की दिशा में बढ़ते जा रहे हैं। भूले-भटके ही नये साहित्य पर कोई प्रौढ़ समीक्षा निकल पाती है।"

इसी सन्दर्भ में वे लेखकों से दो बातों का आग्रह भी प्रस्तुत करते है—पहली यह कि वे अपने लेखकीय दायित्व के अन्तर्गत एक प्रकार की समग्रता का समावेश करें। दूसरे अपने-अपने व्यक्तित्व में वह चारित्रिक गम्भीरता विकसित करें जिससे राष्ट्रीय संस्कृति का सुस्पष्ट स्वरूप विकसित हो सके।

इस 'राष्ट्रीय संस्कृति' शब्द को लेकर किसी प्रकार की गलतफहमी न पैदा हो इसलिए इसका अर्थ भी हमें ठीक से समझ लेना होगा। 'भारत की राष्ट्रीय संस्कृति' के विद्वान् लेखक एस. आबिद हुसैन की पुस्तक की भूमिका लिखते हुए सर्वपल्ली राधाकृष्णन लिखते हैं—"भारत का हजारों वर्षों का सांस्कृतिक इतिहास दर्शाता है कि एकता का मजबूत धागा, जो उसके जीवन की अनन्त विविधताओं में से होकर जाता है सत्ता समूहों के जोर देने या दबाव के कारण नहीं बुना गया, बल्कि भविष्यद्रष्टाओं की दृष्टि, सन्तों की चेतना, दार्शनिकों के चिन्तन और कवि कलाकारों की कल्पना का परिणाम है और केवल ये ही ऐसे माध्यम हैं, जिनका राष्ट्रीय एकता को व्यापक, मजबूत तथा स्थायी बनाने में उपयोग किया जा सकता है।" आगे की पंक्तियों में धर्मनिरपेक्षता जैसे अतिविवादास्पद पदों के सन्दर्भ में यह ध्यान दिलाने की भी कोशिश की गयी है कि धर्मनिरपेक्षता का अर्थ अधार्मिकता, नास्तिकता या भौतिक आराम पर जोर दिया जाना नहीं है। उसका अर्थ यहाँ है कि आध्यात्मिक मूल्यों की सार्वलौकिकता पर जोर दिया जाये, जिसे विभिन्न तरीकों से प्राप्त किया जा सकता है।

आचार्य वाजपेयी जिस राष्ट्रीय संस्कृति का आग्रह कर रहे हैं, उसका मूल्य उन मानवतावादी आदर्शों में कहीं है जो जाने-अनजाने हमारी अपनी जीवन-विधियों में परिलक्षित होते रहते हैं। केवल लेखकों से ही नहीं, उनका आग्रह उन समीक्षकों से भी है जो उनकी दृष्टि में अधिक गुरुतर भार का वहन करते हैं।

यहाँ तक पहुँचकर अगर हम उनके वैचारिक रवैये और शैली पर निगाह डालें तो कह सकते हैं कि एक सजग समीक्षक के रूप में वे स्वयं को उस समस्त परम्परा से जोड़ते हैं जिसे भारत की राष्ट्रीय परम्परा कह सम्बोधित किया और पहचाना जाता है। अकारण ही नहीं उनके उन दिनों के निबन्धों में 'राष्ट्रीय' शब्द की बहुतायत ही नहीं, वर्चस्व भी दिखायी देता है। इसे वे स्वयं भी एक स्थल पर सुस्पष्ट करते हुए लिखते हैं—"अपने केन्द्र में स्थित रहकर एक सचेतन प्राणी के समान उसे आत्मसात् कर ही हम उसका उचित और स्वस्थ उपयोग कर सकते हैं। वेद और उपनिषद् से लेकर बुद्ध और गाँधी तक भारतीय चिन्तन और जीवन-दर्शन अपनी ऊर्जा से विकसित और पुष्पित होता रहा है। इन सबको अपनी आत्मा में स्थान देकर अपने स्वतन्त्र चिन्तन से कुछ निर्माण करके ही हम बुद्धिवादी निर्माता और भारतीय लेखक होने का दावा कर सकते हैं।" इतना ही क्यों—"इस प्रक्रिया के द्वारा प्राप्य आधुनिकता ही हमारे

जीवन और साहित्य का वास्तविक संस्कार कर उसे सच्चे अर्थों में राष्ट्रीय कहलाने का गौरव प्रदान कर सकती है।''

जैसा कि उनका अन्दाज़ रहा है अपने को व्यक्त करने का, बुद्ध से लेकर गाँधी तक वे हमें उस परम्परा की याद दिलाते हैं जो तमाम तरह के मानव-विरोधी अतिवादों से बचकर चलती हुई मध्यमार्गी रही है। जिसमें विशाल करुणा, उदात्त अहिंसा और गम्भीर शील-सम्पदा रही है। जहाँ वर्ण, धर्म और जाति कोई पहचान नहीं है। अवैर और प्रेम जिसके सबसे ऊँचे आदर्श हैं। एक गाथा भी है—

*नहि वेरेन वेराणि सम्मन्तीह कुदाचनं।*

*अवेरेन च सम्मंति एस धम्मो सनन्तनो।।*[1]

गाँधी के मार्फत वे उस अद्यतनता की याद दिलाते हैं जिसमें सर्वसमावेशीकरण के साथ-साथ दरिद्रनारायण को समस्त लोक-चिन्तन के बीच केन्द्रीय प्रतिष्ठा दी गयी है। वैसे यह कोई एकदम से अभूतपूर्व बात और सोच भी नहीं है। समस्त मध्यकालीन साहित्य में, जिसे हम सन्त और भक्ति साहित्य कहते हैं—'दीनबन्धु' शब्द अति परिचित है। सन्तों और भक्तों का ईश्वर यही है। गाँधी हमारे समय में हमसे इसी दीनबन्धुता की माँग करते हैं। और यह तभी साबित होगी जब हमारी सोच ही नहीं, जीवन-व्यवहार में भी दरिद्रनारायण की दुर्दशा केन्द्र में होगी।

बुद्ध से गाँधी तक का आचार्य वाजपेयी का इशारा हमें इसी दिशा में ले जाता है। इन दोनों ने ही हमें सोचना तो सिखाया ही लोकोत्तर उदात्तता का दिग्दर्शन भी कराया। वाजपेयी का अपना समय भी कोई कम मुश्किल समय नहीं था। यूरोप अनेक प्रकार के जातीय संघर्षों और हिंसक प्रतिस्पर्द्धाओं से गुजर रहा था। उसके लिए वह बेहद उथल-पुथल का और अशान्त समय था। राष्ट्रीय साहित्य तथा अन्य निबन्ध' की 'साहित्य की राष्ट्रीय चेतना' शीर्षक भूमिका में वे लिखते हैं—''यूरोपीय संस्कृति आज एक बहुत बड़ी हलचल से होकर गुजर रही है। न केवल वहाँ के दार्शनिक विचार डाँवाँडोल हो रहे हैं बल्कि एक नयी प्रतिक्रिया में बहुत-से उलट-फेर होते जा रहे हैं...ऐसी स्थिति में हम कह सकते हैं कि यूरोप अपने पिछले सामाजिक आदर्शों को छोड़ चला है और वह नये जीवनतथता की खोज में है। प्रश्न यह है कि क्या उन व्यक्त आदर्शों को हम आज अपने समाज में और अपने साहित्य में अपनाने जा रहे हैं यदि नहीं तो हमारे आज के सामाजिक और साहित्यिक आदर्श क्या हो सकते हैं?

———————

1. पालि गाथा—अवैर और प्रेम ही धर्म के सनातन तत्त्व हैं।

इन सवालों को उठानेवाले आलोचक वे भले ही अकेले हों पर कवियों में प्रसाद तो पहले से रहे हैं। अपनी कविता 'अशोक की चिन्ता' में वे पहले से लिखते आ रहे थे—'भुनती वसुधा तपते नग/दुखिया है सारा अग-जग/' कामायनी में तकली पर सूत कातती श्रद्धा भी यही तो गा रही है—'इस झुलसते विश्व दिन की/ मैं कुसुम ऋतु रात रे मन!'

आलोचक वाजपेयी अगर बीसवीं सदी के सातवें दशक में पश्चिम में विकसित हो चुकी 'फाउस्टियन' कल्चर के व्यक्तिगत स्वातन्त्र्य की जगह सामूहिकता, उद्दामलालसा की जगह आत्मनियन्त्रण और आत्ममर्यादा, भौतिक विकास और भोगवाद के समानान्तर आध्यात्मिक जीवन-मूल्यों की माँग कर रहे थे तो इसीलिए कि वे एक विरासत-सचेत लेखक थे। न कि नये-नये वादों और आन्दोलनों के अन्धड़ में आँख बन्दकर बह जानेवाले नहीं? गाँधी को बुर्जुआ और विकास-विरोधी मान प्रचारित करनेवालों को आज अपने-आपसे क्यों नहीं पूछना चाहिए कि वे अपनी क्रान्तिकारी बातों को भारतीय जन-गण तक पहुँचाने में असफल क्यों रहे? क्यों सारा भारत आज भी गाँधी को ही अपना निर्विवाद मार्गदर्शक मानता है? सवाल यह भी है कि गाँधी का क्या कोई रिश्ता बुद्ध से भी है?

प्रसंगवश यहाँ यह सुस्पष्ट कर देना मुझे आवश्यक लगता है कि वाजपेयी जी जिस आध्यात्मिकता की बात छायावाद के जमाने से करते आ रहे हैं उसका शायद ही कोई सम्बन्ध कर्मकाण्डपरक धार्मिकता से हो। साहित्य चूँकि बुनियादी तौर पर कोरी बुद्धि की कमाई नहीं हैं बल्कि सम्पूर्ण अस्तित्व और प्राणसत्ता का सूक्ष्म अर्जन है, वाजपेयी इसी को आध्यात्मिक पद से अभिहित कर रहे हैं। मेरे ही एक प्रश्न के उत्तर में उन्होंने कहा—"साहित्य की रचना और संवेदना एक मानसिक पदार्थ है, जो जितनी गम्भीर होगी उतनी ही आध्यात्मिक कही जायेगी। इस दृष्टि से आप मुझे गम्भीर संवेदनाओं का प्रेमी कह सकते है। यदि अध्यात्म से आशा कुछ और हो और आध्यात्मिक साँचे से मुझे किसी मतवाद की सीमा में रखने का प्रयत्न किया जा रहा हो तो मैं इसे स्वीकार नहीं कर सकता।... मैंने भी किसी अध्यात्मवाद को एकान्ततः नहीं पकड़ा है।"

यहीं मैंने एक सवाल यह भी किया था कि साहित्य और समाज के रिश्तों पर आप सोचते क्या हैं? जवाब में उनका कहना था कि "यों मैं सामाजिक जीवन-सापेक्ष ही नहीं, राष्ट्रीय और जातीय भूमिका के साहित्य का भी आकांक्षी हूँ। मेरा दृष्टिकोण देश की मिट्टी से सुवासित साहित्य के समर्थन का है।"

एक आलोचक के रूप में उन्होंने बीसवीं शताब्दी की पहचान बने जिन चार लेखकों को अपनी प्रवर सूची में प्रतिष्ठा दी उनमें 'बृहत् सामाजिक अन्याय के उद्‌घाटक' प्रेमचन्द 'काव्य को लोकमंगल की कसौटी' कसनेवाले आचार्य रामचन्द्र शुक्ल और उन्मुक्ति की आकांक्षा, मानवीय व्यक्तित्व के प्रति सम्मान तथा विश्व के समस्त जन-समाज को एकान्वित करनेवाली मानवतावादी भूमिका रचनेवाले कवि प्रसाद और निराला हैं।

मार्क्सवादी आलोचकों में एक रामविलास जी को अगर अपवाद मान लें तो प्रसाद प्रायः उनकी सूची से बाहर हैं। शाम की एक अन्तरंग बैठक में मैंने एक मार्क्सवादी आलोचक मित्र से पूछा था कि संयोगवश अगर कभी 'कामायनी' और 'राम की शक्ति-पूजा' में भविष्य का समाज किसी एक ही को चुनना चाहे तो किसे चुनना चाहेगा? क्या उस 'राम की शक्ति-पूजा' को चुन पायेगा जिसके पीछे एक सुस्पष्ट कर्म काण्डपरक हिन्दू दर्शन और पूजा-पद्धति है?

इसमें तो कोई सन्देह नहीं कि शक्ति-पूजा अपनी समस्त संरचना में एक अद्‌भुत और अपूर्व कृति है किन्तु उसमें जो साम्प्रदायिक वैचारिकता और पूजा-विधान है, मानवेतर दैवी मानी जानेवाली सगुण शक्तियों का सिंहावलोकन है, वे हमारी किस मनोदशा का परिचायक हैं? मार्क्सवाद का भौतिक दर्शन और चिन्तन क्या इसे वैज्ञानिक कह पायेगा? पर कवि का अपना दर्शन तो सुस्पष्ट है। उत्तर तो मुझे कुछ मिला नहीं। तथापि निराला अपनी अडिग आस्था में निर्द्वन्द्व हैं, अपराजेय भी। एक काव्य-शिल्पी के रूप में विशिष्ट और अद्वितीय भी। महाकाव्य न रचकर भी कवित्व की महान् प्रतिभा को अपनी कृतिपरकता से परिभाषित करनेवाले आचार्य वाजपेयी के लिए तो वे 'शताब्दी के कवि' हैं।

एक आचार्य आलोचक के रूप में उन्होंने अगर अपने गुरु आचार्य शुक्ल से स्वतन्त्र राह चुनी तो कारण यही कि उनके अपने जमाने की कृतिपरकता पहले से स्वतन्त्र पथ पर चल पड़ी थी। तब आलोचक के लिए अनिवार्य धर्म यही था जो उन्होंने पूर्ववर्ती आचार्य आलोचक की प्रतिध्वनि न बन स्वतन्त्र ध्वनि का आविष्कार किया और चले।

बीसवीं सदी के तीसरे दशक के अन्तिम बरसों से अपनी संघर्ष चेतना और यात्रा की शुरुआत करनेवाले आचार्य वाजपेयी ने सदी के सातवें दशक के बरसों तक एक संवाद-मुखर आलोचक के रूप में अपनी भूमिका निबाही तथा समकालीन सृजनात्मकता के वैशिष्ट्य और सीमाओं का उल्लेखन भी किया। कइयों की निगाह में वे एक जुझारू किस्म के आलोचक भी थे। किन्तु वे स्वयं को आत्मसंशोधित करनेवाले आलोचक

भी थे। चूकते या फिसल जाते या किसी वाद-विशेष में अवरुद्ध हो जानेवाले लेखकों की तुलना में स्वच्छन्द भाव-प्रसार का वितान रचकर मानववादी भूमिका रचनेवाले लेखकों/ कवियों को उनका आलोचक कहीं अधिक वरीयता देने का कायल था।

आलोचक की क्या जिम्मेदारी है, आलोचना का क्या धर्म है, स्रष्टा की नैतिकता क्या है, इस पर निरन्तर आत्ममन्थन करते हुए वे जिन कतिपय निष्कर्षों पर पहुँचे थे, वे कुछ ये हैं—

1. मानव-जीवन चूँकि विकासशील है इसलिए साहित्य भी विकासशील है।

2. इसी विकासशील जीवन के मार्मिक अंशों की रूपात्मक अभिव्यक्ति ही कला या साहित्य है।

3. अभिव्यक्ति का यह स्वरूप कल्पनात्मक होता है।

4. अतः कल्पना ही साहित्य का एकमात्र नियामक तत्त्व है

5. रूप की सत्ता भावाश्रित होती है। इसलिए भाव और रूप हमेशा अविच्छिन्न हैं।

साहित्य में वस्तु (भाव) और रूप (कल्पना) के इस अनुस्यूत सम्बन्ध को समझना ही साहित्य की सबसे बड़ी साधना है। यहीं यह समझना और सावधानी बरतना जरूरी है कि कल्पना तो व्यक्ति (रचयिता) करता है किन्तु रूप बहुजन-संवेद्य होता है। यह सारी सामग्री शब्दों का परिधान धारण कर उपस्थित होती है, अतएव शब्दरहित रूप की अपेक्षा यह शाब्दिक 'रूप' अपनी विशेषताएँ रखने को बाध्य है। इसलिए केवल वस्तु या विचार या फिर रूप मात्र को वरीयता देनेवाले सर्जक उस उच्चतम सोपान तक नहीं पहुँच पाते जिसे श्रेष्ठ कला कहते हैं।

एक गम्भीर आलोचक की खोज और चिन्ताएँ इन्हीं आधारों पर टिकती हैं। इसलिए उसकी भूमिका निर्णायक बनी रहती है। इस सत्य को स्वीकार करते हुए भी कि यद्यपि वह विचरण तो कृति की भूमि पर करता है किन्तु परम्परागत रचनात्मकता के आकाश में भी उसकी उड़ानें निरन्तर गतिमान् रहती हैं। जिन प्रतिमानों के बल पर वह अपने निष्कर्ष लेता है, वे कोरे उसी के निष्कर्ष नहीं होते। फिर उसे अपने युग-विशेष की जरूरतें, दबाव, कलाभिरुचियाँ, जिज्ञासाएँ और ऐतिहासिक प्रश्नों का ख़याल भी रखना पड़ता है। सम्भवतः आचार्य वाजपेयी भी ऐसा कुछ सोचते हुए यह कहने की जिम्मेदारी निभा रहे थे—"काव्य[1] की इस अशेष रूप-सृष्टि में चयन और व्यवस्था का कार्य समीक्षक को ही करना पड़ता है; और इसके लिए उसकी सम्पूर्ण

———————

1. काव्य से मतलब यहाँ सृजनात्मक साहित्य से है।

विद्या-बुद्धि और काव्य-प्रज्ञा अपेक्षित होती है। एक ओर उसे संसार के श्रेष्ठतम साहित्य के निदर्शनों को अपनी स्मृति में संकलित करना पड़ता है और दूसरी ओर अपने युग की रचनात्मक प्रेरणाओं को अपने व्यक्तित्व का अंग बनाना पड़ता है। इस दृष्टि से उसका दायित्व कवि या स्रष्टा से कहीं अधिक हो जाता है। कवि अपने काव्य के लिए जिम्मेदार है, पर समीक्षक अपने युग की सम्पूर्ण साहित्यिक चेतना के लिए जिम्मेदार है।...संरक्षण तो वह करता ही है, साहित्य की प्रगति का पुरस्कर्ता भी होता है। एक अर्थ में उसे जातीय जीवन का नियामक भी कह सकते हैं।'[1]

आचार्य शुक्ल के बाद एक उत्तरदायी आलोचक के रूप में उन्होंने जो उत्तराधिकार ग्रहण किया और निभाया वह कितने स्तरों और रूपों में था, यह पुस्तक इसी खोज की एक यात्रा है।

---

1. नया साहित्य : नये प्रश्न पृ.- 7 (निकष) नन्ददुलारे वाजपेयी।

# वे एक तत्त्वार्थदर्शी समीक्षक थे

*तद्वत् सचेतसां सोऽर्थो वाच्यार्थ विमुखात्मनाम्।*
*बुद्धौ तत्त्वार्थदर्शिन्यां झटित्येवावभासते।।*
*प्रथम उद्योत, ध्वन्यालोक*

4 जनवरी, 2006 को भारतीय काव्यशास्त्र के जाने-माने पण्डित डॉ. राममूर्ति त्रिपाठी की ओर से अपने जन्म-दिवस पर जो आयोजन उज्जैन में था, वह बीसवीं सदी की हिन्दी आलोचना के प्रमुख आधार-स्तम्भों मे से एक आचार्य नन्ददुलारे वाजपेयी की स्मृति को समर्पित था। आचार्य वाजपेयी के छात्र के रूप में अधिक तथापि आचार्य वाजपेयी की रचनावली के सम्पादक के रूप में मुझे भी इसमें शामिल रहने का अवसर दिया गया था। यह संगोष्ठी मेरे लिये अविस्मरणीय इस कारण अविस्मरणीय रही कि मुझे एक साथ दो परम्पराविदों को सुनने का सुयोग मिल गया। डॉ.त्रिपाठी तो वाजपेयी जी पर एक पूरी पुस्तक ही दे चुके हैं। वाजपेयी जी के साथ विचार-विमर्श और संवाद के भी उनके अपने अनुभव हैं। सागर विश्वविद्यालय में वे उनके विभागीय सहयोगियों में भी रहे हैं। रचनावली के सम्पादक की दृष्टि से अपने को अधिक व्यवस्थित और समृद्ध करने के खयाल से मैं उन्हें फिर-फिर सुनने की इच्छा के वशीभूत था। पर कालिदास अकादमी, उज्जैन के निदेशक और भारतीय कला और साहित्य चिन्तन के अन्तरराष्ट्रीय विद्वान् डॉ. कमलेशदत्त त्रिपाठी को उस शाम आचार्य वाजपेयी के अवदान पर सुनना मेरे लिये सचमुच एक रोमांचक अनुभव था।

उस शाम मेरी यह उत्कण्ठा कुछ अधिक तीव्र और सघन हो उठी थी। उन्होंने अपने व्याख्यान की शरुआत जिन दो महत्त्वपूर्ण आकर्षक वाक्यों से की, वे मुझे चमत्कृत भी करते रहे। पहले तो उन्होंने कृतज्ञता से भरा यह कथन किया कि संगोष्ठी अपने विस्मृत प्रकाश-स्तम्भों की स्मृति में आयोजित होने के कारण अत्यन्त महत्त्वपूर्ण है। दूसरा यह कि खेमेबन्दी से बाहर रहकर ही कोई नयी बात कही जा सकती है और वाजपेयी जी अथवा शुक्ल जी भारतीय काव्य-परम्परा में अगर कुछ कर सके तो उसका

एकमात्र कारण यही था कि वे किसी खेमे या सम्प्रदाय के 'नेता' या 'आचार्य' नहीं थे। समूची भारतीय परम्परा ही उनका अपना पक्ष थी जिसका पुनरान्वेषण और पुनर्शोधन ये दोनों आचार्य कर रहे थे।

कमलेशदत्त जी ने इन भूमिका-वाक्यों के बाद जो कहा उसका अर्थ था कि भारतीय काव्य परम्परा की एकता पर जिन मनीषियों ने हिन्दी आलोचना में स्मरणीय कार्य किया उनमें आचार्य शुक्ल और आचार्य वाजपेयी अन्यतम हैं।

डॉ. त्रिपाठी उस शाम अतिरिक्त तेजोद्दीप्त थे। सम्भवतः इस कारण कि उज्जैन की उस सभा में कई अन्य विद्या-शाखाओं के पण्डित और आस-पास के जाने-माने कविगण भी श्रोता-रूप में उपस्थित थे। मेरे कानों में अब भी उनका यह वाक्य गूँज रहा है कि 'जहाँ तक मैं पहुँचना चाहता हूँ, वाजपेयी जी वहाँ बहुत पहले पहुँच चुके थे।' इसके साथ उनका कहा यह वाक्य भी कि एम. हिरियन्ना, डॉ. राघवन और नन्ददुलारे वाजपेयी तीन ही ऐसे भारतीय चिन्तक हैं जो सौन्दर्यशास्त्र की अवधारणा को समझते हैं। इस तुलना में के.सी.डे और काणे बुनियादी तौर पर विवरणात्मक आलोचक (डिस्क्रिप्टिव क्रिटिक) हैं। वाजपेयी जी को तत्त्ववादी साहित्य-चिन्तकों में परिगणित करते हुए उन्होंने कहा कि वे इसी कोटि के भारतीय साहित्य चिन्तक थे और यह उनकी विरलता है।

डॉ. त्रिपाठी ने उसी सभा में यह भी कहा कि वे भारतीय काव्य-चिन्तन की परम्परा में प्रयुक्त प्रत्ययों को उनकी ऐतिहासिक पृष्ठभूमि पर देख पाये और कह सके कि भारतीय काव्य-चिन्तन में 'सौन्दर्य-दर्शन' का अभाव नहीं है।

नया साहित्य : नये प्रश्न में 'भारतीय काव्यशास्त्र का नवनिर्माण' सम्बधी अपने उपशीर्षक के अन्तर्गत श्री वाजपेयी लिखते हैं—'बड़े ही गम्भीर रूप में यह बात कहीं जाती है कि भारत और पूर्व के देशों में सुव्यवस्थित कला-दर्शन का अभाव है और पूर्व की सौन्दर्य-चेतना अभी भी अविकसित दशा में पड़ी है।' हिस्ट्री ऑफ इस्थेटिक के लेखक बर्नार्ड बोसांके और वर्ल्ड ड्रामा के एलार्डिस निकॉल की टिप्पणियों पर अपनी गम्भीर आपत्ति जताते हुए वे पश्चिम के इन कला इतिहासकारों के सन्दर्भ में कहते हैं—सौन्दर्य-दर्शन के अभाव के प्रमुख कारणों में से एक यह बतलाया गया है कि पूर्व-पश्चिम की 'प्रगतिशील जातियों के जीवन' से अलग रहा है।' वाजपेयी जी इसके विरुद्ध अपना प्रतिवाद दर्ज करते हुए आगे लिखते हैं— 'पश्चिम के इतिहासकारों ने केवल साहित्य के ही नहीं, किन्तु काव्यशास्त्र और सौन्दर्यशास्त्र के इतिहासों में भी पूर्वी देशों के सृजनात्मक और समीक्षात्मक साहित्यों का नगण्य विवरण दिया है।' तथाकथित विश्व-साहित्य और विश्व-कला दर्शन की रूपरेखाओं में भी भारत और पूर्व

की देन को या तो अत्यन्त स्वल्प स्थान मिला है या उसकी सम्पूर्ण उपेक्षा की गयी है। उनका सोचना है कि जिस समय से यूरोप ने राजनीतिक क्षेत्र में पूर्व पर आधिपत्य प्राप्त किया तभी से ऐसी स्थिति चली आ रही है। और यद्यपि राजनीतिक आधिपत्य अब समाप्त हो चुका है या तेजी से होता जा रहा है तथापि सांस्कृतिक और साहित्यिक धरातलों पर अब भी वही मनोवृत्ति बनी हुई है। परिणामतः 'विश्व व्यवस्था की उपलब्धि के मार्ग में यह मनोवृत्ति अनेक रूपों में बाधक है।'[1]

कमलेशदत्त जी ने इसी सन्दर्भ में अत्यन्त प्रीत होकर कहा कि 'वाजपेयी जी पश्चिमी समीक्षा को अत्यन्त प्रशंसा की दृष्टि से देखते हैं।' यह इस बात से भी प्रमाणित होता है वे 'विश्व-व्यवस्था' की उपलब्धियों के मार्ग में आनेवाले तमाम अवरोधों और दुराग्रहों को हटाना चाहते हैं।

कमलेशदत्त जी जब यह कह रहे थे कि आचार्य वाजयेपी पश्चिम के समीक्षाशास्त्र के प्रशंसकों में से थे तब उसका एक संकेतार्थ यह भी था कि वे साहित्य-चिन्तन और सौन्दर्य-दर्शन के प्रश्न को एक पक्षपात मुक्त और सन्तुलित दृष्टि से देखने के आग्रही थे। वे यह देख चुके थे कि विश्व सौन्दर्यशास्त्र और विश्व-रंगमंच का इतिहास प्रस्तुत करनेवालों ने 'वस्तुस्थिति का गलत चित्र' प्रस्तुत किया है और 'सम्यक्-बोध का पथ' इस तरह बाधित कर दिया है। उन्होंने यह कहने में भी कोई संकोच नही बरता कि इससे 'दृष्टि धुँधली और विकृत बनी रहती है' तथा मूल्यांकन 'पक्षपातपूर्ण और असन्तुलित' हो जाता है। उन देशों पर इसका प्रभाव घातक होता है जो इस प्रकार आक्रमित या तिरस्कृत होते हैं। इससे एक मूलभूत हीनता की भावना उत्पन्न होती है और अनेक अस्वस्थ परिणाम होते हैं, आघातों का उत्तर प्रत्याघातों से, आरोपों का प्रत्यारोपों से दिया जाता है, इस प्रकार एक अन्तहीन विवाद-चक्र की सृष्टि होती है और निष्पक्ष दृष्टि से कुछ देख सकना प्रायः असम्भव हो जाता है। राष्ट्रों और उनकी राष्ट्रीय संस्कृतियों के संगठित विकास एंव वस्तु के समन्वित ग्रहण के लिए कोई मार्ग नहीं मिलता, तथा देश और देश एवं राष्ट्र और राष्ट्र की आध्यात्मिक दूरी बनी ही रहती है।[2]

वाजपेयी जी की ये आधारभूत चिन्ताएँ विश्व-साहित्य और विश्व कला-दर्शन को लेकर थीं जिसे वे एक और व्यापक पद 'विश्वव्यवस्था' के नाम से अभिहित कर उसका मार्ग प्रशस्त करना चाहते हैं। 'भारतीय साहित्यशास्त्र की रूपरेखा' शीर्षक अपने गम्भीर प्रबन्ध में उन्होंने जो उपपत्तियाँ प्रस्तुत की हैं, वे इसी विश्व-व्यवस्था के निर्माण में हमारी मदद करती हैं।

---

1. नया साहित्य : नये प्रश्न, पृ. 101
2. नया साहित्य : नये प्रश्न, पृ. 101

डॉ. कमलेशदत्त जी ने जब यह कहा कि—'हिन्दी मातृभाषी होने के नाते, जो कुछ इन दिनों चल रहा है, उसे खूब समझता हूँ' तब उनके चेहरे के भाव क्षोभपूर्ण थे, किन्तु इस क्षोभ का अतिक्रमण कर वे कह सके थे कि 'भारतीय जड़ों से जुड़ी हिन्दी समीक्षा को याद करने के लिए आचार्य वाजपेयी को याद करना बहुत जरूरी है।' हम अध्येताओं का ध्यान इस विलक्षण तथ्य की ओर उन्होंने ही खींचा कि समुद्रबन्ध को हिन्दी में समझने वाले और उद्धृत करने वाले आचार्य वाजपेयी पहले व्यक्ति हैं। 'निकष' शीर्षक भूमिका में आचार्य वाजपेयी ने लिखा—'भारतीय साहित्यशास्त्र के विविध सम्प्रदायों के क्रम विकास और उनके पारस्परिक अन्तःसम्बन्ध की वैज्ञानिक खोज, आज आवश्यक हो गयी है।' इस सन्दर्भ में उन्होंने प्रमुखतः आचार्य शुक्ल, जयशंकर प्रसाद, पण्डित बलदेव उपाध्याय और डॉ. नगेन्द्र की स्थापनाओं का उल्लेख करते हुए लिखा है कि शुक्ल जी रस को सर्वातिशायी साहित्य-सिद्धान्त मानते हैं, पण्डित बलदेव उपाध्याय, सम्प्रदायों के विकास की ऐतिहासिक रूपरेखा प्रस्तुत करते हैं, यद्यपि सिद्धान्त पक्ष में भी उन्होंने कुछ नयी बातें कही हैं। श्री जयशंकर प्रसाद ने प्राचीन बुद्धिवादी और आनन्दवादी दार्शनिक धाराओं को साहित्यक प्रतिरूप मानकर इन सिद्धान्तों की व्याख्या की है। उनके विचार में अलंकार, रीति और वक्रोक्ति आदि बुद्धिवादी धारा से प्रभावित सिद्धान्त हैं तथा ध्वनि और रस के सिद्धान्त आनन्दवादी दार्शनिक धारा से निष्पन्न हैं। डॉ. नगेन्द्र ने पश्चिमी विवेचन की भूमि पर वस्तुवादी और आत्मवादी सिद्धान्तों की सीमा में भारतीय सिद्धान्तों को रखने की चेष्टा की है। वे अलंकार, रीति और वक्रोक्ति को वस्तुवादी तथा ध्वनि और रस को आत्मवादी मानते हैं।' वाजपेयी जी का अभिमत इन सबसे भिन्न है—'मेरी अपनी उपपत्ति यह है कि इन सभी मतों का आरम्भ काव्य के विभिन्न पक्षों की स्वतन्त्र व्याख्या के रूप में हुआ था। मुझे समुद्रबन्ध का वह निर्देश मान्य है जिसमे उसने धर्म-मुख, व्यापार-मुख और व्यंग्य मुख से अलंकारादि सम्प्रदायों का वर्गीकरण किया है।' वाजपेयी जी अपनी व्याख्या देते हैं—'काव्य की मीमांसा प्रमुखतः तीन भूमियों पर होती है। पहली भूमि कल्पना-तत्त्व से सम्बन्धित है, इसे ही आधुनिक शब्दावली में सृजन-प्रक्रिया कहा जाता है। जीवन और जगत के अनन्त वस्तु-व्यापार जिस प्रकार कवि-मानस को प्रभावित और उद्बुद्ध करते हैं तथा उसकी रचनात्मक क्षमता जिन 'रूपों' में जाग्रत होती है, वह सारा विवेचन सृजन-प्रक्रिया के विवेचन की सीमा में आता है। मेरा मत यह है कि भारतीय अलंकार-सम्प्रदाय अपने मौलिक रूप में काव्य के इसी पक्ष से सम्बन्धित है। इसके पश्चात् रूपों या कल्पनाओं के व्यक्तीकरण की स्थिति आती है। रीति और वक्रोक्ति के मत अपनी मूल भूमिका में इसी व्यक्तीकरण या वाणी-व्यापार

की प्रक्रिया से सम्बद्ध हैं। इसे ही समुद्रबन्ध ने काव्य का व्यापार-मुख कहा है। ध्वनि और साधारणीकरण के भारतीय विवेचन इस व्यक्तीकरण के प्रश्न को काव्य की प्रेषणीयता की समस्या से जोड़ देते हैं। इस प्रकार रीति, वक्रोक्ति, ध्वनि और साधारणीकरण की मीमांसा काव्य के व्यापार-पक्ष को पूर्णता प्रदान करती है। अन्ततः 'रस' सिद्धान्त का कार्यक्षेत्र आता है जो मूलतः काव्य के आस्वाद के प्रश्नों के सम्बन्धित है।[1]

इस सन्दर्भ में जब हम मुक्तिबोध जैसे कला-चिन्तकों के 'तीन क्षण' की याद करते हैं तो पदावली ही नहीं विवेचन-पद्धति और दृष्टि भी बदली हुई है—'मैंने किसी आकस्मिक उत्साह से कहा, मेरे खयाल से महत्वपूर्ण बात यह है कि कला के तीन क्षण होते हैं...कला का पहला क्षण है जीवन का उत्कट तीव्र अनुभव क्षण। दूसरा क्षण है इस अनुभव का अपने कसकते-दुखते हुए मूलों से पृथक् हो जाना और एक ऐसी फैण्टेसी का रूप धारण कर लेना, मानो यह फैण्टेसी अपनी आँखों के सामने ही खड़ी हो। तीसरा और अन्तिम क्षण है इस फैण्टेसी के शब्दबद्ध (वाणी व्यापार यानी रीति और वक्रोक्ति-सम्पादक) होने की प्रक्रिया का आरम्भ और उस प्रक्रिया की परिपूर्णावस्था तक की गतिमानता। फैण्टेसी को शब्दबद्ध करने की प्रक्रिया के दौरान जो-जो सृजन होता है—जिसके कारण कृति क्रमशः विकसित होती जाती है—वही कला का तीसरा और अन्तिम क्षण है। प्रथम क्षण निस्सन्देह अनुभव का क्षण (धर्म-सुख-समुद्रबन्ध, आचार्य वाजपेयी के शब्दों में पहली भूमि) मुक्तिबोध के अनुसार 'मानसिक प्रक्रिया को आत्माभिव्यक्ति की ओर ले जाने के लिए आवश्यक पहला जबर्दस्त धक्का यह प्रथम क्षण ही देता है। वह उस गति की दिशा, निर्धारित करता है, साथ ही वह उसके तत्त्व रूपायित करता है अर्थात् वह उनको एक आकार प्रदान करता है। (वाजपेयी जी इस पहली भूमि को कल्पना-तत्त्व से सम्बन्धित कहते हैं-सं,) ज्यों ही यह घटना होती है, अनुभव के मूल अपनी दुखती हुई भूमि से पृथक् हो जाते हैं...' मुक्तिबोध के अनुसार, यह वैयक्तिक से निर्वैयक्तिक होने की ऐसी प्रक्रिया है जहाँ उस फैण्टेसी ने कुछ ऐसा नवीन ग्रहण कर लिया कि जिससे वह स्वयं भी वास्तविक अनुभव से स्वतन्त्र बन बैठी। फैण्टेसी अनुभव की कन्या है और उस कन्या का अपना स्वतन्त्र विकासमान् व्यक्तित्व है। वह अनुभव से प्रसूत है, इसलिए वह उससे स्वतन्त्र है।'

मुक्तिबोध आगे बढ़ते हैं, 'कला का यह दूसरा क्षण है।' मैंने कहना जारी रखा। 'किन्तु शब्दबद्ध होने पर अथवा चित्रित होने पर जो कृति या रचना तैयार होती है, वह

1. नया साहित्य : नये प्रश्न, पृ. 101

कृति या रचना कला के दूसरे क्षण की फैण्टेसी की पुत्री है, प्रतिकृति नहीं। इसलिए मूल फैण्टेसी से उसका व्यक्तितव स्वतन्त्र, विचित्र और पृथक है। कला का यह तीसरा अन्तिम क्षण है। इन तीन क्षणों के बिना कला असम्भव है।[1]

मुक्तिबोध का यह लेख 1958 की वसुधा में प्रकाशित है।[2] वाजपेयी का 'नया साहित्य : नये प्रश्न' का 'निकष' जनवरी, 1955 का है। स्पष्टतः मुक्तिबोध कला के तीन क्षणों का उपस्थापन करते हुए उस परम्परा को बाँझ पाते है जहाँ समुद्रबन्ध जैसे विचारक या फिर उनके अपने ही समकालीन नन्ददुलारे वाजपेयी निरन्तर इन्हीं प्रश्नों से संवादरत हैं।

मुक्तिबोध ने प्रेषण-व्यापार पर भी हलका-फुलका विचार किया है, जो भारतीय काव्य-चिन्तन परम्परा में साधारणीकरण के नाम से जाना जाता है और वाजपेयी ने जिस ओर साफ-साफ इशारा भी किया है। किन्तु वाजपेयी यह कहते हुए इसके आगे भी जाते हैं कि कवि अपनी अनुभूति को वैयक्तिक वासना की परिधि से जितना ही ऊपर उठा सकेंगे, साथ ही जिनकी रूप-सृष्टि में जितना ही सामंजस्य और एकतानता होगी, उनकी रचनाएँ उतनी ही अधिक रसात्मक होंगी। ध्वनि और रस का सम्पूर्ण प्रयोजन ही काव्य को कल्पना की व्यक्तिगत परिधि से हटाकर लोक सामान्य आस्वादकता के क्षेत्र में पहुँचा देना है।'

हम इसे मुक्तिबोध जैसे कवि-चिन्तकों की ईमानदारी ही मानेंगे कि डायरी में उन्होंने अपने मित्र के हवाले से यह मंजूर किया-'जिस शब्दावली का तुम प्रयोग करते हो। जिस ढंग से तुम लिखते हो, जिस तरह तुम सोचते हो, उससे तो यही प्रकट होता है कि तुम्हारे सामने सबसे बड़ा प्रश्न अगर कोई है तो सौन्दर्य सम्बन्धी प्रश्न है। हमारा देश, राष्ट्र, समाज जनता आदि कुछ महत्त्व नहीं रखते। कम-से-कम तुम्हारे लिखने-पढ़ने से तो यही आभास होता है।'

मुक्तिबोध इसे अपनी कमजोरी मंजूर करते हुए लिखते हैं, 'सबसे कमजोर जगह पर उसने चोट की। मैं तिलमिला उठा।[3]

एक भारतीय साहित्य-चिन्तक और सौन्दर्यशास्त्री के रूप में भी आचार्य वाजपेयी अपने समय के महान् आचार्यों की तुलना में कुछ नयी उपपत्तियाँ लेकर आते हैं। मसलन, वे पहले हिन्दी समीक्षक हैं जो यह कहते हैं कि अलंकार शब्द का दूसरा

———————

1. मुक्तिबोध रचनावली, पृ. 85-86।
2. 1958 में वाजपेयीजी वसुधा के परामर्श मण्डल में है।

अर्थ कल्पना द्वारा समाहित रूप या अर्थ-सम्बन्धी चमत्कार है। भामह के प्रसिद्ध ग्रन्थ काव्यालंकार की प्रसिद्ध उक्ति 'सौन्दर्यमलङ्कारः' के सन्दर्भ में सोचते हुए वे लिखते हैं—'यह अनुमान किया जा सकता है कि भामह ने अलंकार शब्द का प्रयोग काव्य-सौन्दर्य के व्यापक अर्थ में किया है।...काव्य में अलंकार को सौन्दर्य स्थानिक मानना अलंकारों का निर्माण करनेवाली कल्पना की सत्ता की ही प्रतिष्ठा करना कहा जायेगा। यह काव्य का अन्तरंग या निर्माणात्मक पक्ष है।' वे सोचते हैं यदि अलंकार मत का विकास और परिपोषण भामह द्वारा स्थिति की गयी प्रणाली पर होता रहता तो यह असम्भव नहीं था कि अलंकार सिद्धान्त की गणना एक स्वतन्त्र सिद्धान्त के रूप में होती।' तथापि वे लिखते है—'अलंकार सामान्य रूप में वह काव्य-कल्पना है जो एक कविता की सम्पूर्ण रूप-योजना को समाविष्ट करती है, दूसरी ओर वह अलंकरण के कुछ विशिष्ट रूपों का निर्देश करती है। भामह ने अपनी अलंकार की परिभाषा में अलंकार को 'सौन्दर्य' का समानार्थी बना दिया है। और इस प्रकार उसके व्यापक अर्थ की उत्कृष्ट व्यंजना की है।' वे लिखते हैं, 'यह परम्परा मम्मट जैसे परवर्ती समीक्षकों तक चली आयी है जिन्होंने काव्य की परिभाषा करते हुए अलंकार से अधिक व्यापक मन्तव्य को स्पष्ट रूप से ध्यान में रखा है। यद्यपि अलंकार शीर्षक के अन्तर्गत काव्य के कल्पना-पक्ष पर एकान्त रूप से विचार नहीं किया गया है फिर भी अलंकार-सिद्धान्त को काव्य-समस्या की इस स्थिति के समकक्ष मान लेने में हानि नहीं दिखती।'

वाजपेयी जी स्पष्टतः यहाँ भारतीय अलंकार मत और पश्चिम के कल्पना-सिद्धान्त को बहुत दूर तक निकट लाने में कामयाब हुए हैं। अकारण ही नहीं, उनके इस चिन्तन पर अपनी सहज प्रतिक्रिया व्यक्त करते हुए दो लेखकों ने यह समान कथन अलग-अलग मौकों पर किया कि उनमें कॉलजेरियन हाइट है। वे हिन्दी समीक्षा और साहित्य-चिन्तन के कोलरिज़ हैं। इनमें से एक मेरे मित्र श्री रमेश दवे हैं, तो दूसरे डॉ. मोहन गुप्त।

नया साहित्य : नये प्रश्न की भूमिका में वाजपेयी जैसे इन कथनों की पुष्टि का आधार लेकर खड़े हों—

मानव-जीवन के विविध रूपों की अभिव्यक्ति साहित्य में होती तो है, पर वह किस विशेष 'प्रकार' से होती है? वह प्रकार 'कल्पना-प्रकार' कहलाता है। अब दो शब्द-समूह हो गये—'मानव-जीवन की अभिव्यक्ति' और 'कल्पना-प्रकार'। यहीं तीसरा प्रश्न उपस्थित होता है, मानव-जीवन (काव्य-वस्तु) और कल्पना-प्रकार में किस प्रकार का सम्बन्ध है? क्या 'वस्तु' पूर्णतः 'प्रकार' में समाहित हो जाती है या कुछ शेष भी बचती है? दूसरे शब्दों मे क्या कल्पना के माध्यम से अतिरिक्त किसी अन्य माध्यम

से भी मानव-जीवन की अभिव्यक्ति साहित्य में हो सकती है ? इसका स्पष्ट उत्तर है, 'नहीं' अर्थात् 'कल्पना ही काव्य या साहित्य का एकमात्र नियामक तत्त्व है। अब चौथा प्रश्न कल्पना के स्वरूप का है। कल्पना का स्वरूप सर्वसम्मति से रूपात्मक माना गया है। रूप की सत्ता भावाश्रित होती है। अतएव साहित्य भी भावाश्रित रूप ही है। इस भावाश्रित रूप से भिन्न साहित्य में कोई दूसरी वस्तु-सत्ता रह ही नहीं सकती। तो साहित्यिक विवेचन में हम यदा-कदा वस्तु पक्ष (कथ्य) और रूप पक्ष (कथन) का अलग-अगल नाम क्यों लेते हैं? इसके दो ही उत्तर हो सकते हैं। या तो गलती से, या याद दिलाने के लिए। गलती से इसलिए कि हम यह भूल जाते हैं कि साहित्य में रूप ही वस्तु है और याद दिलाने के लिए इसलिए कि हम यह भूल जाते हैं कि साहित्य में वस्तु ही रूप है।'[1] वे निष्कर्षात्मक कथन करते हैं— 'साहित्य में वस्तु और रूप के इस अनुस्यूत सम्बन्ध को समझना ही सबसे बड़ी साधना है। एक साहित्यालोचक के रूप में उन्होंने अपनी यही 'साधना' की थी। उनकी इस गम्भीर साधना का रहस्य तब प्रकट होता है जब हम उनके इस विवेचन में उतरते हैं।

भारतीय साहित्यशास्त्र की ऐतिहासिक रूपरेखा प्रस्तुत करते हुए वे लिखते हैं—

अपने उद्‌भव-काल से लेकर भरत मुनि ने नाट्यशास्त्र के रूप में विकसित होने तक भारतीय काव्यशास्त्र अपनी प्रारम्भिक या निर्माण की स्थिति में था। इस युग में काव्य से सम्बद्ध वस्तुओं का व्यवस्थित नामकरण हुआ और काव्य के प्रधान तत्त्व अर्थात् आनन्ददायी 'रस' खोज लिया गया और चिन्तन का विषय बन गया। नाट्यशास्त्र में एक बड़ी संख्या में ऐसे विषयों और प्रसंगों का भी समावेश है, जिन्हें बहुत बाद के समय का मानना चाहिए। विकास की दूसरी स्थिति भरतमुनि से अभिनव गुप्त तक के समय को घेरती है। इसे अन्वेषण और विदग्ध विवेचन का युग कहा जा सकता है। इस युग में केवल रस या काव्य-सत्त्व के समस्त पक्षों पर ही विभिन्न दृष्टिकोणों से गवेषणा नहीं की गयी, प्रत्युत इन चेष्टाओं के फलस्वरूप एक काव्य-दर्शन का सचमुच आविर्भाव हुआ। तृतीय युग वह है जिसमें अनेक काव्य-सम्बन्धी मत प्रवर्तित और प्रतिष्ठित हुए तथा उनके आधार पर अनेक काव्य-सम्प्रदायों की स्थापना हुई। यह काव्य तत्त्व-चिन्तन का वास्तविक युग कहा जा सकता है। तिथियों की दृष्टि से यह युग एक सीमा तक उक्त द्वितीय युग के साथ-साथ चलता है और उसके पर्याप्त समय पश्चात् तक चलता रहता है। इसके बाद चतुर्थ युग की अवतारणा होती है, जिसे

1. मुक्तिबोध रचनावली, पृ. 95।
2. नया साहित्य : नये प्रश्न, पृ. 3 (निकष)।

समन्वय का युग कहा सकते हैं। यह कार्य लगभग दसवीं और ग्यारहवीं शताब्दियों के आस-पास मम्मट के द्वारा आरम्भ किया गया और सत्रहवीं शताब्दी मे शाहजहाँ के समकालीन पण्डितराज जगन्नाथ के समय तक बराबर चलता रहा। वस्तु का व्यक्तिगत निरूपण करने के अतिरिक्त इन पण्डितों ने वाद-विवाद और खण्डन-मण्डन में भी बड़ी रुचि दिखायी, किन्तु यह स्पष्ट है कि इन द्वितीय प्रकार के तत्त्वों को मुख्य स्थान नहीं दिया जा सकता। इन सबके बाद विघटन और विकलन का युग आता है, जिसमें यत्र-तत्र नवीनता की कुछ किरणें छिटकती दिखायी देती हैं। किन्तु जिस शास्त्र का इतिहास इतना लम्बा और परिणतियों से भरा हुआ है उसके लिए वह स्वाभाविक ही है। सबसे अन्त में आधुनिक युग आता है, जो मुख्य रूप से पुनरुत्थान और नव-जागरण के प्रकाश में प्रत्येक वस्तु का मूल्य पुनः अंकित करने का युग है।[1]

नया साहित्य : नये प्रश्न की 'निकष' नामक अपनी भूमिका मे वाजपेयी यह सवाल उठाते हैं—'इस सम्पूर्ण साहित्य व्यापार का लक्ष्य क्या है?' वे जवाब देते हैं—'रूप' या सौन्दर्य की सृष्टि के द्वारा उच्चकोटि के लौकिक या अलौकिक आनन्द का उद्रेक ही साहित्य और कलाओं का लक्ष्य है।[2]

वाजपेयी जी के साहित्य-चिन्तन की मौलिकता उनके रस-सम्बन्धी विवेचन में भी दिखायी देती है जो साहित्य का आस्वाद पक्ष है। डॉ. राममूर्ति त्रिपाठी का यह कथन सचमुच अत्यन्त महत्त्वपूर्ण है कि वे एक प्रातिभ समीक्षक थे और उनकी अधिकांश समीक्षाएँ प्रेरणा-प्रसूत ही हैं तथापि उनमें एक ऐसी असामान्य प्रज्ञा है जो परम्परा में प्रवाहित अदृश्य सूक्ष्मताओं का अन्तर्भेदन कर लेती है।

आचार्य वाजपेयी ने साधारणीकरण के सन्दर्भ में यह प्रश्न उठाया है कि 'कहा जाता है कि देवताओं और पूज्य व्यक्तियों के रति-भाव का साधारणीकरण प्रेक्षक को नहीं हो सकती। पर प्रश्न यह है कि रचयिता या कवि के लिए तो ये देवता या पुण्य-चरित्र उतने ही पूज्य हैं जितने दर्शक या श्रोता के लिए। ऐसी अवस्था में कवि द्वारा वर्णित देवताओं का रति-भाव दर्शकों को उसी प्रकार प्रभावित करेगा—उसी भाव की सृष्टि करेगा जिस भाव की अनुभूति कवि या नाटककार ने स्वतः की है। उससे भिन्न भाव की सृष्टि हो ही नहीं सकती, क्योंकि कवि की रचना में उससे भिन्न भाव की स्थिति ही नहीं है।' वे इस समस्या का जो प्रातिभ समाधान खोजने हैं वह उन्हीं के शब्दों में इस प्रकार है—'साधारणीकरण का अर्थ रचयिता और उपभोक्ता (कवि और

———————

1. नया साहित्य : नये प्रश्न, पृ. 105
2. वही, पृ. 4 (निकष)

दर्शक या पाठक) के बीच भावना का तादात्म्य ही है। अंततः वे निष्कर्ष लेते हैं साधारणीकरण वास्तव में कवि-कल्पित समस्त व्यापार का होता है, केवल किसी पात्र विशेष का नहीं।' वाजपेयी जी का यह भी कहना है—'जिस काव्य में ध्वन्यात्मक शक्ति नहीं, सहृदय को रस-प्रतीति कराने का सामर्थ्य नहीं, उसके काव्यत्व में ही कमी है।'

प्रसाद-निराला और पन्त जैसे छायावादी कवियों के काव्यालोचक के रूप में अपनी पहचान रेखांकित करनेवाले नन्ददुलारे वाजपेयी अगर धीरे-धीरे इस लम्बी विरासत के पुनर्शोध में लग गये तो कारण यही कि वे उस जातीय चिन्तन की ऊर्जा के प्रकाश में अपनी प्रतिभा का अवदान परखना चाहते थे। साथ ही, उस स्वाधीनता की रक्षा भी जो राष्ट्रीय होकर सांस्कृतिक भी है। इसलिए 'विकास' या 'प्रगति' की कोई परिभाषा उन्होंने इदमित्थं स्वीकार नहीं की। कारण उनके लिए यह कि 'पश्चिम की साम्राज्यवादी नीति और भारत का उसके प्रति अदम्य विद्रोह आँखों देखा दृश्य' था। वाजपेयी जी के चिन्तन और लेखन में इस अदम्य विद्रोह का संगीत आद्योपान्त अपनी सामूहिकता में झनझनाता रहता है। इस संगीत में भारत की कृषक आबादी का संघर्ष और आत्मविश्वास तो है ही, प्रतिकूल से प्रतिकूल परिस्थितियों में जीवन से लोहा लेनेवाली अदम्य राष्ट्रीय जिजीविषा भी कुछ कम नहीं है। ऐसा न होता तो वे यह भी नहीं लिख पाते कि 'श्रेष्ठ साहित्य का निर्माण निराशावाद की भूमिका पर नहीं हो सकता' और इसलिए 'विकास की अनिवार्यता के साथ आस्था की अनिवार्यता' उन्हें एक अटल साहित्यिक नियम जैसी जान पड़ती है।

वाजपेयी जी को पढ़ते हुए हम बार-बार इस प्रश्न से रू-ब-रू होने को मजबूर हो उठते हैं कि हम अपनी विरासत को किस दृष्टि से देखें ? क्या उस दृष्टि से जो बुनियादी तौर पर यूरोपीय है और निष्पक्ष नहीं है अथवा अमेरिकी और सर्वग्रासी है। जो एक नयी विश्व-व्यवस्था के नाम पर ग्लोबल होने का पाखण्ड रच रही है और जिसका मूल मकसद वह नव आर्थिक और उत्तर-आधुनिक सांस्कृतिक साम्राज्यवाद है जिसका एकमात्र प्रयोजन विश्व की तमाम प्रचुर विविधताओं का दोहन या विनाश है। एक ऐसी सभ्यता जो अपने इरादों मे बेहद खूँखार और अमानवीय है या फिर उस प्राचीनतावादी (सही मायनों में अतीतवादी) संकीर्णतावाद की दृष्टि से जिसका अन्तिम गन्तव्य एक ऐसी सुरंगनुमा गुफा है अन्ततः जिसकी परिणति एक निष्प्राण अजायबघर में होती है और जहाँ इतिहास की जीती-जागती साँसें भी दम तोड़ बैठ जाती हैं। कुल मिलाकर एक ऐसा संग्रहालयीय सन्नाटा जहाँ वस्तुएँ और उनके आकार-प्रकार तो हैं पर जीवन और उसके संघर्ष नदारद हैं।

यह एक ऐसी बहस है जो राजनीति, अर्थनीति, विज्ञान और प्रौद्योगिकी के क्षेत्रों में ही नहीं, कला-साहित्य यहाँ तक कि नीति और धर्म आदि के सांस्कृतिक कहे जानेवाले क्षेत्रों में भी चल रही है।

हमारे अपने संकट भी आज कुछ कम नहीं हैं। अपना यह भारत ही तो महामानवों का सागर-तीर बना। सभ्यताओं को जितना आना-जाना और हमला यहाँ हुआ उससे परम्परा के पक्ष-प्रतिपक्ष और अन्यान्य पक्ष तो बनते ही गये, खुद परम्परा के आशयों को लेकर भी आपसी विवाद खूब रहे। एक ही विचारधारा से अपनी पहचान रेखांकित करनेवाले दो आलोचक बार-बार आमने-सामने होते रहे। इससे यह संकेत मिला कि विचारधारा की अनेक व्याख्याएँ, शाखाए-प्रशाखाएँ सम्भव हैं। कभी-कभी तो उनकी व्याख्याएँ एक-दूसरे के इतने विपरीत चली गयीं कि अनुमान लगा पाना असम्भव रहा कि इनका मूल अवधारणात्मक प्रत्यय समान है या भिन्न-भिन्न।

भारत की अपनी देशी परम्पराओं में पुरोहिती अथवा पौराणिक दृष्टि का इतना जबर्दस्त नैरन्तर्य और वर्चस्व है कि गोदान जैसे उपन्यास उसका सांस्कृतिक अभिलेख कथन करने लगते हैं। भारत की बीसवीं सदी के समाजवादी खेमे के बुद्धिजीवी भी प्रायः इससे मुक्त नहीं हैं। राहुल और रामविलास शर्मा जैसे दो-एक मार्क्सवादी चिन्तकों और व्याख्याकारों को छोड़ दें तो ज्यादातर भारतीय मार्क्सवाद और उसकी विचारधारा कर्मकाण्डियों और सत्ता (चाहे राजनीतिक हो या सांस्कृतिक) समर्पित छद्म लेखकों और मौकापरस्त संस्कृतिकर्मियों के हवाले हो चुकी है। सामन्तों और पूँजीपतियों की ओर चालाकी से झुकी हुई, खुद सामन्तों ओर पूँजीपतियों के गठजोड़ वाली सरकार के पीठमर्द बने ये लेखक कथित जन-संघर्ष में अब दिखावे भर रह गये हैं। संघर्ष के लिए जिस नैतिक आत्मबल और जन-परायणता की जरूरत पड़ती है उसका औपचारिक विधान तो इनके यहाँ है किन्तु वह सहज प्रकृत आत्मान्दोलन नहीं जो हानि-लाभ के गणित से परे हो।

ब्रिटिश साम्राज्यवाद ने यहाँ कम-से-कम दस-बीस प्रतिशत ऐसी आबादी तो पैदा ही कर दी जिसे आजकल अगुवा मध्यवर्ग और बुद्धिजीवी के रूप में जाना जाता है। इस तबके का प्रमुख लक्षण संघर्ष नहीं, समझौता और उसका विधान करना है। यह वर्ग संकटों का सामना करने से बचता है, और प्रायः हर मौके पर सत्ता का साथ देता है और खुद को प्रगतिशील साबित करने के लिए जन-शत्रुओं और लोक-विरोधी सत्ताओं को प्रगतिशील करार देने की मुहिम चलाता है। 'कोई भी विचार या क्रिया राजनीति से बाहर नहीं है' के तर्क पर यह राजनीतिक

कार्यवाहियों और विचारों को ही जीवन का एकमात्र सार समझ लेता है और उसी के पाले में धर्म, संस्कृति, साहित्य और कला को जबरन धकेलकर काल की ऐसी कोठरी तैयार करता है जिसमें 'काल' की सत्ता तो शून्यभर किन्तु 'कोठरी' ही परम सत्ता बनकर उभर आती है। खेद है कि यह मानस भी औपनिवेशिक ही है जहाँ काल और देश स्थानिक बिल्कुल नहीं बचे रहे गये हैं। इसलिए राष्ट्रीयता और जातीयता जैसे विचार-पद भी इनके लिए बहुत अहम् नहीं रह गये हैं। आचार्य रामचन्द्र शुक्ल, आचार्य नन्ददुलारे वाजपेयी या फिर भारतीय संस्कृति और हिन्दी प्रदेश और हिन्दी जाति का इतिहास के लेखक रामविलास शर्मा के विचार-प्रस्थान हमारे लिये, यहीं महत्त्वपूर्ण हो उठते हैं। ये लेखक अपना जो परिप्रेक्ष्य चुनते और बनाते हैं उसका सन्दर्भ प्रथमतः राष्ट्रीय है (हाँ, किन्तु किसी भी अर्थ में राष्ट्रवादी नहीं) एवं एक और अर्थ में सांस्कृतिक भी।

डॉ. कमलेशदत्त जी ने वाजपेयी जी को इस मौके पर उद्धृत करते हुए कहा था- 'वेद और उपनिषद् से लेकर बुद्ध और गाँधी तक भारतीय चिन्तन और जीवन-दर्शन अपनी ऊर्जा से विकसित और पुष्पित होता रहा है। इन सबको अपनी आत्मा में स्थान देकर अपने स्वतन्त्र चिन्तन से कुछ निर्माण करके ही हम बुद्धिवादी निर्माता और भारतीय लेखक होने का दावा कर सकते है।[1]

तो क्या 'भारतीय लेखक' जैसा कोई पद जिसे वाजपेयी जी प्रयुक्त कर रहे हैं अपना कोई अलग सन्दर्भ रखता है ? क्या लेखक मात्र होना ही पर्याप्त नहीं है। इस प्रश्न के साथ ही दूसरा प्रश्न यह भी है कि 'भारतीय' से वाजपेयी का अर्थ क्या है? अगर हम इस दूसरे प्रश्न को पहले उठा लें तो उत्तर की तलाश में सबसे पहले हमारा ध्यान उनके निबन्ध 'भारतीय साहित्यशास्त्र की रूपरेखा' पर फिर जाता है। वाजपेयी जी को समझने के लिए यह लेख काफी दूर तक सहायक सिद्ध हो सकता है। यहाँ वे अपनी उन कसौटियों पर खुद भी खरे उतरते हैं जिनकी माँग उन्होंने यहाँ की है— 'समीक्षक के लिए आवश्यकता होती है साहित्य के विस्तृत अध्ययन, उसकी समस्त पार्श्वभूमियों के निरीक्षण और साहित्यिक संस्कार की।[2] 'निकष' में भी उन्होंने लिखा, 'काव्य की इस अशेष रूप-सृष्टि में चयन और व्यवस्था का कार्य समीक्षक को ही करना पड़ता है और इसके लिए उसकी सम्पूर्ण विद्या-बुद्धि और काव्य-प्रज्ञा अपेक्षित होती है। एक ओर उसे संसार के श्रेष्ठतम साहित्य के निदर्शनों को अपनी स्मृति में

1. आधुनिक साहित्य, पृ. 389।
2. आधुनिक साहित्य, पृ. 388।

संकलित करना पड़ता है और दूसरी और अपने युग की रचनात्मक प्रेरणाओं को अपने व्यक्तित्व का अंग बनाना पड़ता है। इस दृष्टि से उसका दायित्व कवि या स्रष्टा के दायित्व से कहीं अधिक हो जाता है।' वाजपेयी जी का अगला वाक्य और भी गौरतलब है—'कवि अपने काव्य के लिए ही जिम्मेदार है पर समीक्षक अपने युग की सम्पूर्ण साहित्यिक चेतना के लिए जिम्मेदार है।' कहने की जरूरत नहीं यह जिम्मेदारी उन्होंने भरपूर निभायी।

बीसवीं शताब्दी के चौथे दशक से छठे-सातवें दशक तक वाजपेयी जी ऐसे ही समीक्षक थे जिन्हें बार-बार जातीय जीवन के नियमन के लिए दायित्व का पालन करना पड़ा। मेरी अपनी जानकारी जहाँ तक है वे अपने युग के सबसे चर्चित और विवादास्पद समीक्षक भी थे, महत्त्वपूर्ण तो खैर थे ही। सन्दर्भ चाहे प्रसाद-निराला और प्रेमचन्द का हो या फिर छायावाद, प्रगतिवाद, प्रयोगवाद, नयी कविता और यथार्थवाद का, प्रत्येक धारा के आलोचकों और कवियों से उन्हें दो-चार होना पड़ा। रामचन्द्र शुक्ल, प्रेमचन्द, पद्म सिंह शर्मा तो हैं ही, जोशी बन्धु, दूसरा सप्तक के सम्पादक अज्ञेय कामायनी एक पुनर्विचार के मुक्तिबोध या फिर नयी कविता के सम्पादक जगदीश गुप्त और धर्मयुग के सम्पादक धर्मवीर भारती हों; ये सब अपने समय के अगर किसी एक आलोचक से टकराते हैं तो वे केवल और केवल वाजपेयी जी ही हैं। अपने इस बुनियादी विश्वास पर कि 'समीक्षक अपने युग की सम्पूर्ण साहित्यिक चेतना के लिए जिम्मेदार हैं' की रक्षा वे अपने प्रत्येक शब्द से करते हैं इस शर्त के साथ कि वे साहित्यिक चारुतावाद या स्थितिशीलतावाद के नहीं बल्कि प्रगल्भ भावोन्मेष को प्रोत्साहन देनेवाली प्रगतिशील धारा के हामीकार हैं। इसलिए जहाँ भी शास्त्रीयता या रीतिबद्धता और सृजनशीलता के बीच द्वन्द्व उत्पन्न होगा, वाजपेयी जी सृजनशील प्रगतिशीलता के साथ हमें खड़े मिलते हैं।

भ्रम उत्पन्न न हो, इसलिए यह भी स्पष्ट करना जरूरी होगा कि वाजपेयी की समीक्षा में प्रगतिशीलता का अर्थ—'नयी प्राण-प्रतिष्ठा, नये तौर-तरीके (टेकनीक) नूतन छन्द, नवीन भाषा, नयी भावाभिव्यक्ति।' उन्हीं के शब्दों में' 'ये कला की अपनी प्रगतियाँ हैं।'[1] वाजपेयी इस प्रश्न की अनदेखी नहीं करते कि साहित्य में आज वादी दृष्टि का वर्चस्व है। वे इसका समाधान खोजते हुए लिखते हैं—'मुख्य प्रश्न यह नहीं कि वाद कौन-सा है बल्कि मुख्य प्रश्न यह है कि वाद रचनाकार की मनःस्थिति को किस दिशा में परिचालित करता है और कैसे काव्य की सृष्टि में संलग्न करता है। किसी

1. राष्ट्रीय साहित्य तथा अन्य निबन्ध, पृ. 16-17।

वाद-विशेष को रचयिता ने किस रूप में ग्रहण किया है और उसमें काव्य-शक्ति कितनी है।'[1]

उनके इस वक्तव्य से सुस्पष्ट है कि वे न तो वाद-विशेष के पक्षधर हैं न विरोधी। सच यह भी है कि वे न तो रूपवादी हैं, न ऐकान्तिक मूल्यवादी। किसी भी ऐसे अतिवाद के वे जीवन भर विरोधी रहे। किन्तु इससे भी कहीं अधिक उनकी प्रबल भूमिका उस साहित्यिक चेतना के निर्माण की है जिसके लिए उन्हें कदम-दर-कदम संघर्ष करना पड़ा।

डॉ. त्रिपाठी के हवालों से कहूँ तो उन्हें यह संघर्ष आज भी करना पड़ रहा है क्योंकि में आज भी अपने चिन्तन वे न तो उपनिवेशवादियों के माफिक जान पड़ते हैं, न आधुनिकों या उत्तर-आधुनिक साम्राज्यवादियों के। और भारत की आबादी का यह हिस्सा जो पहले काफी छोटा-सा- था, आज बहुत बड़ा हो चुका है। बगैर परिचमी मुहावरों और उद्धरणों के आज तो यह बात ही नहीं करता और ऐसा न कर सकनेवालों को न केवल पिछड़ा, प्रतिक्रियावादी, बल्कि गया-गुजरा तक समझता है। वाजपेयी जी जैसे साहित्यालोचक भी अगर 'ऐसों' को प्रतिक्रियावादी लगें, तो आश्चर्य क्या?

खैरियत यह कि आचार्य वाजपेयी अपने समय के पश्चिम को कुछ कम नहीं जानते थे इसलिए वे पश्चिम और यूरोप को दरकिनार कर कोई बात या विचार नहीं ही किया करते थे। उनकी कोशिश बल्कि यह थी कि वे पश्चिम के साथ कन्धे से कन्धे मिलाकर बराबरी से चलें जैसे कि दो संस्कृतियाँ आत्मसम्मान और आत्मगौरव के साथ चला करती हैं न कि पश्चिम का अन्धानुगमन मात्र किया जाये।

यही उनकी प्रधान चिन्ता थी जिसे महान् शायर मोहम्मद इकबाल ने 'सारे जहाँ से अच्छा...' वाली अपनी नज़्म में दुहराया था। आधुनिकतावादियों से आज यह पूछने का मन होता है जिस मानसिकता से यह कविता लिखी गयी है, क्या जातीय आलोचना इसका प्रत्याख्यान करे जबकि समूचा देश इसमें अपने होने के अहसासों का साक्षात्कार आज भी करता हो? वाजपेयी जी की आलोचना में इस मानस की तलाश ही नहीं, उसकी भावी पुनर्निर्मितियाँ भी थीं। वस्तुतः वे एक ऐसे साहित्यचिन्तक थे जो इस देश की सांस्कृतिक आत्मा और उसकी ऊर्जा की निरन्तर शोध और पहचान में लगे हुए थे। इसलिए जब डॉ. त्रिपाठी ने यह कहा कि आचार्य वाजपेयी को इसलिए याद करना जरूरी है कि हम हिन्दी समीक्षा से जुड़ी भारतीय जड़ों को याद कर सकें तो सहसा

1. वही, पृ. 16-17।

मुझे आचार्य वाजपेयी द्वारा सुचिन्तित और जिम्मेदारी से भरी यह बात याद आयी कि 'नये समीक्षकों ने साहित्य की स्वदेशी परम्परा से क्रमशः सम्बन्ध-विच्छेद करके एकमात्र पश्चिम की नयी विवेचना को ही अपना लिया है। इस प्रकार नया साहित्य और नयी समीक्षा दोनों ही बहुत-कुछ विदेशी अनुकृति की दिशा मे बढ़ते जा रहे हैं।[1] वाजपेयी जी माँग करते हैं कि 'हमारी दृष्टि राष्ट्रीय दायित्व से सम्पन्न हो तथा उसमें तलस्पर्शी गम्भीरता और संवेदना हो', साथ ही 'किसी वाद या विचारधारा की पुष्टि के लिए हम स्वीकृत राष्ट्रीय मानों का उन्मूलन न करें। वे सुझाते हैं—'सम्पूर्ण राष्ट्रीय साहित्य और कला की, इतिहास के धरातल पर रखकर उसकी समन्वित व्याख्या करना राष्ट्रीय संस्कृति की पुष्टि के लिए अत्यावश्यक है[2] वर्तमान कवियों और लेखकों के लिए 'उपर्युक्त तथ्यों की उपेक्षा करना और राष्ट्रीय सन्तुलन में योग न देना चिन्ता की बात है।[3]

वाजपेयी जी का यह लेखन बीसवीं सदी के छठे दशक से सम्बन्धित है जब आधुनिकता के नाम पर पश्चिमगामिता की लहर चल पड़ी थी और साहित्य में 'प्रगतिशीलता' और 'प्रयोगवाद' जैसे प्रत्यय भी नवलेखन—नयी कविता, नयी कहानी, नवगीत आदि की तुलना में पीछे छूट रहे थे। नवलेखनवादियों ने लिखा था—'प्रयोगवाद तो मानो नवलेखन की मात्र भूमिका थी' और 'छायावाद वह रेशम था जिससे युद्ध तथा संकट के दिनों में सिपाहियों की वर्दी नहीं बन सकती।' मजा तो यह कि कुछ मुद्दों पर ये नवलेखनवादी वाजपेयी जी जैसे आलोचकों को ही दुहरा से रहे थे पर अपने-आपको बचाते हुए। रामस्वरूप चतुर्वेदी ने लिखा—'प्रगतिवादी की स्थिति हमारे साहित्य में कुछ अजब-सी रही है... अपनी प्रकृति में वह प्रभाव अधिक था, उसके संस्कार अपने देश की मिट्टी के न थे...प्रगतिवाद यदि हमारे देश की जलवायु में जन्मा होता तो उसकी शक्ति तथा सम्भावनाओं को पूर्णता मिली होती। प्रगतिवाद की विदेशी प्रेरणा स्वतः उसके लिए तो घातक सिद्ध हुई ही...उसके कारण हिन्दी के इतिहास का एक महत्त्वपूर्ण अध्याय भी अधूरा रह गया।[4]

यही नवलेखनवादी 'आधुनिकता' की वाहवाही करते थकते नहीं। रामस्वरूप चतुर्वेदी अपनी उसी पुस्तक 'हिन्दी नवलेखन' में लिखते हैं—'आधुनिकता एक जड़

---

1. राष्ट्रीय साहित्य तथा अन्य निबन्ध, पृ. 16-17।
2. वही।
3. रामस्वरूप चतुर्वेदी- हिन्दी नवलेखन, पृ. 15।
4. हिन्दी नवलेखन, पृ. 13।

स्थिति न होकर विकास की स्थिति है...नवीन परिस्थितियों के सन्दर्भ में अपने-आपका संस्कार करना ही आधुनिकता है...यह 'प्रक्रिया आरोपित न होकर सहज स्वाभाविक होती है। आधुनिकता की स्थिति में बाह्य प्रभावों का भी मिश्रण रहता है, परन्तु यह मिश्रण सजग होते हुए भी ऐतिहासिक परिस्थितियों के अनुकूल अधिक होता है...कुल मिलाकर आधुनिकता एक भविष्योन्मुख दृष्टि है।[1] विपरीत इसके रामशरण जोशी और श्यामबिहारी राय से एक बातचती में रामविलास शर्मा कहते हैं...'मैं यह जानता हूँ कि आधुनिकता ऐसा गोल-मोल शब्द है जो 'पूँजीवाद' विशेष रूप से अमेरिकी पूँजीवाद को छिपाने के लिए इस्तेमाल किया जाता है। हिन्दी में आधुनिकताबोध की चर्चा हुई। आशय यह था कि अमेरिका और ब्रिटेन में जैसा साहित्य लिखा गया है, उसका अनुकरण करके हिन्दी में साहित्य लिखना चाहिए।' रामविलास जी आगे तक जाकर कहते हैं—'इस विचारधारा से पूँजीवाद के हित जुड़े हुए थे। उन पूँजीवादी हितों को आधुनिकता कहकर पेश किया गया।[2]

रामविलास जी से ये सवाल सम्भवतः बीसवीं सदी के आठवें दशक में किये गये थे। तब तक वाजपेयी जी अपना लेखन पूरा कर चुके थे। पर इसी सदी के सातवें दशक (1964-65) में धर्मयुग सम्पादक धर्मवीर भारती (जो हिन्दी के एक महत्त्वपूर्ण कवि और कथाकार भी थे) ने आधुनिकता को लेकर जो परिचर्चा 1965 में आयोजित की तो उनके प्रश्नों का उत्तर देते हुए वाजपेयी जी ने प्रतिप्रश्न किया था—क्या यह पूँजीवादी देशों की आधुनिकता नहीं है? उन्होंने हम लेखकों को सुझाया भी— 'विदेशी अनुकरण से सहारे साहित्य ऊपर नहीं उठ सकता। काव्य की सत्ता ध्वनि में है, प्रतिध्वनि में नहीं।'[3] एक अन्य निबन्ध में उन्होंने लिखा—'आधुनिकता शब्द का भारत के लिए अपना अर्थ भी हो सकता है और वस्तुतः यही उसकी आत्मा का वास्तविक परिचायक भी होगा। आधुनिकता भारत के लिए पश्चिम से नहीं केवल आधुनिक भारत से ही नहीं, किन्तु समस्त भारतीय संस्कृति के पुनर्मूल्यांकन और आयत्तन के द्वारा ही अर्थ-ग्रहण कर सकती है।[4]

दो बड़े साहित्य-चिन्तकों के बाद अगर नये और आधुनिकता के इस प्रश्न को मुक्तिबोध जैसे विशिष्ट कवियों के लेखन में ढूँढ़ें तो वे इस नये के सन्दर्भ में कहते

1. हिन्दी नवलेखन-रामस्वरूप चतुर्वेदी पृ.13
2. आज के सवाल और मार्क्सवाद, सम्पा-अजय तिवारी, पृ. 329।
3. राष्ट्रीय साहित्य तथा अन्य निबन्ध-आचार्य वाजपेयी पृ. 127।
4. नया साहित्य : नये प्रश्न-आचार्य वाजपेयी, पृ. 42।

हैं, 'सर्वतोमुखी मानवीय अनुशासन की हार्दिक सिद्धि के बिना, हम 'नया-नया' चिल्ला तो उठे लेकिन वह 'नया' क्या है-हम नहीं जान सके। क्यों? नया जीवन, नये मान-मूल्य तथा इन्सान, परिभाषाहीन और निराकार हो गये। वे दृढ़ और व्यापक मानसिक सत्ता के अनुशासन का रूप धारण न कर सके। न वे धर्म और दर्शन का स्थान ले सके'। इन्हीं पन्नों पर मुक्तिबोध लिखते हैं—'पुराने सामन्ती अवशेष बड़े मजे में हमारे परिवारों में पड़े हुए हैं, पुराने के प्रति और नये के प्रति इस प्रकार एक बहुत भयानक अवसरवादी दृष्टि अपनायी गयी है। इसलिए सिर्फ एक सप्रश्नता है। प्रश्न है, वैज्ञानिक पद्धति का अवलम्बन करके उत्तर खोज निकालने की जल्दी है, न तबीयत, न कुछ।'[1] प्रगतिवादी समीक्षकों की चूकों और असफलताओं पर टिप्पणी करते हुए उन्होंने लिखा—कलात्मक सौन्दर्य के मान, एक विशेष मर्यादा के अन्तर्गत, कलाकृति के भीतर ही हैं। किन्तु सौन्दर्य का यह अन्तरोद्भूत, अन्तर्जनित निकष, निश्चित, नियमित और नियन्त्रित होता है सौन्दर्य-मानो की उस सांस्कृतिक परम्परा से, जो पूर्वापर रूप से निरन्तर सम्बोधित, संस्कार-निर्मल होती आयी है, और जो वर्तमान अवस्था में भी युगीन परिस्थितियों और आवश्यकताओं तथा इतरेतर प्रभावों से संशोधित-सम्पादित होती चलती हैं, सौन्दर्य-मानो की उस सांस्कृतिक परम्परा से जो आज विश्व के विभिन्न देशों के सौन्दर्य-मानो और कलात्मक उपलब्धियों से पुनः पुनः प्रभावित, संशोधित और सम्पादित हुई जा रहीं हैं, सौन्दर्य-मानों की उस सांस्कृतिक परम्परा से जिसमें मानवादर्श नैतिक मूल्य तथा अन्य जीवन-मूल्य, संस्कार तथा मानवीय लक्ष्यों के प्रति उद्युक्त विभिन्न जीवन-गतियाँ प्रवाहित और समाहित होती हैं, उस सांस्कृतिक परम्परा से जिसमें कलात्मक अभिरुचि, कलात्मक आदर्श, कला सम्बन्धी चिन्तन भी समाविष्ट होता है।[2]

'पक्षधरता आधुनिक शब्द है। नया-नया शब्द है। उसके पीछे साम्यवादी छूत है। उसके राजनीतिक अर्थ होते हैं, भारतीय चेतना का राजनैतिकीकरण नहीं हुआ है या अत्यन्त अल्प है।' अपने इस पद को सुस्पष्ट करते हुए वे आगे लिखते है—'राजनैतिकीकरण से मेरा मतलब पार्टी-दर्शन के अनुसार चेतना का ढाला जाना नहीं है, मेरा मतलब उस विश्वबोध से है जो विश्व को उच्चतर स्तर पर रूपान्तरित करना चाहता है। दूसरे शब्दों में, मानव-मूल्यों की सार्वत्रिक, सर्वस्तरीय नियन्त्रणशील स्थापना चाहता है। मानव-मूल्यों द्वारा जगत्गति का नियन्त्रण चाहता है।[3]

---

1. मुक्तिबोध रचनावली, खण्ड 5, पृ. 41।
2. मुक्तिबोध रचनावली, खण्ड 5, पृ. 180।
3. वही, पृ. 180।

यही मुक्तिबोध आधुनिक भावबोध क्या है का उत्तर देते हुए लिखते हैं— मैं अपनी खुद  की जिन्दगी और दोस्तों की जिन्दगी के तजुर्बे से बता सकता हूँ कि अन्याय के खिलाफ आवाज बुलन्द करना आधुनिक भावबोध के अन्तर्गत है। आधुनिक भावबोध के अन्तर्गत यह भी है कि मानवता के भविष्य-निर्माण के संघर्ष में हम और भी अधिक दत्तचित्त हों, तथा हम वर्तमान परिस्थिति को सुधारें, नैतिक ह्रास को थामें, उत्पीड़ित मनुष्य के साथ एकात्म होकर उनकी मुक्ति की उपाय-योजना करें।' यह उत्पीड़ित मनुष्य अन्ततः सबसे पहले कहाँ का होगा? एक लेखक के भाषायी अनुभव कहाँ के होंगे? बकौल मुक्तिबोध 'जीवनानुभूति' कहाँ की होगी?

आलोचना के अपने एक सम्पादकीय 'सामयिक परिवेश' जनवरी, 1957 मे आचार्य वाजपेयी चिन्तित हो लिखते हैं, 'हमारे सामायिक परिवेश में एक समन्वित शृंखला और दायित्व की कमी है।... हम राष्ट्रीय बनने के पहले ही अन्तरराष्ट्रीय बन गये है।'[1]

अपने एक अन्य निबन्ध 'साहित्यकार का दायित्व' शीर्षक में वे लिखते हैं, 'स्वतन्त्रता के लिए संघर्ष करना यदि राजनीति का लक्ष्य था तो सामाजिक जीवन में और वैयक्तिक जीवन में न्याय और स्वतन्त्रताकी माँग करना कलाकारों और साहित्यिकों की विशेषता रही है।' राजनीति और साहित्य के लक्ष्यों पर विचार करते हुए श्री वाजपेयी कहते हैं, 'राजनीति का लक्ष्य जन-समाज के बाहरी जीवन के हितों को देखना, उनकी रक्षा करना और उनका संवर्द्धन करना है, जबकि साहित्यिक का लक्ष्य समाज को ऐसी प्रेरणा देना है कि वे स्वयं अपने हितों और अधिकारों को समझ सकें और अपने दायित्वों को प्रति सजग हो सकें। हम कह सकते हैं कि राजनीति का क्षेत्र संघटित जन-अन्दोलन का क्षेत्र है जबकि साहित्य और कलाओं का क्षेत्र समाज और व्यक्ति की भावनाओं के परिष्कार और उन्नयन का है।...साहित्य एक अन्तरंग प्रक्रिया है, जो जन-मन का संस्कार करती है, बौद्धिक विकास में योग देती है और समस्त मनुष्यों की समानता का उद्घोष करती है।'[2] कभी ये दोनों साथ मिलकर काम करते थे और समीप थे, आज दूर हो गये हैं, फलतः वह समान भावभूमि जो निःस्वार्थ देश सेवा से प्रेरित थी, विलुप्त हो गयी है और राष्ट्रीय नवनिर्माण का कार्य बाधित-सा हो उठा है। प्रश्न उठता है कि साहित्य, बकौल प्रेमचन्द अगर राजनीति और सभ्यता के आगे चलनेवाली मशाल है तो वह मशाल आज जल और आगे-आगे चल क्यों नहीं रही है? वह पिछलगुई कैसे कर रही है? इस चिन्ता में वाजपेयी जी आज अकेले नहीं

———————

1. राष्ट्रीय साहित्य तथा अन्य निबन्ध पृ. 19।

2. वही, पृ. 22

हैं, रामविलास शर्मा का यह कथन भी उनके समर्थन में खड़ा है, 'आजादी के पहले लोग आजादी पाने के लिए प्रयत्न करते थे। अब उस आजादी को चरितार्थ करने के लिए नये भारत के निर्माण के लिए उनमें वैसा उत्साह नहीं दिखायी देता। समाज में, शिक्षा में, राजनीति में— सब जगह एक-सी धारा है...लोगों के सामने कोई स्पष्ट सामाजिक उद्देश्य नहीं है।'[1]

यही वह मुख्य चिन्ता है जो आजादी के बाद आलोचक वाजपेयी के लेखन में प्रमुखता से उभरकर आती है और वे बार-बार 'स्वदेशी विचार पद्धति' और 'राष्ट्रीय साहित्य' की अपनी अवधारणा पर जोर देने लगते हैं—'राष्ट्रीयता या जातीयता से हमारा आशय...केवल उन लक्षणों से नहीं है जिन्हें हम परम्परा के नाम पर दोहराते चले आते हैं, प्रत्यक्ष राष्ट्र या जाति के उस वास्तविक सक्रिय और गम्भीर जीवन से है जो एक साथ मानववाद और विशिष्ट ऐतिहासिक अनुभवों तथा जातीय दृष्टि से युक्त होने के कारण ही राष्ट्रीय है। इसीलिए वह एक साथ राष्ट्र और सार्वभौमत्व की सीमाओं का स्पर्श करता है...।[2] यहीं उनका यह कथन भी गौरतलब है कि सार्वजनिकता 'साहित्यिक प्रक्रिया के मूल में निवास करती है।'

वाजपेयी जी की सोच उस औपनिवेशिक दिमाग से मेल नहीं खाती जो यह मानता चल रहा है कि 'आर्थिक परिवर्तनों के अनुषंग के रूप में सांस्कृतिक परिवर्तन अपने-आप आएंगे, लिहाजा संस्कृति को प्रमुखता और प्राथमिकता देने की जरूरत नहीं।' वाजपेयी जी की ही तरह समाजवादी चिन्तक किशन पटनायक इस पर अपना प्रतिवाद दर्ज करते हुए लिखते हैं—'नये सांस्कृतिक मूल्यों का निर्माण करने और उनको व्यवहार में लाने की क्रान्तिकारियों की जिम्मेदारी', एक दूसरे से गुँथे हुए और अभिन्न हैं। लोहिया ने इसीलिए यह प्रतिपादित किया कि साधारण (सांस्कृतिक) और आर्थिक लक्ष्यों की तरफ एक साथ और समानान्तर रूप से बढ़ना होगा, उनके लिए अलग-अलग ढंग से प्रयत्न नहीं किये जा सकते और न ही यह माना जा सकता है कि आर्थिक लक्ष्यों के पूरे होने से सांस्कृतिक लक्ष्य भी अपने-आप पूरे होने लगेंगे। उनका तो यह मानना था कि एक के अभाव में दूसरा लक्ष्य अधूरा रह जायेगा। साधारण लक्ष्य में निश्चय ही आध्यात्मिकता, लोकतन्त्र, सुन्दरता आदि निहित होंगे। इसलिए लोहिया के समाजवादी कार्यक्रम में भाषा, जाति, महाकाव्यों आदि गैर आर्थिक विषयों और कार्यकलापों की एक लम्बी सूची शामिल थी।[3] इसी निबन्ध में किशन जी लोहिया के

1. किशन पटनायक, विकल्पहीन नहीं है दुनिया पृ. 94-95।
2. डॉ. रामविलास शर्मा अपवाद निकले, देखे गाँधी, अम्बेडकर, लोहिया।
3. किशन पटनायक, विकल्पहीन नहीं है दुनिया, पृ.131।

सन्दर्भ में लिखते हैं—'वामपन्थी बुद्धिजीवी उनसे उतना ही खफा था जितना कि दक्षिणपन्थी बुद्धिजीवी।' तथापि वे वह आवाहन करने से नहीं चूकते कि 'एक स्वदेशी विकेन्द्रित अर्थ व्यवस्था को लक्ष्य माननेवाले एक वैकल्पिक मानव सभ्यता का सपना देखने वाले गाँधी समर्थकों को लिए जरूरी हो जाता है कि दुनिया के अतिविकसित देशों के साथ एशिया-अफ्रीका के आर्थिक सम्बन्धों को पूरी तरह छिन्न-भिन्न करने का आवाहन करें।[1] ऐसा करना क्यों लाजिमी है, इसे स्पष्ट करते हुए उनका कथन है, 'विकासशील देशों की अर्थव्यवस्था को अपनी अर्थ नीति के साथ बाँधकर रखने के पीछे विकसित देशों का एक ही उद्‌देश्य होता है और वह उद्‌देश्य यह है कि विकासशील देशों में ऐसी टेक्नोलॉजी का इस्तेमाल हो, जिसका आयात विकसित देशों से ही करना पड़ेगा। और जिसके द्वारा विकासशील देशों के समग्र साधनों का अधिकतम दोहन विकसित देशों की समृद्धि के लिए हो सकेगा।[1] यही तो ग्लोबीकरण है। पर यह वाजपेयी जी द्वारा प्रयोग मे लाया गया वह सार्वभौमत्व नहीं, जिसके अन्तर्गत समस्त जातीयताएँ और संस्कृतियाँ अपना-अपना स्वत्व और स्वाभिमान सुरक्षित रख सकेंगी।

वाजपेयी जी हिन्दी आलोचना में वही काम कर रहे थे जो उनके वरिष्ठ-जन यथा महावीरप्रसाद द्विवेदी और आचार्य रामचन्द्र शुक्ल करते आ रहे थे। किन्तु यह उनके काम से एक भिन्न आयाम भी लिये हुए भी था। यह न तो पश्चिम के विरोध या उससे मुठभेड़ की मुद्रा में था, न ही उसके आईने में अपना चेहरा खोजने की आकांक्षा पाले हुए था। यह तो पश्चिम की ही तरह भारत की साहित्य-चिन्तन की परम्पराओं को व्यवस्थित रूप और आकार देकर उस स्वदेशी दृष्टि को पुनर्स्थापित करने की ऐतिहासिक इच्छा से आन्दोलित था जिससे स्वयं तिलक और गाँधी परिचालित थे। गाँधी की राजनीति को एक निबन्ध में सुस्पष्ट करते हुए वाजपेयी ने लिखा—'गाँधी जी ने प्रयत्न किया था कि वे राजनीति को आध्यात्मिक बना दें अर्थात् उसमें से सारी कटुता, मलिनता और स्वार्थपरता को निकालकर, उसे स्वच्छ मानवीय विकास का उपकरण बना दें। वे बहुत दूर तक अपने कार्य में सफल भी हुए थे।[2]

उल्लेखनीय है कि वाजपेयी जी अपने प्रारम्भिक दिनों से लेकर बाद के दिनों तक साहित्य में जिस 'आध्यात्मिकता' की बात करते रहे हैं उसका मतलब साहित्य में अभिव्यक्त इन्हीं गम्भीर मानवीय संवेदनाओं से है। वे रचयिता अपनी रचना के समय

1. विकल्पहीन नहीं है दुनिया : किशन पटनायक, पृ. 130।
2. राष्ट्रीय साहित्य तथा अन्य निबन्ध, पृ. 22।

अतिशय उदार और गम्भीर मानवीय गुणों से सम्पन्न हो।[1] उनकी यह मान्यता थी कि कलाओं का क्षेत्र समाज और व्यक्ति की भावनाओं के परिष्कार का क्षेत्र है। भारतीय साहित्य को वे इसी उच्चभाव-भूमि पर देखने के आग्रही थे। इसलिए वे भारतीय साहित्यशास्त्र और कला-चिन्तन की परम्परा को एक वैज्ञानिक सुसम्बद्धता और एतिहासिक अनुक्रमिकता देना चाहते थे।

निःसन्देह शुक्ल जी से वे कई मुद्दों पर असहमत भी हुए। उनमें से एक मुद्दा छायावाद, रहस्यवाद का तो था ही, कला-रूपों के वर्गीकरण और मूर्त-अमूर्त का था, कला और नीतिवाद का भी। तो उस लोकमंगलवाद का भी जिसके लिए आलोचकों का एक पूरा समुदाय आज भी शुक्ल जी की अभ्यर्थना में लगा रहता है। आश्चर्य तो यह कि वह अपने आराध्य शुक्ल जी से कभी तटस्थ हो यह कभी नहीं पूछता कि उनका यह क्षात्रधर्म क्या है? सवर्ण और पुरुष-वर्चस्व के विरुद्ध उठ खड़े दलित और स्त्री-विमर्श की समायी शुक्ल जी के लोकमंगल में क्यों नहीं हो पा रही है? क्या दलित मात्र एक आर्थिक वर्ग यथार्थ है अथवा इसका कोई सामाजिक और सांस्कृतिक वस्तु-सत्य भी है? क्या अस्पृश्यता का नग्न सत्य आर्थिक विषमता का यथार्थ मात्र है? स्त्री-विमर्श के घेरे में लोकनायक राम द्वारा अग्नि-परीक्षा देकर निर्दोष साबित हो चुकीं सीता का करुण निर्वासन आता है कि नहीं? शुक्ल जी के लोकमंगलवाद में इसका कोई समाधान है अथवा नहीं ? आज भी आजाद स्त्री का वर्ग क्या है ? अनेक ऐसे प्रश्न हैं जो लोकमंगलवाद के दायरे से आज बाहर खड़े हैं जिसकी बुनियाद उनका क्षात्रधर्म है।

क्या यह भी रेखांकित करना पड़ेगा कि क्षात्रधर्म या फिर वणिक्-धर्म जैसे शब्द और साहित्यिक मुहावरे शुक्ल जी के किस मानस से चलकर आ रहे हैं ? शुक्ल जी का साहित्यिक मानक क्या वही रामचरितमानस नहीं था, जिसमें वर्णाश्रम धर्म की श्रेष्ठता का यशोगान किया गया है ? हिन्द स्वराज्य की प्रासंगिकता शीर्षक अपनी पुस्तिका में अमितकुमार शर्मा लिखते हैं, 'शुक्ल जी के पास भारतीय संस्कृति इसकी समस्याओं एवं समाधान की दृष्टि से कोई फॉर्मूला नहीं है। ऐसे भी, भारतीय परम्परा के बारे में फॉर्मूला देने में सावधान रहने की आवश्यकता है। भारतीय परम्परा अत्यन्त प्राचीन और विविध है।'[3] काश इसे हमारे क्रान्तिकारी वामपन्थी समझ पाते।

---

1. नयी दिशा, 1955, मुक्तिबोध रचनावली, खण्ड 5, पृ. 294।
2. अमितकुमार शर्मा, हिन्द स्वराज्य की प्रासंगिकता पृ. 146।
3. अमितकुमार शर्मा, हिन्द स्वराज्य की प्रासंगिकता पृ. 1।

मुक्तिबोध जैसे लेखकों ने इस जटिल स्थिति को बखूबी समझा था इसीलिए उन्होंने यह लिखा कि पण्डित रामचन्द्र शुक्ल की वर्णाश्रमधर्मी, जातिवादग्रस्त सामाजिकता और सच्चे जनवाद को एक-दूसरे से ऐसे मिला दिया गया है मानो शुक्ल जी (जिनके प्रति हमारे मन में अत्यन्त आदर है) सच्ची जनवादी सामाजिकता के पक्षपाती हों। तुलसीदास जी को पुरातनवादी कहा जायेगा कबीर की तुलना में जिनके विरुद्ध शुक्ल जी ने चोटें की हैं।'[1]

ऐसा मुक्तिबोध का विचार है अमित कुमार शर्मा लिखते हैं—'महात्मा गाँधी, बाल गंगाधर तिलक और रामचन्द्र शुक्ल के बीच की चीज हैं। उससे भी बढ़कर वे तुलसी और कबीर के बीच का चीज हैं। गाँधी जी वर्णाश्रम की नई व्याख्या प्रस्तुत करते हैं परन्तु वर्णाश्रम का विरोध कभी नहीं करते। तिलक भी वर्णाश्रम की नयीं व्याख्या प्रस्तुत करते हैं परन्तु अम्बेडकर के प्रति तिलक का गाँधी जैसा जोर नहीं है। गाँधी वर्णाश्रम के समर्थक तो हैं पर क्षात्रधर्म के समर्थक नहीं हैं। वे शूद्र धर्म के समर्थक हैं।[2]

पं. नन्ददुलारे वाजपेयी इसी गाँधी मार्ग के निष्ठावान् सहचर थे। अन्यथा ज्यादा सही तो यह कहना होगा कि वे एक ऐसे समन्वयी संस्कृति-विचारक थे जिसकी दृष्टि अभेदपरक और सामूहिकतावादी थी। निश्चित ही वे स्थायी और श्रेष्ठ साहित्य की बात ही नहीं, माँग भी किया करते थे किन्तु अपनी विवेचना में वे किसी को बड़ा-छोटा, ऊँचा या नीचा साबित करने के बजाय उसकी विशिष्टताओं के वस्तुगत विवेचन अथवा विश्लेषण को आलोचक का धर्म मानते थे। वे मानते थे कि दो मौलिक प्रतिभाएँ कभी भी एक-सा सृजन नहीं करतीं और कोई भी शास्त्र या पूर्व निर्धारित मानदण्ड किसी भी मौलिक सृजन का निर्णायक प्रतिमान नहीं बन सकता। तथापि युगान्तरगामी और अतिश्रेष्ठ अथवा कालजयी कृतियाँ केवल इसलिए महान नहीं होतीं कि उनमें अतिमहान माने जानेवालों की गाथाएँ गायी गयी हैं। सूर-सुषमा (1932) की प्रस्तावना में उन्होंने लिखा,'हमारे आदिकवि ने तुच्छातितुच्छ लोकघटना से लेकर उच्चतम दार्शनिक तत्त्व का समन्वय एक ही रचना के अन्तर्गत किया है। यही हमारे यहाँ की सनातन काव्य-परिपाटी है।'[3] इसी पृष्ठ पर वे लिखते हैं, 'हमारे देश में भी काव्य की कोटियाँ बनायी गयी हैं, पर उनका उद्देश्य बन्धन नहीं है। अवसर के अनुसार वे अधिक-से-अधिक

———————

1. सूर-सुषमा, पृ. 1।

2. सूर-सुषमा।

3. प्रकीर्णिका, पृ. 108।

विस्तार कर सकती हैं जिसमें लौकिक और अलौकिक भावनाजगत् अभेद-भाव से सन्निहित हो सकते हैं।[1]

वाजपेयी जी अपने इस विश्वास और धारणा की पुष्टि प्रेमचन्द सम्बन्धी इन बयानों से भी करते हैं :

(क) उनमें मनुष्योचित भावना का विश्वास अपरिमित कोटि का था। वे पूरे अर्थों में यथार्थवादी नहीं थे, उनका वैचारिक दृष्टिकोण आदर्शवादी था। वे भारतीय विपन्नता के कलाकार थे। उनमें गिरी हुई जनता के प्रति अशेष संवेदना थी...शोषित वर्ग का उत्थान करनेवाले (वे) महान् कलाकार थे।'[2]

(ख) 'कथा-साहित्य के क्षेत्र में विश्व के बड़े साहित्यिकों में परिगणित होने योग्य हमारे प्रेमचन्द हैं। वृहत सामाजिक अन्याय के उद्‌घाटन को हम प्रेमचन्द के कृतित्व का मूलतत्त्व कह सकते हैं।[3]

इन दोनों उद्धरणों से इस निष्कर्ष पर पहुच पाना मुश्किल नहीं रह जाता कि वाजपेयी जी की साहित्य-दृष्टि, लौकिक-अलौकिक, भौतिक-आध्यात्मिक मे बँटी हुई नहीं है। न ही प्रबन्ध-प्रगीत और मुक्तक के बड़े-मँझोले या छोटे आकारों में। अपनी आरम्भिक समीक्षाओं में ही वे यह लिख चुके थे—'कविता जिस स्तर पर पहुँचकर अलंकारविहीन हो जाती है, वहाँ वह वेगवती नदी की भाँति, हाहाकार करती हुई हृदय को स्तम्भित कर देती है। उस समय उसके प्रवाह में अलंकार ध्वनि, वक्रोक्ति आदि न जाने कहाँ बह जाते हैं और सारे सम्प्रदाय मटियामेट हो जाते है।' कविता का मुख्य काम अपने पाठकों के हृदय पर पूर्ण अधिकार कर लेना है। वे आगे के वाक्य लिखते हैं—'संसार के बड़े कवियों की महान रचनाएँ इसी प्रकार की हैं और यूरोपीय समीक्षाकार इसी के समर्थन में शक्तिशाली तर्क उपस्थित करने में लगे हैं। हम हिन्दीवालों को इस तत्त्व को ग्रहण करने की आवश्यकता है।[4]

उद्धरण से यह तो स्पष्ट है कि वाजपेयी जी पश्चिम के स्वच्छन्दतावादी चिन्तकों के बहुत निकट हैं किन्तु यह भी जान लेना चाहिए कि निकट होकर भी वे उनके अनुगामी नहीं हैं। इसी लेख में हिन्दी गीतिकाव्य का उल्लेख करते हुए वे लिखते हैं, 'आधुनिक 'गीतिकाव्य' विनयपत्रिका के ही वंशज हैं। विनयपत्रिका में और उनमें भेद

1. राष्ट्रीय साहित्य : तथा अन्य निबन्ध, पृ. 9।
2 हिन्दी साहित्य : बीसवीं शताब्दी, पृ. 19।
3. वही, पृ. 88-89।
4. हिन्दी साहित्य : बीसवीं शताब्दी, पृ. 88-89।

है तो यही कि आजकल समय की गति के अनुसार नवीनता है। अनुकरण काव्य की विभूति नहीं है। कविता में नवीनता की खोज हुई। पश्चिमीय शैली का प्रभाव पड़ा पर परम्परा वही है, जो विनयपत्रिका में एक दूसरे रूप में थी।[1] शुक्ल जी के कथनानुसार काव्य में कर्म-पक्ष का विधान करने और सौन्दर्य दिखानेवाले प्रबन्धकाव्य अधिक काव्योपयोगी हैं को विवादपूर्ण मानते हुए वाजपेयी जी लिखते हैं—'इन दोनों (प्रबन्ध और प्रगीत) में कौन-सा पक्ष अधिक काव्योपयोगी है इस सम्बन्ध[2] में कोई भी निर्णय विवाद से खाली नहीं हो सकता। तब भिन्न रुचि के लिए जगह छोड़नी चाहिए।[3] समीक्षा में यह 'भिन्न-रुचि' उस सक्रिय रचनात्मक लोकतन्त्र का प्रस्ताव करती है जहाँ केवल दृष्टि विशेष की एकदेशीयता और अतिवादिता काम नहीं करती, सन्दर्भ चाहे विचार या विधारधारा के हों या फिर रूप और शैली-पक्ष के। अपनी आलोचनाओं में वाजपेयी जिस एक काव्यतत्त्व को केन्द्रीय मानते और निर्णायक महत्त्व देते हैं वह है कवि की सहज संवेदनशीलता।' साहित्य और सामाजिक जीवन' शीर्षक अपने निबन्ध में उनका स्पष्ट अभिमत है—'नयी जीवन-शक्तियों न को न पहचानना और प्रगति का साथ न देना, न केवल अदूरदर्शिता होगी, आत्मघात भी कहा जायेगा।' उनके मतानुसार काव्य का कार्य है संवेदना की सृष्टि करना, वाद का काम है ज्ञान-विस्तार करना। वाद का स्वरूप एकदेशीय है, काव्य का सर्वभौम।...काव्य-कल्पना एक बार कवि की वाणी का आश्रय लेकर जो रूप निर्माण करती है, उसके अनुरूप अनुभूति प्रत्येक सहृदय को सभी समयों और सभी देशों में अनायास ही होगी, किन्तु वाद के द्वारा जिस सत्य का एक बार निरूपण होता है, वह नया ज्ञान उपलब्ध होने पर फीका भी पड़ जाता है।' इसलिए कवि और लेखक जो वास्तव में नए युग के अग्रदूत और विधायक हुआ करते हैं, उसका आधारभूत कारण उनकी तीव्र संवेदनाएँ ही हैं।

आज जो कुछ लिखा जा रहा है, उस सन्दर्भ में यह प्रश्न कहीं से पुराना नहीं पड़ गया है। साहित्य के अनेक वादों-प्रवादों के बीच, ये वाद-विवाद चाहे कथन-पक्ष से सम्बन्धित हों अथवा कथ्य पक्ष से, इस पर विचार किया जाना जरूरी होगा कि अन्ततः साहित्य की बुनियादी वस्तु क्या है? न केवल आचार्य वाजपेयी, वरन् डॉ. रामविलास शर्मा भी इस प्रश्न पर उनसे एकमत हैं कि साहित्य की मूलभूत वस्तु संवेदना है। 'सौन्दर्य-प्रतीति और सामाजिक-दृष्टि' शीर्षक निबन्ध में मुक्तिबोध लिखते

1. वहीं, पृ. 88-89।
2. वहीं, पृ. 82।
3. वहीं, पृ. 83।

हैं—'कवि, कहानी लेखक, उपन्यासकार की सौन्दर्य-प्रतीति में वह सामाजिक दृष्टि सन्निंहित है, जिसका उसने उन जीवन-प्रसंगों के मार्मिक आकलन के समय उपयोग किया था। इस सामाजिक दृष्टि के बिना वह सौन्दर्य-प्रीतति ही असम्भव थी।' इसलिए 'समीक्षक द्वारा प्रस्तुत की गयी (ऐसी) समीक्षा का आधार वस्तुतः जीवन, जैसा कि वह जिया जाता है, ही है, किताबी शब्द-समुदाय नहीं। जीवन-सत्यों पर आधारित साहित्य-समीक्षा स्वयं एक सृजनशील कार्य है, और वह न केवल लेखक को वरन् पाठक को भी जीवन-सत्यों के अपने उद्घाटनों द्वारा सहायता करती जाती है।' 'ऐसी ही समीक्षा को मुक्तिबोध 'महत्त्वपूर्ण' करार देते हुए लिखते हैं—साहित्य में प्रकट तत्त्व की सत्यता की जाँच की कसौटी क्या है? सिद्धान्त? समीक्षक की कल्पनाएँ? नहीं, बिलकुल नहीं। साहित्य में प्रकट तत्त्व की जाँच की कसौटी है—वास्तविक जीवन में पाये जानेवाले तत्त्व।' यही मुक्तिबोध अन्यत्र यह भी लिखते है—'सिद्धान्त जीवन के आन्तरिक और बाह्य तथ्यों का स्थान नहीं ले सकता, वस्तुतः, वह स्थिति के लिए नहीं पर अवलम्बित है। जो सिद्धान्त इनकी अवहेलना कर आगे बढ़ेंगे, वे चाहे किसी वाद की दुहाई दें, असफल ही रहेंगे।'[1]

शुक्ल जी काव्य की वर्गीकरणवाले पक्ष पर भले ही प्रबन्धकाव्यों के साथ खड़े हो, अन्ततः तो वे काव्य की भावभूमि को ही उत्कृष्ट काव्य का निर्णायक तत्त्व मानते हैं, हम चाहें तो इसे हिन्दी आलोचना की तत्त्वान्वेषी दृष्टि भी कहें। शुक्ल जी जब छायावाद को अभिव्यंजना की एक प्रणाली कह रहे थे, तब भी नहीं क्योंकि अभिव्यंजना आखिर किसकी? कहीं अभिव्यंजना के लिए ही अभिव्यंजना तो नहीं? तो क्या छायावाद में नये जीवनानुभवों की कोई गति नहीं है, कोई नयी संवेदना नहीं है? वाजपेयी कहते हैं 'रस किसी छन्द में नहीं हैं, वह तो मानव-संवेदना के विस्तार में है...काव्य कला का सौष्ठव भी अनुभूति की गहराई में है, शब्दकोश के पन्ने पलटने में नहीं।'[2]

अक्सर इन विवादों का हवाला देकर यह निष्कर्ष निकाल लिया जाता है कि वाजपेयी जी शुक्ल जी की समस्त स्थापनाओं के भंजक के रूप में आये थे। मेरा अपना सोचना है कि वे अपने आचार्य की स्थापनाओं और उनकी सीमाओं का विस्तार करते हुए आये थे।

——————

शुक्ल जी को नये युग का 'विधायक आचार्य' मानते हुए वे अपने समकालीनों

1. मुक्तिबोध रचनावली : पाँच पृ. 187।
1. हिन्दी साहित्य : बीसवीं शताब्दी, पृ. 87।

से कहते हैं कि 'उनका सन्देश है कि साहित्य की समीक्षा किसी एक अंग या पहलू पर समाप्त न हो जानी चाहिए, बल्कि वह सब अंगों को ध्यान में रखकर की जानी चाहिए।'[1] वाजपेयी जी इसके बाद दो-एक वाक्य और लिखते हैं। जो मेरी अपनी समझ से हमारे लिये नसीहत जैसे हैं, 'आज हिन्दी में जो कोई समीक्षा के जिस किसी कोने को पकड़ पाता है, उसे ही खींचे चलता है। यह समझने की जरूरत नहीं समझी जाती कि खींचतान से साहित्य का कोई लाभ नहीं है, बल्कि इससे साधारण पाठकों में भ्रम ही फैसला है। शुक्ल जी ने इस प्रवृत्ति को साहित्यिक कनकौआ उड़ाना कहा है, और उन्होंने इसका ठीक ही नामकरण किया है।'[2] वाजपेयी जी अगला वाक्य लिखते हैं—'यह प्रवृत्ति हमें साहित्य की अन्तरात्मा के दर्शन तो करा ही नहीं सकती।'[3] यह वाजपेयी जी का ही कथन है—'शुक्ल जी ने समीक्षा के भारतीय सॉचे को बने रहने दिया।'[4]

साहित्य की जिस अन्तरात्मा के दर्शन कराने को वे समीक्षा का बुनियादी काम कह रहे हैं, वस्तुतः वह वही है जिसे उन्होंने समीक्षा का भारतीय साँचा कहकर शुक्ल जी कें सन्दर्भ में प्रयुक्त किया है। यद्यपि शुक्ल जी की अपनी इस भारतीयता का अर्थ और आशय वाजपेयी जी से भिन्न रहा है और सम्भवतः इसी आधार पर आचार्य हजारीप्रसाद द्विवेदी के लिए दूसरी परम्परा तक खोज ली गयी, तथापि ये सारी विरासतें भारतीय साँचे के भीतर की ही हैं जिसकी ओर हमारा ध्यान आकृष्ट करते हुए वाजपेयी जी ने कहा था कि 'निम्नातिनिम्न संसारी वस्तु से भी उच्चातिउच्च का अध्यात्म तत्त्व से संसर्ग करा देना, यही अपने साहित्य की सबसे बड़ी विशेषता दीख पड़ती है।[5]

यही वह समन्वय और सन्तुलन है, वाजपेयी जी जिसकी ओर निरन्तर बढ़ते दिखायी देते हैं। इसी दृष्टि से उनमें किन्हीं पक्षों का साम्प्रदायिक नकार या ऐकान्तिक स्वीकार नहीं है। उनकी दृष्टि बेहद खुली हुई और उदार है। उसमें एक विशेष प्रकार की सर्वग्राह्यता, समावेशीपन, उदारता और उन्मुक्ति है। किन्तु साम्प्रदायिक आग्रह कहीं नहीं।

———————

1. वही।
2. नही।
3. नन्ददुलारे वाजपेयी (सं.), सूर-सुषमा, पृ. 21।
4. नया साहित्य : नये प्रश्न, पृ. 98।
5. वही।

वे सम्भवतः अकेले हिन्दी आलोचक हैं जो अपने पूर्व कथनों की बार-बार परीक्षा करते हैं और अपने-आपको संशोधित करते और जरूरत के अनुसार बदलते चलते हैं। समीक्षा को अपनी उस्तादी का कोई अखाड़ा नहीं मानते। उसे एक ऐसी संस्कृति-पीठ मानते हैं जहाँ पहुँच कलाएँ अपना धर्म पहचानती हैं। अपना वह जातीय स्वरूप भी जिसकी अनुपस्थिति में वे न केवल अपनी नागरिकता से वंचित हो उठती हैं बल्कि वायवीय भी लगने लगती हैं। यह वायवीयता उन्हें बेहद अरुचिकर है। आचार्य विश्वनाथ प्रसाद मिश्र ने अगर वाजपेयी जी को अकेला शुद्ध आलोचक कहा है तो सम्भवतः इसीलिए कि साहित्य और कलाओं की स्वाधीनता की लड़ाई लड़नेवाले वे अकेले आलोचक हैं। इस बात के साथ कि कला-सृष्टि भले ही व्यक्ति द्वारा की जाये पर उसका प्रभाव तो सार्वजनीन होना ही चाहिए। उनके प्रसिद्ध कथन हैं—'कल्पना तो व्यक्ति करता है, पर 'रूप' बहुजन-संवेद्य होता है।...मानव-जीवन विकासशील वस्तु है इसीलिए साहित्य भी विकासशील है।...रूप की सत्ता भावाश्रित होती है। अतएव साहित्य भी भावाश्रित 'रूप' ही है।...भावों की व्यंजना, ध्वनन, स्वयं प्रकाश यही कविता और कलामात्र का व्यक्तित्व है...परन्तु हम यह कुछ भी नहीं कह सकते कि हमारे भाव ये ही हैं, इतने ही हैं अथवा ऐसे ही होने चाहिए। काव्य का क्षेत्र भावों की क्रीड़ा भूमि है। शास्त्र की तो सीमा है पर काव्य की कोई नहीं। वह असीम है। जिस देश की जैसी अभिरुचि होगी, उस देश की कविता भी वैसा ही वेश धारण करेगी।' इसलिए प्रत्येक देश की कला-दृष्टि प्रथमतः स्थानिक किन्तु अन्ततः लोकव्यापी अथच सार्वभौमिक होगी।' इसीलिए वाजपेयी जी की राष्ट्रीयता में सार्वभौमिकता का निषेध नहीं, उसकी व्याप्ति है। वस्तुतः यह वही उदार राष्ट्रीयता है जिसे प्रसाद ने चन्दगुप्त नाटक के प्रसिद्ध गीत 'अरुण यह मधुमय देश हमारा' में व्यक्त किया है।

वाजपेयी जी की चिन्ता का एक और परिप्रेक्ष्य भी है जो हमारी स्वाधीनता और स्वदेश प्राप्ति के संघर्षों से जुड़ा हुआ है। इन संघर्षों के साथ के उन संकल्पों से भी जो हमें एक स्वतन्त्र राष्ट्र के सपने से जोड़ते थे। 'स्व' से जुड़े इन संकल्पों, स्वप्नों और संघर्षों का मतलब केवल राजनीतिक, सामाजिक या आर्थिक नहीं, सांस्कृतिक भी था। भारतीय साहित्यलोचन के सन्दर्भ में वाजपेयी जी की मुख्य चिन्ता यह नहीं कि परम्परा समृद्ध होकर भी बिखरी हुई है। इससे बड़ी चिन्ता यह है कि इस बिखराव के चलते आधुनिक कही जानेवाली विश्व-बिरादरी को हम अपनी उपलब्धियों से किसी प्रकार का कोई लाभ देना तो दूर हम अपनी प्रतिभाओं की मौलिकता और सहज विकास का पोषण तक नहीं कर पा रहे हैं। वे इस सांस्कृतिक संकट को नेहरू शासन काल

में ही देख पा रहे थे और चिन्तित थे। कि इस बिखराव के चलते हम न तो अपनी 'राष्ट्रीय सम्पत्ति' (विरासत) का पूरा उपयोग कर पा रहे हैं, न ही उस स्वदेश का नवसृजन जिसके लिए 'हिन्द-स्वराज्य' जैसी कालजयी अवधारणाएँ (1909) लिपिबद्ध की गईं। वे लिखते हैं— 'पिछले पचास वर्षों में भारतीय साहित्यालोचन को अपनी परम्परा से कितना मिला और पश्चिम के वादों और सिद्धान्तों का उस पर कितना प्रभाव पड़ा, इसकी मीमांसा की जाये तो यह स्पष्ट हो जायेगा कि पश्चिम हमारे ऊपर कितनी तेजी से छा रहा है और हमारी अपनी ज्ञान-राशि किस हद तक उपेक्षित हो रही है।[1] वे किन्तु भारत के साहित्यिक जनों से यह नहीं कह रहे होते कि पश्चिम की ओर से वे अपनी आँख मूँद लें। उनका कहना बहुता साफ और दो टूक है—'आज के साहित्यिक विद्यार्थी के लिए यह आवश्यक है कि भारत और पश्चिम की साहित्य-समीक्षा का सर्वाङ्ग स्वरूप उसके समक्ष रहे। तभी वह तुलनात्मक दृष्टि से अपने देश की समीक्षा सम्बन्धी प्रगति की ठीक-ठीक जानकारी प्राप्त कर सकेगा और तभी वह पूर्वी तथा तथा पश्चिमी सैद्धान्तिक विकास को उचित भूमिका पर रखकर दोनों की परीक्षा कर सकेगा।[2]

वाजपेयी जी के इस राष्ट्रीय मुहावरे को एक और स्तर पर देखना चाहिए जहाँ वे पश्चिम के प्रति न तो कोई चिढ़ या द्वेषमूलक दृष्टि अपनाते हैं, न उसकी बौद्धिक तैयारी और योजनाबद्धता के समक्ष अपना सब-कुछ भूल भालकर घुटने टेक देते हैं। वे उन कट्टरतावदी राष्ट्रवादियों में से तो हैं ही नहीं जो पश्चिम को एकदम काले और भारत को रंगीन सुहाने चश्मे से देखते हैं। पश्चिम इससे भिन्न उनको एक आदर्श चुनौती के रूप में दिखायी देता है जिसने अपनी कला-परम्परा और साहित्य-चिन्ता-धारा को इतने सुन्दर और क्रमबद्ध विवरणों में न केवल सँजो रखा है बल्कि उस पर नजर डालते ही हमें उसकी सुसम्बद्ध और विकासमान् बौद्धिक उपलब्धियों का सहज ज्ञान हो उठता है। वाजपेयी जी अत्यन्त प्रीत होकर लिखते हैं—किसी भी देश की ज्ञान-राशि का सुव्यवस्थित विवरण भविष्य की सन्तान के लिए कितना उपयोगी होता है, यह हम पाश्चात्य साहित्यालोचन के उदाहरण से समझ सकते हैं।[3] इस सन्दर्भ में उनकी चिन्ताएँ भी कम महत्त्वपूर्ण नहीं हैं—'हमारे देश में साहित्य-सम्बन्धी अनेक सैद्धान्तिक उद्‌भावनाएँ हुई हैं, परन्तु आज के विद्यार्थी के सामने वे बिखरी हुई वस्तुओं के रूप

———————

1. नया साहित्य : नए प्रश्न, पृ, 99
2. वही, पृ, 99।
3. वही, पृ, 99।

में पड़ी हैं। उनका सुव्यवस्थित और सापेक्ष अनुशीलन नहीं किया जा सकता। इसलिए उनका सुव्यवस्थित और सापेक्ष अनुशीलन नहीं किया जा सका। इसलिए जब हम आज भारतीय साहित्यालोचन की चर्चा करते हैं, तब हमारे सामने कोई ऐसा सम्पूर्ण चित्र नहीं आता जैसा पाश्चात्य समीक्षा के अध्येताओं के समक्ष आता है। इसका कारण यही है कि हमारी साहित्यिक परम्परा समृद्ध होती हुई भी सुगठित नहीं है। वस्तु का ऐतिहासिक और वैज्ञानिक संचय नहीं किया जा सकता है।' परिणामतः हम अपनी इस समृद्ध विरासत का वैसा लाभ नहीं उठा पाते जैसा कि पश्चिम की युवा प्रतिभाएँ उठा पाती हैं। दूसरे, अपनी परम्परा से अपरिचित या अर्द्धपरिचित होने के कारण हमारी कथित मौलिकता बालसुलभ बौद्धिक उत्साहों से उछलती रहती है और इस तरह हम अपने नये चिन्तन को कोई ठोस जमीन और वैज्ञानिक आधार नहीं दे पाते।

कला और संस्कृति का विवेचन करनेवालों का यह मानना है कि 'प्रत्येक' संस्कृति में उसके प्रत्येक कलाकर्मी की अपनी कुछ विशिष्टताएँ होती हैं और कलाकार बिल्कुल एक जैसा चित्र नहीं बना सकते।'[1] यदि ऐसा न होता तो इण्डियन, यूरोपियन, ओरियण्टल अथवा यूरो-एशियाई-अफ्रीकी करने का कोई अर्थ नहीं नह जाता। आचार्य वाजपेयी की साहित्यालोचन सम्बन्धी चिन्ताएँ वस्तुतः इसी वस्तु-सत्य से जुड़ी हुई हैं और चिन्ता में वे अकेले भी नहीं हैं। अपने ख्यात ग्रन्थ भारतीय कला का अध्ययन में डॉ. नीहाररंजन राय लिखते हैं, 'दुर्भाग्य से शिल्प, नाट्य और अलंकार-सम्बन्धी ऐसे तकनीकी और मीमांसक ग्रन्थ हमारे पास उपलब्ध नहीं हैं जिनको आधार बनाकर हम प्रमाण के साथ यह कह सकें कि उनका सम्बन्ध ईसा संवत् की पूर्व अथवा प्रारम्भिक शताब्दियों से है। पारम्परिक तौर से कहा जाये तो भरत ही ऐसे एक सिद्धान्तकार हैं जिन्होंने सर्वप्रथम नृत्य, नाट्य और संगीत आदि कलारूपों के सिद्धान्तों, तकनीकों और रूपों को सुव्यवस्थित रूप दिया और सर्वप्रथम रस सिद्धान्त का प्रवर्तन किया।'[2]

इन स्थितियों में आचार्य वाजपेयी की चिन्ताओं की ऐतिहासिकता और उनके महत्त्व को समझा जाना चाहिए। जब वे साहित्य के राष्ट्रीय अथवा जातीय चेहरे के प्रति अपनी गहरी दिलचस्पियाँ जताते हैं तब वे उसकी सैद्धान्तिक विकास-रेखाओं की खोज एवं अनुक्रमिकता की बात भी करते हैं। वाजपेयी जी की 'राष्ट्रीयता' की इस अवधारणा

---

1. भारतीय कला का अध्ययन पृ. 92।
2. सच्चिदानंद सिन्हा, भारतीय राष्ट्रीयता और सांप्रदायिकता, पृ. 4-5।

को यहाँ अधिक बड़े फलक पर समझने की जरूरत है। सबसे पहले तो यही कि उनकी यह राष्ट्रीयता राजनीतिक नहीं, सांस्कृतिक है।

समाज-विज्ञानियों में ऐसे भारतीय बुद्धिजीवी हैं जो मानते हैं कि 'हमारे लिये राष्ट्र का अर्थ कभी भी 'नेशन स्टेट' नहीं हुआ। अगर हमारी राष्ट्रीयता का आधार राजकीय होता तो हमारा राष्ट्रबोध कब का समाप्त हो गया होता क्योंकि पिछले ढाई हजार साल के इतिहास में कभी भी ऐसा मौका नहीं हुआ, जब सारे भारत पर एक राजकीय सत्ता कायम रही हो।[1]

'नौकरशाही पर आधारित मौर्य साम्राज्य या बाद के मुगल साम्राज्य जैसे कुछ अपवादों को छोड़ दें तो देश में हमेशा अनेक छोटे-छोटे राज्य रहे जिनमें कुछ में गणतन्त्र और कुछ में राजतन्त्र थे। इनमें से ज्यादा में स्वायत्तता बनाये रखने का आग्रह था। इस स्थानीय स्वायत्तता बोध की आधारशिला यहाँ का आत्मनिर्भर ग्रामीण समाज था जो ऊपर से फैली राजकीय व्यवस्था को एक सीमित दायरे के बाहर अप्रासंगिक बना देता था। राज्य चाहे वह स्थानीय हो या सम्राट् का, टैक्स के रूप में उत्पादन के एक हिस्से का अधिकारी था और बदले में सिंचाई-व्यवस्था, यातायात-व्यवस्था और कुछ हद तक सुरक्षा-व्यवस्था कायम रखता था। बाकी सब, लोगों के जिम्मे था। इसीलिए जिन लोगों में भारतीय राष्ट्रीयता बोध की तीव्र अनुभूति रही है उनके लिए राजकीय ढाँचा या आकार महत्त्वहीन रहा।[2] लोगों की दृष्टि में राष्ट्रीयता का अर्थ उन मूल्यों को कायम रखना था जो सांस्कृतिक राष्ट्रबोध के आधार में है।'[3]

और ये मूल्य हैं, कला, दर्शन और साहित्य के, जो अपनी निरन्तरता—वाजपेयी जी के शब्दों में धारावाहिकता और सर्वव्यापकता; दूसरे शब्दों में 'सार्वभौमिकता का वैशिष्ट्य'—अपने इसी लोक से ग्रहण करते रहे हैं। विविधता में एकता का जो मुहावरा आज सत्ता-राजनीति का नारा बना हुआ है, कभी सचमुच एक सांस्कृतिक नारा था जिसका सुखद सौन्दर्य हमें मध्यकाल के भक्ति आन्दोलन में दिखायी देता है जहाँ विविधता का एक अर्थ जीवन और विश्व-बोध की स्वाधीनता और स्वतन्त्रता रहा है।

आज जबकि भारतीय लोकतन्त्र तमाम तरह के राजनीतिक अभिजनों के हाथ में है, यह पूछने का मन होता है कि उसकी यह एकता इतनी बिखरती और टूटती दिखायी क्यों दे रही है? इस सन्दर्भ में एक और प्रसिद्ध भारतीय समाज-विज्ञानी रजनी कोठारी

1. सच्चिदानंद सिन्हा, भारतीय राष्ट्रीयता और सांप्रदायिकता, पृ. 4-5।
2. राजनीति की किताब, अभय कुमार दुबे (सं.), पृ. 38-39।
3. वही।

का सोचना है कि...'पश्चिमी विश्व-दृष्टि के तहत स्वतन्त्रता की अवधारणा की कल्पना प्रतिस्पर्द्धात्मक और एकाकीवादी सन्दर्भों में की जाती है। यह भारतीय सोच के लिए विजातीय है। समता की धारणा भी प्रतिस्पर्द्धा पर आधारित है। समता और न्याय एक ही चीज नहीं हैं। हर समाज-व्यवस्था में न्याय के लिए चाहत रही है, लेकिन समता के जरिये न्याय की स्थापना की कोशिश ने आधुनिक विश्व-दृष्टिकोण के प्रति स्पर्द्धात्मक स्वरूप पर लगातार जोर दिया है। इसने आधुनिक दुनिया के समग्र चिन्तन को प्रभावित किया है और जाहिर है, भारत में भी अपने लिये जगह बनायी है। इस प्रक्रिया में सामुदायिकता की भावना कमजोर हुई है। इसके विपरीत व्यक्तिगत पहचान की भावना व्यक्ति के अधिकारों, व्यक्ति जिस चीज की चाहत रखता है उसे प्राप्त करने के लिए कोई भी तरीका अपनाने की जरूरत को कहीं ज्यादा महत्त्व दिया जा रहा है। यह आधुनिकीकरण की उस पूरी सोच का केन्द्रीय बिन्दु है जिससे आज हम आक्रान्त हैं। मतलब यह कि हम एक तरफ राष्ट्र-राज्य (नेशन-स्टेट) की विचारधारा और आधुनिक तकनीकी पर जोर और दूसरी तरफ प्रत्यक्षवादी मूल्यों पर प्रतिस्पर्द्धात्मक सोच के बीच फँसे हैं। दोनों ही, समुदाय की उस भावना और विविधतापूर्ण पहचान को कमजोर कर रहे हैं जो इतने लम्बे अरसे से भारतीय सभ्यता को रोशन करते रहे हैं।[1]

डॉ. कोठारी का मत है, राज्य व्यवस्था का संचालन एक ऐसे अभिजात वर्ग के हाथों में है जिसे विविधता पर आधारित लोकतन्त्र में कोई आस्था नहीं है। विश्व का संचालन करनेवाली नव-उदारतावादी-प्रबन्धकीय सोच और साम्प्रदायिक सोच के बीच एक सेकुलर मेल दिखायी देता है।'[2] इससे पहले के पृष्ठ पर उनका यह क़थन भी दर्ज है—'चन्द लोग ही इस बात को समझ सके हैं कि देश के कामकाज में लोकलुभावनवादी तौर-तरीकों की जगह प्रबन्धकीय तौर-तरीकों के इस्तेमाल का मतलब 'सेकुलर' राजनीति के बदले 'साम्प्रदायिक' राजनीति की ओर बढ़ना है।'[3]

बीसवीं सदी के सातवें दशक (1961) में इस 'सेकुलर राजनीति' पर टिप्पणी करते हुए आचार्य वाजपेयी लिख चुके थे—'स्वतन्त्र हो जाने के पश्चात् भारतीय राजनीति में काफी विकृतियाँ आयीं। गाँधी जी की निःस्वार्थ सेवा का आदर्श लोगों ने भुला दिया। जब से भारतीय राजनीतिक 'सेक्युलर' कहलाने लगी, तबसे गाँधीजी की

---

1. राजनीति की किताब, अभय कुमार दुबे (सं.), पृ. 38-39।
2. वही, पृ. 38-39।
3. वही, पृ. 38-39।

उदात्त शिक्षा उसमें से घटती ही चली गयी। 'सेक्यूलर' का अर्थ यदि मानवीय माना जाता तो सम्भव था कि गाँधी जी की कल्पना इतनी छिन्न-भिन्न न होती।' आगे उनका वाक्य है, 'साहित्य में 'सेक्यूलर' का अर्थ मानवीय ही माना गया है और आज भी साहित्य की लौकिकता का अर्थ उसकी मानवीयता ही है।'[1] उनके इस कथन में यह जोड़ देना उचित होगा—न कि तरह-तरह की प्रच्छन्न वैचारिक साम्प्रदायिकता।

वाजपेयी जी का अपना अनुभव रहा है कि गाँधी जी के समय में केवल साहित्य ही नहीं, राजनीति भी भावात्मक रही है जबकि उनके बाद जो सच्चे लेखक और कवि हैं वे उस सत्ता और स्वार्थपरक राजनीति से दूर हो गये हैं। बल्कि उनका तो यहाँ तक मत है कि जो साहित्यिक राजनीति के समीप हैं वे सच्चे अर्थों में साहित्यिक रह ही नहीं गये हैं।[1] स्वाधीनता आन्दोलन में प्रत्यक्ष भाग लनेवाले कवि भवानीप्रसाद मिश्र ने एक प्रश्न के उत्तर में कहा था कि आजादी पाने की हद तक राजनीति में सक्रिय रहना मेरे लिये जरूरी था। उसके बाद वह रहने लायक नहीं बची। क्या यही कवि माखनलाल चतुर्वेदी और भवानी प्रसाद मिश्र आदि कवियों ने भी नहीं अपनाया था?

पार्टनर की पालिटिक्स वाले मुहावरे का विकृतीकरण करनेवाले लेखक-साथियों और उनके सरगनाओं को आज यह सोचने और अपने-आपसे पूछने का अवसर शायद नहीं रह गया है कि आजादी से पहले स्वतन्त्रता आन्दोलन में प्रत्यक्ष भागीदारी करनेवाले माखनलाल चतुर्वेदी, भवानीप्रसाद मिश्र और अज्ञेय तक क्यों बाद में सत्ता की राजनीति करनेवाले लेखकों के समूहों और संगठनों से अलग जा खड़े हुए? क्यों जमींदारों के विरुद्ध किसानों की अगुवाई करनेवाले निराला और नन्ददुलारे वाजपेयी यह सोचने लगे कि वस्तुतः जो लेखक नहीं हैं, उन्होंने लेखक-समूहों पर अपना दबदबा प्रदर्शित करने के लिए इतर मंचों और संगठनों का ईजाद कर लिया है।

हमारे ये महान् लेखक जानते थे कि 'राष्ट्र और जातियाँ किसी मतवाद के बल पर बड़ी नहीं होतीं वे बड़ी होती हैं अपनी आन्तरिक चेतना, सहानुभूति और प्रयत्नों के बल पर।' यह तत्त्वदर्शन साहित्य के उस उधार के तत्वदर्शन से सर्वथा भिन्न था जिसकी ओर व्यंग्यपूर्ण दृष्टि डालते हुए कभी आचार्य हजारीप्रसाद द्विवेदी ने लिखा—'मेरा निश्चित मत है कि हँसना-हँसाना पूँजीवादी मनोवृत्ति की उपज है। इस युग के हिन्दी साहित्यिक जो हँसना नापसन्द करते हैं, उसका कारण शायद यह है कि वे

1. राष्ट्रीय साहित्य तथा अन्य निबन्ध पृ. 22-23।
1. हजारी प्रसाद द्विवेदी, अशोक के फूल, पृ. 40।

पूँजीवाद बुर्जुआ मनोवृत्ति को मन-ही-मन घृणा करने लगे हैं। उनकी युक्ति शायद इस प्रकार है—चूँकि संसार के सभी लोग हँस नहीं सकते, इसलिए हँसी एक गुनाह है और चूँकि संसार के सभी लोग थोड़ा-बहुत रो सकते हैं इसीलिए रोना ही वास्तविक धर्म है।'[1] द्विवेदी जी अपने इसी निबन्ध 'आपने मेरी रचना पढ़ी?' में लिखा—'गधे की गम्भीरता प्रोलेतारियत की उदासी है और वनमानुष की गम्भीरता वर्गवादी मनीषी की।'[1]

यही द्विवेदी जी वाजपेयी जी के स्वर-में-स्वर मिलाकर अन्यत्र कहते हैं, 'हमारे भीतर संघर्षकाल में जितना आत्मविश्वास था उतना भी नहीं दिखायी देता। शत्रुओं की कूटबुद्धि पर प्रतिद्वन्द्वियों की चालबाजियों पर और मूर्खता पर हमें बहुत ज्यादा विश्वास है और अपनी दृढ़ता पर, अपनी नीति पर और अपने अधिकार पर बहुत कम। इस अवस्था में साहित्य यदि जनता के भीतर आत्मविश्वास और अधिकार-चेतना की संजीवनी शक्ति नहीं संचारित करता तो परिणाम बड़े भयंकर होंगे।...हमारे साहित्य में आज ऐसे दृढ़चेता चरित्रों की कमी महसूस हो रही है जो विपत्तियों की झंझा में पहाड़ के समान अटल बने रहते हैं, जूझने का अवसर पाने पर सौ गुना उत्साहित हो जाते हैं और प्रलोभनों के विशाल व्यूह में भी अपने कर्त्तव्य-पथ से तिलमिला कर विचलित नहीं होते। आज हमें ऐसे साहित्य की आवश्यकता है।'[2] प्रगतिशीलता क्या है द्विवेदी जी इस पर अपनी धारणा लिये सामने आते हैं—'मैं उन रचनाओं को किसी प्रकार प्रगतिवादी मानने को तैयार नहीं हूँ, जिनमें संसार को नये सिरे से उत्तम रूप में ढालने का दृढ़-संकल्प न हो। जो रचना केवल हमारी मानसिक चिन्ताओं का विश्लेषण करने का दावा करके हमें जहाँ-का-तहाँ छोड़ देती है, उसमें गति ही नहीं है। उसे प्रगतिशील तो कहा हीं नहीं जा सकता।[3]

'आधुनिक काव्य का अन्तरंग' शीर्षक निबन्ध में वाजपेयी जी लिखते हैं—'ऐसे कलाकार हमें चाहिए जिनका जीवनानुभव विशाल और दूरदर्शी हो। उनकी चेतना यह स्वरूप तभी धारण कर सकती है जब उसमें वे सब तत्त्व क्रियाशील हों जो आधुनिक भारतीय जीवन का निर्माण करते हैं और विशेषकर जिनमें प्रगति की सम्भावना है। एशिया में आज पुनर्जागरण हो रहा है। आधुनिक कवि और

---

1. हजारीप्रसाद द्विवेदी, अशोक के फूल, पृ. 39।
2. वही, पृ. 40।
3. वही, पृ. 40।
4. नया साहित्यः नये प्रश्न, पृ. 145।

कलाकार इस जागरण के गतिशील तत्त्व को पहचानने का प्रयत्न करें।[4] आज के कवि के समक्ष सांस्कृतिक समन्वय ही वह समस्या भी प्रस्तुत है जो पूर्व और पश्चिम के सम्मिलन से उत्पन्न हुई है और जिसका एक सुन्दर संकेत प्रसाद जी ने कामायनी काव्य में दिया है। हमारे काव्य में आज वह प्रेरणा भी अपेक्षित है जो जो उन समस्त भौतिक और सामाजिक निर्माणों के लिए शक्ति दे जो आज हमारे अस्तित्व के लिए अपरिहार्य है।'[1]

वाजपेयी जी कहाँ खड़े होकर सोचते और बोलते थे, इसे वे लोग शायद ही समझें और महसूस करें जिनके लिये विचारधारा, उसका सम्प्रदाय अथवा संकीर्ण अन्धराष्ट्रवाद ही सबसे बड़ा अनुभूत वास्तव (?) है। विपरीत इसके हमारे ये पुरखे जिन की जड़ें जितनी संस्कृति में थीं, उतनी ही परम्परा, इतिहास और लोकतन्त्र में भी, जितनी भारतीय लोकतन्त्र में थी, उतनी ही हिन्दी भाषा की सामूहिकता और उसके ऐतिहासिक दायित्वबोध में। यह वाजपेयी जी ही थे जिन्होंने लिखा, 'इस समय हमारे स्वार्थ भारतीय जनता के ही स्वार्थ हो सकते हैं। और व्यक्ति तथा समूह के रूप में इस जन-समाज का विकास ही हमारा विकास है। ऐसे अवसर पर हम वर्ग, जाति, भाषा और प्रान्त के भेदों को किसी प्रकार की प्रमुखता नहीं दे सकते और न इनमें से किसी इकाई को सम्पूर्ण मान सकते हैं। हमारा सारा लक्ष्य भारतीय जनतन्त्र की नैतिक और भौतिक उन्नति ही हो सकता है। घर को सम्हालकर ही बाहर की देख-रेख की जा सकती है, इसलिए हमारा पहला लक्ष्य रचनात्मक जनतन्त्र को अपने देश में ही क्रियान्वित करना है।' यहीं वाजपेयी जी देश और उसके बुद्धिजीवियों को आगाह करते हुए यह आवाहन भी करते हैं, 'एशिया और अफ्रीका के साम्राज्य शासित देशों को अपनी सारी हमदर्दी देना और उन्हें साम्राज्यशाही के भार से मुक्त करने के लिए कटिबद्ध रहना... साहित्य के क्षेत्र में हमारी विदेश-नीति की यही आधार-शिला है।[2] साहित्य की इस अनूठी विदेश नीति की प्रमुख रणनीति थी किसी भी प्रकार के साम्राज्यवाद का विरोध करना।

स्वयं को वे जिस सद्यः परम्परा से जोड़ते हैं, उसका बयान करना भी नहीं भूलते, 'प्रसाद की कामायनी, प्रेमचन्द के उपन्यास और आचार्य शुक्ल की समीक्षाएँ उसी की नवीन और प्रौढ़तम अभिव्यक्तियाँ हैं। कामायनी की प्रेरणा मुख्यतः सांस्कृतिक और मानवीय है। प्रेमचन्द की कृतियाँ मुख्यतः सामाजिक और लौकिक दृष्टि का उन्मेष करती हैं, इसी प्रकार शुक्ल जी की समीक्षाएँ एक अतिशय सन्तुलित ऐतिहासिक चेतना का निर्माण करती हैं।' उनके अनुसार 'ये उपलब्धियाँ ही आगामी 'विकास' की आधार बनने की क्षमता रखती है।'[1]

---

1. नया साहित्य : नये प्रश्न, पृ.145।
2. निकष पृ. 26।

यह वाजपेयी ही थे जिन्होंने लिखा 'हिन्दी साहित्य के साथ शासकीय शक्ति की अपेक्षा जनशक्ति का अधिकार सक्रिय सहयोग रहा है और आज के देशव्यापी उत्सव से इस बात की पुष्टि होती है कि जनशक्ति आज भी हमारे साथ है और हमें उसका यथेष्ट गर्व और गौरव है।'[1]

ये उद्‌गार उन्होंने खड़ीबोली के भाषा-साहित्य के महान् उन्नायक आचार्य महावीरप्रसाद द्विवेदी की जन्मशती के मौके पर इस गहरी कृतज्ञता के साथ प्रकट किये थे कि 'लेखनी उनका साधन थी, श्वेतपत्र उनके उपादान थे। पाठक समुदाय उनका सम्बल था। सरस्वती की आराधना उनकी साधना थी। जन-जीवन की जागृति उनका ध्येय था। राष्ट्रीय चेतना का अभ्युदय उनका लक्ष्य था।' उन्हीं वाजपेयी ने यह भी लिखा, 'आचार्य द्विवेदी जनसमाज के अपने व्यक्ति थे और जीवन-पर्यन्त जन-जीवन की भूमिका पर ही कार्य करते रहते थे।'[2]

वाजपेयी जी को समझने के लिए विचारों का यह परिप्रेक्ष्य जरूरी है। भारत की जातीय विरासत, उसकी कला-दृष्टि, आधुनिकता और सार्वभौमत्व का यही परिप्रेक्ष्य उनकी वैचारिक पहचानों को रचता है।

आचार्य वाजपेयी मानते थे कि साहित्य में प्रगल्भ भावोन्मेष की अभ्यर्थना करनेवाली समीक्षा ही सृजनशील (प्रगतिशील) समीक्षा होती है। इस या उस शास्त्र अथवा शास्त्रवाद को सर्वोपरि और निर्णायक मानदण्ड मानकर नयी रचनाशीलता का मूल्यांकन करना उन्हें आलोचक की नैतिकता के विरुद्ध जान पड़ता था। वे यह भी मानते थे कि समीक्षक के लिए विस्तृत साहित्यिक अध्ययन, उसकी समस्त पार्श्वभूमियों का निरीक्षण और साहित्य-संस्कार अति आवश्यक है। कवि से कई गुना बड़ी जिम्मेदारी उनकी निगाह में आलोचक की होती है—'कवि अपने काव्य के लिए ही जिम्मेदार है पर समीक्षक अपने युग की सम्पूर्ण साहित्यिक चेतना के लिए जिम्मेदार है।'

हमें यह कहने कोई संकोच नहीं कि वे उसी परम्परा में आते हैं जिसे आचार्य महावीरप्रसाद द्विवेदी और आचार्य रामचन्द शुक्ल ने शोधा और प्रवर्तित किया था। जिसे भारतेन्दु, मैथिलीशरण गुप्त, प्रेमचन्द, जयशंकर प्रसाद, निराला आदि महान् सर्जकों ने नए सिरे से रचा था। यह वह परम्परा थी जिसे वे खुद 'राष्ट्रीय' और राष्ट्रीय होने के कारण ही प्रगतिशील कहा करते थे।

वाजपेयी जी के इन विचारों के बावजूद सम्प्रदायवादी आलोचकों का एक गिरोह उन्हें प्रतिक्रियावादी कहते हुए आज जरा भी नहीं हिचकिचाता। इस सम्बन्ध

---

1. अपलक की भूमिका से, नवीन काव्य रचनावली, पृ. 145।
2. नया साहित्य : नये प्रश्न (निकष) पृ. 27।

में मेरा कथन सिर्फ इतना ही है कि वाजपेयी जी को प्रतिक्रियावादी कहने से पहले समूची जनपरायण प्रगतिशील परम्परा को ही प्रतिक्रियावादी कहना होगा। और ऐसा सिर्फ वे ही कह सकेंगे जो सचमुच साम्प्रदायिक हैं।

अपने साम्प्रदायिक प्रत्ययों को प्रगतिशील और एकमात्र सत्य मानते हुए अपनी ही क्रान्तिकारी जन-चेतना और सृजनशीलता की जैसी अनदेखी और अवज्ञा इन्होंने की है, उसमें अकेले नन्ददुलारे वाजपेयी ही नहीं, जयशंकर प्रसाद, माखनलाल चतुर्वेदी और बालकृष्ण शर्मा, सुभद्राकुमारी चौहान, भवानी प्रसाद मिश्र आदि जैसे स्रष्टा भी आते हैं। यह बालकृष्ण शर्मा वही हैं जिन्होंने 'जूठे पत्ते' और 'विप्लव गायन' जैसी कविताएँ हिन्दी को दीं। अपने एक कविता-संग्रह की भूमिका में 'नवीन' जी अत्यन्त विक्षुब्ध होकर लिखते हैं, 'जो आलोचक यह कहते हैं कि हिन्दी के साहित्यिक गाँधीवादी, उपनिषद् दृष्टिकोण और बौद्ध दर्शन से प्रभावित होने के कारण सामन्तवाद के पोषक हैं या उससे समझौते कर चुके हैं, उन आलोचकों से यदि कोई यह पूछे कि भाई क्या तुमने कोई तीर मारा है, तो वे यही कहेंगे कि हाँ, हम विचारों में क्रान्ति कर रहे हैं। ऐसे निष्क्रिय, पोथी-पन्थी, कोरे विचार जीवी, उच्छिष्टभोजी आलोचकों का जन-संघर्ष में कोई हाथ नहीं। वे जनता से कोसों दूर हैं। हाँ, मुख-चर्चा में वे जरूर प्रवीण हैं। जिनके दर्शनशास्त्र में समझौता करने का इतना बड़ा अध्याय है, वे यदि बुद्ध दर्शन तथा गाँधीवाद को सामन्तशाही से समझौता करनेवाला बताएँ तो उनकी इस मिथ्यावादिता पर हमें रंचमात्र भी आश्चर्य नहीं होता। इससे भी आगे कुछ अगर कहनो पड़े तो आचार्य नन्ददुलारे वाजपेयी के सन्दर्भ में हमारी 'बात' शायद मजाज लखनवी का यह शेर कहे—

*तुम मजाज़ दीवाने मसलहत से बेगाने।*
*वरना हम बना लेते तुमको राज़दाँ अपना।।*

विजयबहादुर सिंह

**पुनश्च :**

'हमारा राष्ट्र स्वतन्त्र हो चुका है, किन्तु उसका वृहत् अंश आज भी अशिक्षित और अर्द्धनग्न है और आधे पेट खाकर जीवन-यापन कर रहा है। आज के जनवादी लेखक को व्यक्तिगत त्याग और कष्टसहिष्णुता अपनानी होगी। वह किसी मार्क्सवादी नुस्खे को लेकर काम नहीं कर सकता। उसे अब भी चरित्र और आचरण की आवश्यकता है।'

*आचार्य नन्ददुलारे वाजपेयी*

# बीसवीं सदी का साहित्य और आचार्य नन्ददुलारे वाजपेयी

मैं जब आचार्य वाजपेयी को पढ़ रहा था तो देखा कि अपने प्रिय कवियों में से एक श्री जयशंकर प्रसाद की विशिष्टता और महत्त्व को रेखांकित करने की प्रस्तावना से पूर्व द्विवेदीयुगीन कवियों और काव्य गतिविधियों का बहुत गहरा और दो-टूक विश्लेषण करने में लगे हुए हैं। एक आलोचक के रूप में उनकी प्रमुख चिन्ता खड़ीबोली हिन्दी भाषा की शक्तियों और सम्भावनाओं को टटोलने की तो है ही, खड़ीबोली समाज की ऐतिहासिक जिम्मेदारियों और करवटों का लेखा-जोखा लेना भी है। और यह सब वे उस समकालीन साहित्य के सन्दर्भ में कर रहे हैं जो एक खास प्रकार की मनोभूमि पर लिखा जा रहा है। निस्सन्देह ऐसा करते हुए उनका बुनियादी साहित्यबोध तो काम कर ही रहा है, वह इतिहासबोध भी काम कर रहा है जो साहित्य और समाज के रिश्तों की मर्यादाएँ परिभाषित करता है, साथ ही साहित्यिक सृजनशीलता की सामर्थ्य और असामर्थ्य के निर्धारण में उसके पाठकों की मदद भी करता है। उनके इन विश्लेषणों को देखते हुए भी कहा जाना जरूरी होगा कि वे एक दृष्टिसम्पन्न आलोचक हैं और ढेर-सारी रचनाओं और प्रतिभाओं के बीच से अपने काम लगने लायक लेखकों अथवा कवियों को चुन रहे हैं। निश्चय ही इस प्रक्रिया में बहुत लोग छूटे होंगे। मसलन, मैथिलीशरण गुप्त और हरिऔध चुने गये किन्तु गुरु-भक्तसिंह 'भक्त', रामनरेश त्रिपाठी छूट गये। यहाँ तक कि उस समय के और भी कई जाने-माने नाम। इसी तरह जयशंकर प्रसाद, निराला, कविवर पन्त लिये गये पर मुकुटधर पाण्डेय छूट गये हैं। राष्ट्रीय काव्यधारा और छायावाद के बीच के कवि माखनलाल चुतर्वेदी, बालकृष्ण शर्मा 'नवीन', सुभद्रा कुमारी चौहान आदि। मानना होगा कि यह भी आलोचक की अपनी स्वतन्त्रता है जिसका खतरा वह इन चयनों में उठाता है। एक इतिहासकार को सम्भवतः ऐसी सुविधा और आजादी कभी नहीं मिल पाती किन्तु आलोचक प्रत्येक समय इस सुविधाप्रद स्थिति में रहता है भले ही उससे कोई पूछे नहीं। यह भी सम्भव है कि अपने लिये उसका जो चयन है, उसे नकार दिया जाय, कोई एक भी उसके इन निर्णयों का

साथ न दे, यह सब सम्भव है एक आलोचक, खासतौर से असाधारण और दृष्टिसम्पन्न आलोचक को तो यह सब करना ही पड़ता है। इसी के मार्फत वह यह प्रमाणित कर पाता है कि सचमुच वह आलोचक है क्योंकि उसे प्रतिभाओं को पहचानना आता है। आचार्य नन्ददुलारे वाजपेयी मेरे लिये इसी रूप में एक मार्गदर्शक और प्रेरक आलोचक के रूप में आते हैं।

यह तथ्य है कि सागर विश्वविद्यालय की एम.ए. की कक्षाओं में मैं उनका विद्यार्थी रहा। लघु शोध प्रबन्ध से लेकर पी-एच.डी. के शोध प्रबन्ध लिखने तक वे मुझे सिखाते और मेरी दृष्टि को माँजते-सँवारते रहे। इससे भी कहीं अधिक यह कि जीवन के आखिरी दो-तीन साल मैं उनके निजी सहायक के तौर पर यात्राओं में भी साथ रहा। यहाँ मुझे कुछ और भी अविस्मरणीय अनुभव हुए। उनका मानवबोध, उनकी सहज मनुष्यता, शील, शिष्टता और गाम्भीर्य, साथ ही अपने बड़प्पन को खूबसूरती में रूपान्तरित कर मिलने-जुलनेवालों को आतंकमुक्त रखना यह सब उनमें मुझे महसूस हुआ। वह तरलता और औदात्य भी जिसकी वे सचमुच प्रतिमूर्ति थे। उनकी उदारता का लाभ अपात्रों तक भी पहुँचता रहा होगा, इससे इन्कार नहीं किया जा सकता, किन्तु उस अगाध गहराई और अपरिमित विस्तार का हम क्या करें जिसमें प्रत्येक जरूरतमन्द के लिए वे अवढरदानी शिव की तरह निरन्तर उपलब्ध होते रहे। हममें से कइयों को उनके प्रति ढेरों शिकायतें हो सकती हैं, पर जो क्षमतावान् था, सम्भावनाशील था, प्रतिभासम्पन्न था, उस पर उनकी निगाह न जाय, ऐसा हो नहीं सकता था। वह जाती ही थी। नये कवियों में अज्ञेय के बाद वे धर्मवीर भारती की प्रतिभा के कायल थे। कभी-कभी यह कहकर कि भारती केवल नये नहीं है, परम्परा-बोध भी उनका काफ़ी पुष्ट है, वे भारती को अधिक महत्त्व देने लगते थे। इसके पीछे भारती का अन्धायुग था। उनके इन व्यवहारों से मैंने समझा कि उनके आग्रह क्या हैं? जैसे कि नवता या मौलिकता तो पहली चीज है ही, उन्मेष किसी प्रतिभा का दुर्लभ लक्षण है, किन्तु वह परम्परा से संवाद करती हुई आई है या नहीं या फिर आकाश बेलि-सी कोई ऊपरी और फौरी प्रक्रिया है, इस पर वे बहुत ध्यान देते थे।

गद्य में तो वे रूप और शिल्प या शैली की कलम लगाना मंजूर भी कर लेते किन्तु कविता पर उनकी निगाह बहुत अनुशासनबद्ध और उत्तरदायित्वपूर्ण थी। इसका एक कारण तो यह कि कविता की बहुत लम्बी परम्परा इस देश के पास है। उसके बारे में बहुत-कुछ सोचा, समझा, कहा और सुना गया है। कविता पढ़ते और उसके बारे में सोचते हुए उनके फैसलों में यह परम्परा निरन्तर हाथ बँटाती रहती थी। फिर वे केवल पूरब के यानी भारतीय साहित्य-चिन्तन की परम्परा से परिचित नहीं थे। यूरोप और बाद

में अमरीका आदि के नवीनतम साहित्य-चिन्तन से भी उनका घनिष्ठ परिचय था। वहाँ के 'सौन्दर्य' और यहाँ के 'रस' को समन्वित कर अन्ततः वे उस जातीय और ऐतिहासिक बोध और दृष्टि के पास आ खड़े होते थे, जहाँ काव्य तथा कलाएँ हमारी राष्ट्रीय अस्मिताएँ बन जाया करती हैं। उनके मन में यह बात निरन्तर रहा करती थी कि कला हो अथवा साहित्य, सबका काम राष्ट्रीय जीवन और उसकी प्राणवन्त चेतनाओं का उन्नयन करना है। और यह भावाश्रित पद्धति से ही सम्भव होगा। साहित्य इन सबका भावाश्रित रूप ही तो है।

साहित्य के प्रति अपने इन महनीय आदर्शों के चलते वे द्विवेदीयुगीन खड़ीबोली काव्य, अस्तगामी ब्रजभाषा कविता, राष्ट्रीय आन्दोलन, नवजागरण की चेतना, राष्ट्रीय नवनिर्माण और उससे जुड़े सपनों के साथ-साथ, कविता और सार्वभौमिक मानव-मन के सहज स्वाभाविक सम्बन्धों की गतिशील भंगिमाओं की अपेक्षाओं से भरे हुए थे। अगर इतने वे न होते तो मेरे जैसे छात्र के लिए आकर्षण और प्रेरणा के केन्द्र कभी न बनते।

एक शाम की याद मुझे है। उज्जैन के अपने कुलपति-निवास के हरे-भरे लॉन पर बैठे वे सूरज का डूबना देख रहे थे। मैं उनके समीप एक कुर्सी लेकर बैठा तो अकस्मात् कहने लगे—"मेरे लिये आदर्श आलोचना शुक्ल जी द्वारा लिखित 'भ्रमर गीत सार' की भूमिका है।" यह जिज्ञासा करने पर कि उसमें ऐसा क्या असाधारण है जो आपको प्रेरित करता है उनका तो जवाब था—"वह बहुत वस्तुपरक है, साहित्यिक है और वस्तु तत्त्व और अभिव्यंजना पक्ष दोनों के साथ परिपूर्ण न्याय करती है। आलोचक का काम यही होना चाहिए कि बगैर किसी विचारधारात्मक आग्रह के वह कवि का वस्तुपरक अनुशीलन करे और उसकी विशिष्टताओं की पहचान कर उन्हें रेखांकित करे।"

एक और बात उनके लेखन में जो मेरी चेतना से टकराती थी और जहाँ वे जाने-अनजाने आचार्य शुक्ल के रास्ते और दृष्टि पथ पर खड़े मिलते थे, वह मुझे बेहद प्रभावित किया करती थी। और आज तो ऐसा लगता है कि उनके पास सचमुच एक भविष्यदर्शी निगाह थी। अपनी आलोचनाओं में वे जब-तब एक शब्द साम्राज्यवाद या साम्राज्यवादी का प्रयोग कर बैठते थे और उनकी भाषा बेहद चिन्ता-बोझिल और कुछ-कुछ तनावपूर्ण हो उठा करती थी। एक जगह वे लिखते हैं—"अपने समय के समाज में पश्चिम की साम्राज्यवादी नीति और भारत का उसके प्रति अदम्य विद्रोह आँखों देखा दृश्य है। देश की सीमा में समाज की नयी संघटना और तत्सम्बन्धी अनिवार्य परिवर्तनों के लिए हम सभी प्रयत्नशील रहे हैं। संगति और व्यवहार के क्षेत्र में हम अपने आध्यात्मिक आदर्शों को छोड़ नहीं सके हैं, बल्कि उन्हें नये रूपों में अपनाने की चेष्टा

की है। व्यक्ति के असीम आध्यात्मिक मूल्य को स्वीकार करते हुए भी हम व्यक्तिवादी नहीं हैं। सामाजिक अर्थनीति के क्षेत्र में समाजवादी व्यवस्था को स्वीकार करते हुए भी हम 'वैज्ञानिक' या 'अवैज्ञानिक' किसी प्रकार के भूतवादी नहीं है।''

यह सब कहकर वे चुप नहीं रह जाते। यह तो उनकी आलोचना-यात्रा का मध्य भाग है। उत्तर भाग में उनकी ये चिन्ताएँ बेहद बढ़ जाती हैं। वे लिखते हैं—''नये समीक्षकों ने साहित्य की स्वदेशी परम्परा से क्रमशः सम्बन्ध-विच्छेद करके एकमात्र पश्चिम की नयी विवेचना को ही अपना लिया है। इस प्रकार नया साहित्य और नयी समीक्षा दोनों ही बहुत-कुछ विदेशी अनुकृति की दिशा में बढ़ते जा रहे हैं।'' परिणामतः उनकी रचना में जातीय मनोभावों और प्रेरणा-भूमियों की विरलता आती जा रही है। साहित्य में विशिष्ट समग्रता और गाम्भीर्य कम होता जा रहा है। लेखकों में दायित्व बोध की कमी और दृष्टिकोण में व्यक्तित्व की गम्भीरता घट गयी है। इसलिए आज जब हम सम्पूर्ण राष्ट्रीय साहित्य और कला को इतिहास के धरातल पर रख उसकी समन्वित व्याख्या के लिए आगे बढ़ेंगे तो निराशाएँ हाथ लगेंगी। वे आग्रह करते हैं कि ''हमारी दृष्टि राष्ट्रीय दायित्व से सम्पन्न हो तथा उसमें तलस्पर्शी गम्भीरता और संवेदना हो। साथ ही किसी वाद या विचारधारा की पुष्टि के लिए स्वीकृत राष्ट्रीय मानों की अनदेखी न की जा सके।''

एक ओर साम्राज्यवादी विचारधाराएँ हैं तो दूसरी ओर स्वदेशी परम्परा और राष्ट्रीय विचारधारा जिसे वाजपेयी जी सुविधा के लिहाज से भूतवादी के बरक्स अध्यात्मवादी कहते हैं। इस बात पर काफी भ्रम है। कुछ पुराणपन्थी और दकियानूस लोग उसे अपने अर्थों की संकीर्णता और रूढ़ियों से घेरकर अर्थ का अनर्थ भी लगाते हैं और अपने पक्ष और वाजपेयी जी के विरोध में उसका दुरुपयोग भी करते रहते है। वाजपेयी जी को इस खतरे का अनुमान नहीं था, ऐसा भी नहीं। इसलिए एक सवाल के जवाब में उन्होंने यह स्पष्ट करना जरूरी माना कि साहित्य की आध्यात्मिकता से उनका आशय क्या है—''साहित्य की रचना और संवेदना एक मानसिक पदार्थ है, जो जितनी गम्भीर होगी उतनी ही आध्यात्मिक कही जायेगी। इस दृष्टि से आप मुझे गम्भीर संवेदनाओं का प्रेमी कह सकते हैं। यदि अध्यात्म से आशय कुछ और हो और आध्यात्मिक साँचे से मुझे किसी मतवाद की सीमा में रखने का प्रयत्न किया जा रहा हो तो मैं इसे स्वीकार नहीं करता।''

एक और जगह वे लिखते हैं—''साहित्य की आध्यात्मिकता से यही आशय है कि उसका रचयिता अपनी रचना के समय अतिशय उदार और गम्भीर मानवीय गुणों से सम्पन्न होता है। गाँधी जी ने प्रयत्न किया था कि वे राजनीति को भी आध्यात्मिक

बना दें, अर्थात् उसमें से सारी कटुता, मलीनता और स्वार्थपरता को निकाल उसे स्वच्छ मानवीय विकास का उपकरण बना दें, किन्तु गाँधी जी की निःस्वार्थ सेवा का आदर्श लोगों ने भुला दिया। जब से भारतीय राजनीति 'सिक्यूलर' कहलाने लगी, तब से गाँधी जी की उदात्त शिक्षा उसमें से घटती ही चली गयी। 'सिक्यूलर' का अर्थ यदि मानवीय माना जाय तो सम्भव था कि गाँधी जी की कल्पना इतनी छिन्न भिन्न न होती।'' इतना कह लेने के बाद अब यह समझना व्यर्थ होगा कि वाजपेयी जी की समीक्षा का अध्यात्म और उनके आध्यात्मिक साँचे का अर्थ क्या था।

आज प्रायः वे लोग जिनका अपना एक कट्टर मतवाद है और विचारधारावाद है, जिन्होंने भारत से कहीं अधिक पश्चिम का उड़ता-पुड़ता अध्ययन कर लिया है, इस बहाने उन्होंने जैसे कोई ऐसा निर्द्वन्द्व और दिग्विजयी सत्य पा लिया है जिसके बरक्स शेष सारे सच मिथ्या और बेमानी हैं, वे हिन्दी भाषा और उसके समाज की अन्तः चेतना और स्वाभाविक प्रवृत्तियों की परवाह करने की सजगता तो दूर सामान्य शालीनता भी नहीं दिखा पा रहे हैं। एक ओर मध्यवर्गीय व्यक्तिवाद, वैयक्तिक स्वतन्त्रतावाद तो दूसरी ओर राजनीतिक प्रगतिवाद और शास्त्रान्ध मार्क्सवाद है। याद करें तो तार-सप्तक के प्रकाशित होते ही, जब साथी आलोचक अचकचाये हुए या फिर चुप्पी-सी साधे हुए थे, वाजपेयी जी अभिमन्यु की तरह उन सात महारथियों से भिड़ते हुए 'प्रयोगवादी रचनाएँ' जैसा ऐतिहासिक निबन्ध लिख रहे थे।

प्रच्छन्न कलावाद, व्यक्तिवाद और प्रयोगवाद पर उन्होंने जो वैचारिक हमले तब किये, आज उनके ब्योरों में जाने की जरूरत है। क्यों दूसरा सप्तक (1951) की भूमिका में हार कर सम्पादक अज्ञेय को ये वाक्य लिखने पड़े हैं—''प्रयोग का कोई वाद नहीं है। हम वादी नही रहे।...हमें प्रयोगवादी कहना उतना ही सार्थक या निरर्थक है जितना हमें कवितावादी कहना।'' सम्पादक अज्ञेय ने यह भी माना ''प्रयोग अपने-आप में इष्ट नहीं है। वह साधन है।'' तथापि यह लिखने से भी स्वयं को रोक नहीं सके कि ''श्री नन्ददुलारे वाजपेयी का 'प्रयोगवादी रचनाएँ' शीर्षक निबन्ध तर्क विकृति का आश्चर्यजनक उदाहरण है। इस प्रकार के आक्षेपों का उत्तर देना एक निष्फल प्रयोग होगा और हम कह चुके कि निष्फल प्रयोगों का कोई सार्वजनिक महत्त्व नहीं है।'' इस वैचारिक युद्ध की याद करते हुए आलोचक नन्ददुलारे वाजपेयी ने अपने ग्रन्थ—'नया साहित्य : नये प्रश्न' (1955) में लिखा 'खैरियत यह हुई कि यह अहिंसात्मक युद्ध किसी के सिर नहीं बीता, पर हृदय-परिवर्तन बहुतों का हुआ है। बहुत-से प्रयोगवादी नये सिरे से समझदार हो गये हैं और कई तो खेमा छोड़कर बाहर चले गये हैं। वाजपेयी जी को इस 'वाद' से इतनी

चिढ़ क्यों थी इसका उत्तर उनके इस कथन में है—"यह वाद हिन्दी में आरम्भ से ही मध्यवर्ग के हार खाये और फिर भी शौकीन तबीयतवाले व्यक्तियों के हाथ में रहा है, पिछले कुछ दिनों से इसमें इन निष्क्रिय व्यक्तियों की निराशा और गिरा हुआ मन प्रतिबिम्बित होने लगा है। आश्चर्य नहीं यदि निकट भविष्य में यह वही रंगत धारण करे जो पश्चिम में अतियथार्थवादियों की रचनाओं ने धारण किया है।" यहाँ भी वाजपेयी जी एक और प्रकार से पश्चिमी अनुकरणवाद के प्रति भारतीय प्रतिभाओं की अनुगामिता को लेकर संशयशील हो उठे हैं।

प्रगतिवाद के प्रति भी उनकी आपत्तियाँ कुछ कम नहीं हैं। साहित्य में यथार्थ की सत्ता को स्वीकार करते हुए भी वे उसके वर्गीय दृष्टिकोण और विभाजन से सहमत नहीं हैं। वे विकास के द्वन्द्ववादी सिद्धान्त से भी असहमति प्रकट करते हुए यह कहते हैं कि साहित्य की और समाज की प्रगति मेरे लिये द्वन्द्वात्मक नहीं, धारावाहिक है। किन्तु साहित्य की 'निष्ठामयी रागिनी' और 'जनवादी स्वर' के वे हमेशा पक्षधर रहे और लिखा—'छायावाद और प्रगतिवाद की साहित्य धाराओं के बीच बहुत बड़ी खाई कुछ समीक्षकों ने तैयार कर दी थी जिसे पाटने का कार्य मैंने करना चाहा है। मुझे इन दोनों धाराओं के बीच दो ही तीन मुख्य अन्तर दिखायी पड़े हैं जिन्हें मैं बहुत अधिक तात्त्विक नहीं मानता। पहला अन्तर शैलीगत है। दूसरा दार्शनिक जीवन-साँचे का और तीसरा साहित्यिक निर्माण-पद्धति का। प्रगतिवादी लेखक और कवि सिद्धान्त-विशेष का आग्रह रखते हैं और अधिकतर उसी के माध्यम से अपने साहित्य-निर्माण की सामग्री एकत्र करते हैं। जहाँ तक मेरा अपना सम्बन्ध है मैं साहित्यिक शैलियों की विविधता का स्वागत करता हूँ क्योंकि उससे साहित्य में समृद्धि आती है। इसी तरह जीवन साँचों का अन्तर भी मुझे किसी बड़ी कठिनाई में नहीं डालता, यद्यपि मैं अपने तईं आध्यात्मिक साँचे का पक्षपाती हूँ। इतना ही नहीं उच्चकोटि के साहित्य-सृजन में वाद या वाद-विशेष का अनुकरण मुझे बाधा जान पड़ता है। एक जगह वे यह भी लिखते हैं कि 'किसी राजनीतिक विचारधारा से बँधकर साहित्य-रचना करना तो और भी घातक है। इससे लेखक की स्वाधीनता कलंकित और बाधित होती है।

इस पृष्ठभूमि पर आकर जब मैं फिर विचार करता हूँ तो मुझे उनका राष्ट्रीय साहित्यवाला कथन याद आता है जो आखिरी दिनों में लिखी उनकी आलोचनाओं का लगभग मुहावरा-सा बन चुका था। अपने समय के तमाम समकालीनों से पहले न जाने क्यों वे पश्चिम के बारीक सांस्कृतिक हमलों की आहटों के प्रति इतने सचेत और संवेदनशील हो उठे थे, यह एक महत्त्वपूर्ण सवाल है। क्यों वे अपने समय के तमाम आधुनिकतावादियों से यह पूछ रहे थे कि क्या इस आधुनिकता

का कोई अपना भारतीय सन्दर्भ भी है? या फिर 'पूँजीवादी' और 'समाजवादी' देशों की आधुनिकता ही हमारी अपनी भी आधुनिकता है? उन्होंने साफ़-साफ़ लिखा वस्तुतः हम राष्ट्रीय परिवेश में आधुनिकता की प्रतिष्ठा चाहते हैं परन्तु इस कारण हमें किसी संकीर्ण राष्ट्रीयता का पुरस्कर्त्ता कहना अन्याय होगा। हम जिस आधुनिकता को भारतीय वातावरण में देखने के प्रयासी हैं, वह आधुनिकता विश्वजनीन है, परन्तु उसकी जड़ें और बुनियाद हमारे राष्ट्रीय परिवेश की रहनी चाहिए। जिस व्यक्तिवाद की विचारधारा यूरोप के लिए उपयुक्त हो सकती है कदाचित् हमारे देश के लिए वह उतनी उपयुक्त नहीं है क्योंकि हमारे देश में समाज और व्यक्ति का वह विच्छेद घटित नहीं हुआ जो यूरोप और अमेरिका की राष्ट्रीय चिन्तना में घटित हो चुका है। भारतीयता से हमारा आशय इस स्वाभाविक विकास से है जो हमारी राष्ट्रीय चेतना के अनुरूप हो सकता है और है।'

इस सन्दर्भ में मैं जब डॉ. रामविलास शर्मा के विचारों को देखता हूँ तो वाजपेयी जी की तुलना में वे मुझे कुछ ज्यादा ही तीक्ष्ण और आक्रामक दिखायी देते हैं—"सारी सामन्तविरोधी परम्परा को उलट कर एक प्रतिक्रियावादी रीति से अपने को जोड़ना यह हमारे आधुनिकताबोधवालों का काम है। वे विशुद्ध प्रतिक्रियावादी हैं, अपने को छिपाते हैं पचास तरह से। ये जहाँ सामन्तवाद से जुड़े हैं, वहाँ कही-न-कहीं साम्राज्यवाद का मुख्य सामाजिक आधार है—सामन्तवाद। इसलिए यदि उन्हें पश्चिम के पतनशील साहित्य में आधुनिकताबोध के मूल्य दिखलायी देते हैं, और वहाँ से वे आलोचना के मानदण्ड लाते हैं, तो उसको रीतिवाद से जरूर जोड़ेंगे, तब उन्हें शुक्ल जी और छायावादी सब विरोधी दिखायी देंगे।...जिसे ये लोग आधुनिक कहते हैं, वह दरअसल बहुत पिछड़ी हुई विचारधारा है। साम्राज्यवाद भी आधुनिक है, मजदूर वर्ग भी आधुनिक है। रूस भी आधुनिक है, रीगन भी आधुनिक है। इस भ्रामक शब्द को छोड़ना होगा...यह सब जो कम विकसित देशों में आधुनिक के नाम पर पेश किया जाता है, वह वस्तुतः पश्चिम की पुरानी चीजों की तलछट है। इसलिए हमारा कहना यह है कि कसौटी इस बात को बनाओ कि छायावादी कवि मनुष्य के मन को, बाह्य जगत् को कहाँ तक पहचान सके? और उस पहचान की क्या खामियाँ हैं, हम कहाँ तक उन्हें दूर कर, पहचान को आगे बढ़ा रहे हैं। हम आधुनिक हैं, वे नहीं—यह भेद बहुत ही सतही और गुमराह करनेवाला है।"

पुरुषोत्तम अग्रवाल से बातचीत करते हुए डॉ. शर्मा ने पूछा—"वे कौन लोग हैं जो चाहते हैं कि आप अमरीकी साम्राज्यवाद की आलोचना न करें? तुम जहाँ ये प्रश्न करोगे, आधुनिकताबोध का रहस्य प्रकट हो जायेगा। अस्तित्ववाद मार्क्सवाद के विरोध में प्रस्तुत की गयी अन्तरराष्ट्रीय विचारधारा है, जिसे आधुनिकताबोध के नाम से छिपाया

जाता है। मुक्तिबोध भी इससे बुरी तरह प्रभावित थे। उनके सारे अन्तर्विरोध इसलिए हैं कि वे मार्क्सवाद को छोड़ नहीं सकते और अस्तित्ववाद को पूरी तरह अपना नहीं सकते थे।''

आचार्य नन्ददुलारे वाजपेयी अपने निर्णायक अन्दाज में लिखते हैं—''जब आधुनिकता को ही रीतिबद्ध किया जा रहा है और कुछ विशेष प्रकार की काव्य-सृष्टियों को ही आधुनिकता का प्रतिमान माना जा रहा है, तब वह आधुनिकता सच्चे काव्य-सृजन के आड़े आती है और हमारे नये कवियों और लेखकों की मौलिक उद्भावनाओं को क्षतिग्रस्त करती है...और पश्चिमी आकाश-कुसुमों की ओर नयी प्रतिभाओं को अटका रखना कोई आधुनिकता नहीं है। इसका विरोध भारतीयता से है, और रहेगा।''

इतने तीखे, कठोर और दो-टूक अन्दाज में लिखते हुए वाजपेयी जी ने यह लिखना भी जरूरी माना कि ''कुछ लोग समझते हैं कि पश्चिम की नयी काव्य-शैलियाँ ही आधुनिकता का एकमात्र प्रतिमान हैं। यदि ऐसा हो तो भी उनका अनुकरण हम अपने देश में नहीं कर सकते। अनुकरण अपने में ही एक हीनता की द्योतक वस्तु है।''

इस बिन्दु पर पहुँचकर हम यह निष्कर्ष भी चाहें तो निकाल सकते हैं कि छायावाद से लेकर नयी कविता तक, भारतेन्दु से लेकर प्रेमचन्द, रेणु और जैनेन्द्र, अज्ञेय तक या फिर धर्मवीर भारती के 'गुनाहों का देवता' और 'सूरज का सातवाँ घोड़ा' तक यदि वाजपेयी जी की व्यावहारिक समीक्षा का क्षेत्र फैला हुआ है तो उनकी सैद्धान्तिक समीक्षा एक प्रकार से भारतीय चिन्तन-परम्परा की धारावाहिकता और एकसूत्रता की खोज और स्थापना में लगी हुई है। नूतन उद्भावना, अनुभूति की गहराई, दमदार कल्पना शक्ति और जातीय जीवन-धारा का अविच्छिन्न प्रवाह और आस्थापरक जीवन-मूल्यों के प्रति उनके आग्रह सुस्पष्ट हैं। किन्तु वे उस मतवाद और प्रचारवाद या फिर रीतिवाद या नीतिवाद के विरोधी भी हैं जो साहित्य को साहित्येतर मानदण्डों से मापने या समझने का आग्रह करते हैं। सम्भवतः यही कारण है कि वे प्रेमचन्द की तरह यह ध्रुव मान्यता रखते हैं कि साहित्य तो सभ्यता की मशाल है। वे प्रश्न करते हैं क्या महान् लेखक-कवि और कलाकार अपनी कृतियों द्वारा शताब्दियों तक मानव-समूह की जीवन- व्यवस्था का नियमन नहीं करते या नहीं कर सकते? क्या साहित्य समाज को और उसकी अर्थनीति और उत्पादन व्यवस्था को बदलने में सक्षम नहीं हैं? फिर उसे अनुवर्ती का स्थान क्यों दिया जाय?

उनके अनुसार इस रूप में साहित्य की अपनी अन्तर्निहित सत्ता है जिसका विस्फोट किसी एक भाषारूप में होता है। मानव चेतना की रूप विधायिनी शक्ति कल्पना उन तमाम घेरों का अतिक्रमण कर जाती है जो भौतिक परिस्थितियों द्वारा खड़े

किये जाते हैं। वाजपेयी जी इसे मनुष्य की नैतिक चेतना कहते हैं। उनके अनुसार यह मानव सम्बन्धों को सम्पन्नता देती और मानव आकांक्षाओं की परितृप्ति द्वारा साहित्य की रसात्मक अनुभूति को प्रांजल और परिपूर्ण बनाती है। इस नैतिक चेतना को अगर हम वैदिक साहित्य का 'ऋत्' मान लें तो उनके कथन की सत्यता भी प्रमाणित हो सकती है कि कवि अपनी अनुभूति को वैयक्तिक वासना की परिधि से जितना ही ऊपर उठा सकेंगे, साथ ही जिनकी रूप-सृष्टि में जितना ही सामंजस्य और एकतानता होगी, उनकी रचनाएँ उतनी ही अधिक रसात्मक होंगी। इस बिन्दु पर पहुँचकर वे यह भूल नहीं जाते कि कवि के जीवन सम्बन्धी दृष्टिकोण का तब क्या होगा। कहीं इस सारी प्रक्रिया में ऐकान्तिकता तो नहीं आ जायेगी? उत्तर देते हुए वे लिखते हैं ध्वनि और रस का सम्पूर्ण प्रयोजन ही काव्य को कल्पना की व्यक्तिगत परिधि से हटाकर लोक सामान्य आस्वादकता के क्षेत्र में पहुँचा देना है।

यहीं वाजपेयी जी की भारतीय साहित्यशास्त्र सम्बन्धी अन्तर्दृष्टि और परम्परा अभिज्ञता पर ध्यान देना होगा। 'नया साहित्य : नये प्रश्न' में उन्होंने भारतीय और पाश्चात्य काव्य मतों की सारगर्भी विवेचना प्रस्तुत की है। यहाँ हमें उनके सुव्यवस्थित इतिहासबोध और सूक्ष्म तत्त्वबेधिनी दृष्टि का चमत्कारी अनुभव होता है। शास्त्र का पाण्डित्योपचार करने के बजाय वे उसकी आत्मा का निदर्शन जिस कौशल के कराते हैं, वह अपूर्व है। पर जो बात हमें सबसे ज्यादा प्रभावित और विमुग्ध करती है वह इससे भी बड़ी है और वह है भारतीय साहित्यशास्त्र के विभिन्न मतवादों की भिन्नता को भुलाकर उनकी एकरूपता और धारावाहिकता का निदर्शन।

'भारतीय साहित्यशास्त्र की रूपरेखा' वाले निबन्ध में सबसे पहले वाजपेयी जी ने भारतीय काव्य-चिन्तन का एक ऐतिहासिक विकास-क्रम रेखांकित किया है जिसमें क्रमशः छह सोपान हैं—1. उद्भवकाल से भरतमुनि के नाट्यशास्त्र तक 2. भरतमुनि से अभिनवगुप्त तक के दूसरे युग को वे अन्वेषण और विदग्धता का युग कहते हैं। 3. तीसरे को काव्य सम्प्रदायों का युग कहते हुए, उसे काव्य-तत्त्व चिन्तन का वास्तविक युग कहते हैं। उनके अनुसार तिथियों की दृष्टि से यह युग एक सीमा तक उक्त द्वितीय युग के साथ-साथ चलता है और उसके पर्याप्त समय पश्चात् चलता रहता है। चौथे युग को वे समन्वय का युग कहते हैं जो दसवीं-बारहवीं से यानी आचार्य मम्मट से सतरहवीं सदी के पण्डितराज जगन्नाथ—एक प्रकार से शाहजहाँ-काल तक चलता रहा। अधिकांश साहित्यशास्त्री भारतीय काव्यशास्त्र के विकास की रूपरेखा को इसके आगे ले जाने के पक्षधर नहीं हैं किन्तु वापजेयी जी इसके आगे भी जाते हैं और पाँचवें युग के रूप में विघटन और विकलन युग की चर्चा करते हैं जिसमें नवीनता लगभग नहीं है। छठवें को वे

आधुनिक युग कहते हैं जो मुख्य रूप से पुनरुत्थान और नवजागरण के प्रकाश में प्रत्येक वस्तु का मूल्य पुनः अंकित करने की कोशिशों का युग है।

इन काव्य-चिन्तन-युगों में वाजपेयी जी धारावाहिकता के साथ-साथ काव्य के निर्माण (देह) पक्ष और भाव पक्ष (आत्म) में एक पारस्परिकता देखते हैं। डॉ. राममूर्ति त्रिपाठी के अनुसार डॉ. डे आदि जबकि यह पारस्परिकता नहीं देख सके हैं। दूसरे, जहाँ डॉ. डे एवं डॉ. देशपाण्डे ने विकास के चरणों की सीमा पण्डितराज जगन्नाथ तक ही मानी वहीं वाजपेयी जी ने इसे एक सतत् प्रवहमान् धारा के रूप में देखते हुए आधुनिक जीवन के नवजागरण-काल तक विस्तार दिया है। डॉ. त्रिपाठी लिखते हैं कि वाजपेयी जी यहाँ एक व्याख्याकार मात्र नहीं हैं। उनका कार्य मौलिक चिन्तक का है।

स्वच्छन्दतावादी आलोचक माने जानेवाले आचार्य की यह विशिष्टता सर्वत्र लक्षित की जा सकती है कि वे परम्परा के किसी एक प्रयास को अनास्था और अनादर की दृष्टि से नहीं देखते। शर्त बस इतनी है कि उसमें मौलिकता और तात्त्विकता हो। तर्क हो या वैज्ञानिकता। और इन सबसे ऊपर हो वह साहित्यिक दृष्टि जिसे आचार्य वाजपेयी सर्वोपरि और आधारभूत मानते हैं। रस-निष्पत्ति सम्बन्धी अपनी व्याख्या में वे चारों आचार्यों भट्ट लोल्लट, भट्ट शंकुक, भट्ट नायक और साधारणीकरण के आविष्कर्त्ता आचार्य अभिनवगुप्त के मतों पर विचार करते हुए लिखते हैं कि ये चारों क्रमशः काव्य की प्रेषणीयता और काव्य रस के आस्वादन की समस्या को समझाने का प्रयत्न करते हैं और इनमें से प्रत्येक मत समस्या के एक-एक पहलू को लेकर आगे बढ़ता है। कवि-कल्पित नायक से लेकर अभिनेता के नाट्य-प्रदर्शन, सहृदय के भावन और काव्य की ध्वन्यात्मकता के पक्षों की व्याख्या करनेवाले ये मत, हमारी दृष्टि में काव्य की एक अत्यन्त आवश्यक समस्या के उद्घाटन की एक क्रमबद्ध योजना के रूप में उपस्थित किये गये हैं। यह बात दूसरी है कि खण्डन-मण्डन के वाग्जाल में पड़ जाने से उनका मूलवर्ती आशय या प्रयोजन भुला दिया गया हो। वाजपेयी जी की गम्भीर टिप्पणी ध्यान देने योग्य है—'परम्परा सुरक्षित है, किन्तु उसका स्वरूप विकृत हो गया है।'

साधारणीकरण की कुछ असाहित्यिक दलीलों को सामने रख वे यह प्रश्न करते हैं कि जो देवता या पुण्य चरित्र कवि के लिए पूज्य होकर भी रति आदि प्रसंगों में भावानुभव के हिस्से हो सकते हैं, वे ही चरित्र दर्शक या श्रोता के लिए भला क्यों न होंगे? ऐसी स्थिति में कवि द्वारा वर्णित देवताओं का रति भाव दर्शकों को उसी प्रकार प्रभावित करेगा—उसी भाव की सृष्टि करेगा जिस भाव की अनुभूति कवि या नाटककार ने स्वतः की है। उससे भिन्न भाव की सृष्टि हो ही नहीं सकती क्योंकि कवि की रचना में उससे भिन्न भाव की स्थिति ही नहीं है। साधारणीकरण का अर्थ रचयिता और उपभोक्ता, कवि और दर्शक के बीच भावना का तादात्म्य ही है। साधारणीकरण वास्तव

में कवि-कल्पित व्यापार का होता है, केवल किसी पात्र-विशेष का नहीं। वे आगे लिखते हैं—"इस तथ्य को न समझने के कारण ही साधारणीकरण के प्रश्न पर अनेक निरर्थक विवाद होते रहे हैं।" वाजपेयी जी के इस रस विवेचन और प्रातिभ चिन्तन पर सांगोपांग दृष्टिपात करते हुए ख्यात भारतीय काव्यशास्त्री डॉ. राममूर्ति त्रिपाठी लिखते हैं "वाजपेयी जी के रस-चिन्तन में उन सब बिन्दुओं के समाहार का प्रयत्न है जिससे उनका प्रास्थानिक वैशिष्ट्य, साहित्यिक दृष्टिकोण, भारतीय काव्यशास्त्र की पुनः रचना, काव्यास्वाद तथा रस-सिद्धान्त सभी पक्ष स्पष्ट हो सके।"

आचार्य शुक्ल से वाजपेयी जी जिन अन्य मुद्दों पर असहमत हैं उनमें से एक प्रबन्धकाव्य की सर्वश्रेष्ठता वाला भी है। समस्त छायावाद ही क्यों, भक्ति काव्य में सूर, कबीर मीरा आदि भी लोक में अपनी महानता की स्थापना प्रबन्ध के आधार पर नहीं, गीति या गीतिपरक मुक्तक के आधार पर करते हैं। उर्दू शायरी में तो प्रबन्धात्मकता के लिए विरल अवसर ही रहते हैं। मीर, ग़ालिब, फैज़ और फ़िराक़ की प्रतिभा के ख़याल से भी देखें तो यही निष्कर्ष हाथ आता है कि गम्भीर जीवन-बोध और तपी-तपायी, निखरी हुई सटीक मार्मिक अभिव्यक्ति का प्रभाव कैसा बेधक होता है, उसका अनुभव इन महान् शायरों को पढ़कर ही किया जा सकता है। अन्ततः कविता का उद्देश्य या उसकी चरम आकांक्षा मानव मन से निश्छल आत्म संवाद है। यह भावना के सहारे ही सम्भव है, व्यवसायात्मिकता बुद्ध से नहीं। वाजपेयी जी लिखते हैं 'भावना की पूर्ण अभिव्यक्ति' तो प्रगीत काव्य में ही होती है। प्रगीत में ही कवि का व्यक्तित्व पूरी तरह प्रतिबिम्बित होता है। वह कवि की सच्ची आत्माभिव्यंजना है। अपने कथन को तर्कपूर्ण और कुछ और अधिक स्पष्ट करने के लिए वे लिखते हैं—प्रबन्धकाव्य में दृश्य चित्रण और वस्तु चित्रण के साथ बहुत-सा इतिवृत्त भी लगा रहता है, परन्तु प्रगीत रचना में कविता इन समस्त उपचारों से विरत होकर केवल कविता या भाव-प्रतिमा बनकर आती है। संगीत के स्वरों की भाँति प्रगीत के शब्द ही अपनी भावना इकाइयों से कविता का निर्माण करते हैं उनमें शब्द और अर्थ, लय और छन्द अथवा रूप और निरूप्य की अभिन्नता हो जाती है। प्रबन्ध काव्य कविता का आवृत और आच्छादित रूप है। प्रगीत काव्य उसका निर्व्याज निखरा हुआ स्वरूप है। प्रबन्धकाव्य यदि कोई रसीला फल है, जिसका आस्वाद छिलके, रेशे और बीज आदि निकालने पर ही किया जा सकता है, तो प्रगीत रचना उसी फल का द्रव रस है, जिसे हम तत्काल घूँट-घूँट पी सकते हैं।'

जिन्हें आचार्य शुक्ल का साधनावस्था और सिद्धावस्था के काव्य का विभाजन ध्यान में होगा वे यह आसानी से अनुमान लगा सकेंगे कि साकेत, प्रिय-प्रवास या फिर पथिक, नूरजहाँ, जयद्रथ वध जैसी प्रबन्ध कृतियों के समर्थन में खड़े आलोचक की

प्रकृष्ट मेधा का आमना-सामना करते हुए वाजपेयी जी परम्परागत काव्य-चिन्तन की स्थितिशीलता और अपर्याप्तता से लड़ते हुए परम्परा में क्या कुछ नया जोड़ते हैं। कामायनी आदि काव्यों को अगर छोड़ दें तो समूचा छायावाद प्रगीत काव्य ही तो है। किन्तु प्रसाद-निराला या प्रारम्भिक कवि पन्त की काव्य-प्रतिभा क्या मैथिलीशरण गुप्त, हरिऔध, रामनरेश त्रिपाठी और गुरुभक्तिसिंह 'भक्त' या फिर बाद वे उर्वशीकार कवि दिनकर की तुलना में छोटी है?

वाजपेयी जी जैसे क्रान्तदर्शी समीक्षकों के सामने काव्य की श्रेष्ठता-अश्रेष्ठता का प्रश्न भी था किन्तु इससे भी कहीं अधिक बड़ा प्रश्न अच्छी और महान् कविता का भी था। हमारे अपने समय में एक समझदार कवि ने लिखा, 'जिस दिन अच्छी कविता लिखोगे, मारे जाओगे'। निस्सन्देह अच्छी कविता बकौल रघुवीर सहाय मूँड़ हिलाऊ कविता नहीं हुआ करती। किन्तु महान् कविता तो हमेशा ही सभ्यताओं के अँधेरों में मशाल की तरह जलती हुई हमारी चेतना के हाथों में आती है। उसमें मानव-मन के अथाह और जटिल अँधेरे भी कम नहीं होते किन्तु उनके बीच आत्मा की चेतना का प्रकाश मोती की आभा की तरह झिलमिलाता रहता है। इसीलिए वाजपेयी जी ने कहा कि प्रबन्धकाव्यों की रूढ़िपरक औपचारिकताओं का पालन करने से भले ही रूढ़िवादी ढंग से कोई स्वयं को महाकवि भी कहने लगे किन्तु उसमें वह महानता तो नहीं ही होती जो वाल्मीकि, वेदव्यास, कालिदास अथवा तुलसी आदि कवियों में पायी जाती है। वाजपेयी जी ने तो 'रामचरितमानस' के साथ विनय-पत्रिका की महानता के सवाल को भी रेखांकित किया। यह भी कहा कि आधुनिक गीति काव्य, विनय पत्रिका के ही वंशज हैं। रामायण में यदि कर्म सौन्दर्य खिल उठा है तो विनय-पत्रिका में प्रेम भावना चमक उठी है। इन दोनों में कौन-सा पक्ष अधिक काव्योपयोगी है, इस सम्बन्ध में कोई निर्णय विवाद से खाली नहीं हो सकता।'

प्रसाद, निराला को वे न तो कोरा कल्पनावादी कहते हैं न कोरा भाववादी। विपरीत इसके वे कहते हैं—इनके काव्य में मानव अनुभूतियों की यथार्थता सन्निविष्ट हुई है। दूसरे शब्दों में ये दोनों कवि सच्चे अर्थों में मानव-जगत् की स्थितियों और अनुभूतियों के कवि हैं। इनके काव्य का केन्द्रीय तत्त्व जीवन को ऊपर से न देखकर उसके अन्तरंग में जाकर देखने का है। यही कारण है कि जब अन्य अनेक कवि जीवन-स्थितियों को छोड़कर केवल उसके आदर्श या अभिलषित रूप का निरूपण करने लगे हैं, तब इन दो कवियों ने मानव-अनुभवों का यथार्थ संस्पर्श कभी नहीं छोड़ा।'

"एक दूसरी विशेषता जो इन दोनों कवियों को श्रेष्ठता प्रदान करती है, इनकी काव्य के प्रति अप्रतिम निष्ठा है। इन्होंने अपनी काव्य-रचना में काव्य के बाह्य उपकरणों का प्रयोग नहीं किया।" निष्कर्ष रखते हुए समीक्षक वाजपेयी जी लिखते हैं—"महान्

काव्य की विशेषता सदैव संश्लेषण में ही हुआ करती है। जीवन का बहुविध विकास और आदर्श भूमियों का कवि के व्यक्तित्व में समाहार होने पर ही वास्तविक काव्य की सृष्टि होती है। अन्यथा काव्य में जीवन्त और अटूट समग्रता निर्मित नहीं हो पाती और कविता अपने सर्वोत्तम उत्कर्ष पर नहीं पहुँचती।' यही आधार और तर्क है जिनके बल पर वाजपेयी जी इन दोनों को बीसवीं शताब्दी के शीर्ष कवियों की संज्ञा देते हैं।

कभी ग़ालिब पर सोचते हुए फिराक गोरखपुरी ने कहा था—मीर बहुत बड़े 'मीर' थे लेकिन गालिब बहुत बड़ा 'हम आप' हैं। गालिब सृष्टि पर सृष्टि की मुहर लगाता है। वह अपने समय में मानव-धर्म का सबसे बड़ा प्रतिनिधि है। प्रत्येक महान् कविता अपने समय में यही काम करती है। प्रसाद, निराला की कविता ने यह काम नहीं किया, आज कौन कह सकता है?

आचार्य वाजपेयी पर सोचते हुए न तो प्रसाद, निराला को दरकिनार किया जा सकता है, न प्रसाद, निराला पर सोचते हुए आचार्य वाजपेयी को। उनकी समीक्षा की खूबसूरती और विशिष्टता यही है कि वह न तो रूढ़ शास्त्रवाद से परिचालित होती है, न साहित्येतर विचारधाराओं और साम्प्रदायिक मतवादों से। वह प्रत्येक स्थिति में उस जमीन पर खड़ी मिलती है जिसे साहित्य की जमीन कहते हैं। खुद उन्हीं के शब्दों में 'साहित्य एक भावाश्रित रूप-सृष्टि' है जिसमें अनेक चरित्रों, दृश्यों, शब्दों, वर्णनों और अन्य उल्लेखों के द्वारा लेखक अपने जीवन-अनुभव और मन्तव्यों को प्रकट करता है। इन अनुभवों और मन्तव्यों की व्याख्या और परीक्षा करता है। नाना अलंकारों और प्रसाधनों से वह अपनी इस रूप-सृष्टि को सजाकर उसे प्रेषणीय बनाता है। विविध दार्शनिक और नैतिक धारणाएँ और अन्य इनमें स्थान पाते हैं। इस सम्पूर्ण सार्थक रूप-सृष्टि को ही काव्य, कला या साहित्य कहते हैं।' वाजपेयी जी आगे लिखते हैं "सार्थकता के बिना काव्यात्मक रूप-सृष्टि का कोई मूल्य नहीं है। और समीक्षक का काम इस रूप-सृष्टि में चयन और व्यवस्था का है और इसके लिए उसकी सम्पूर्ण विचार-बुद्धि और काव्य-प्रज्ञा अपेक्षित होती है। इस दृष्टि से उसका दायित्व कवि या स्रष्टा के दायित्व से कहीं अधिक हो जाता है। कवि तो अपने काव्य के लिए ही जिम्मेदार है जबकि समीक्षक अपने युग की सम्पूर्ण साहित्यिक चेतना के प्रति उत्तरदायी है। तुलसीदास ने समीक्षक को साहित्य-सरोवर का संरक्षक कहा है, पर वस्तुतः वह इससे भी अधिक होता है। संरक्षण तो वह करता ही है साहित्य की प्रगति का पुरस्कर्त्ता भी होता है। एक अर्थ में उसे 'जातीय जीवन का नियामक' ही कह सकते हैं।

वाजपेयी जी यहीं साहित्य-समीक्षा की दो धाराओं का उल्लेख भी करते हैं। एक वह जिसे वे संरक्षणशील या स्थितिशील धारा कहते हैं। दूसरी वह जिसे व रचनात्मक-सृजनशील या प्रगतिशील धारा कहते हैं। पहली धारा मुख्यतः साहित्यिक चारुता और

परिष्कार की आग्रही होती है जबकि दूसरी धारा प्रगल्भ भावोन्मेष के प्रति अपने झुकावों पर बल प्रकट करती है। वाजपेयी जी स्वयं को इसी दूसरी धारा यानी कि सृजनशील प्रगतिगामी धारा का मानते हैं क्योंकि उनका यह भी दृढ़ विश्वास है कि समीक्षा न तो रचना-विशेष की अनुचरी होती है, न ही उसका कठोर नियन्त्रण करनेवाली अभिनेत्री। वह 'वस्तुतः इन दोनों से बहुत भिन्न है। वह रचनात्मक साहित्य की प्रिय सखी, शुभैषिणी सेविका और सहृदय स्वामिनी कही जा सकती है।' लेकिन वाजपेयी जी यह कहने की सावधानी भी प्रदर्शित करते हैं कि 'समीक्षक में सम्यक् साहित्यिक चेतना के साथ-साथ अतिशय आत्मनिर्भर वृत्ति भी हो। ऐसा ही समीक्षक उस द्वन्द्वात्मक स्थिति के बीच राह बना सकता है। तभी वह दलदल पाटकर समतल और मरुस्थल को छाया देकर हरा-भरा उद्यान बना सकेगा।

एक राष्ट्रीय साहित्य समीक्षक के रूप में उनकी कामना बराबर यही रही है कि साहित्यिक परिसरों में क्रियाशील और रचनात्मक जनतन्त्र स्थापित हो और हिन्दी भाषी प्रदेश में अधिकाधिक काव्य-विवेक जाग्रत होता चले। उनकी यह कामना आज भी अप्रासंगिक कदापि नहीं कही जा सकती।

# मैं हिन्दी साहित्य के भविष्य के प्रति निश्चिंत हूँ...

## वाजपेयी जी से विजय बहादुर सिंह की बातचीत : 1964

बीसवीं सदी के आधुनिक हिन्दी-साहित्य की स्वस्थ चेतना तथा सबल परम्परा को आचार्य वाजपेयी जी ने एक नयी दिशा दी। साहित्य-चिंतन की नवीन भूमियों को बड़ी ही सदाशयता से समर्थन देते हुए उन्होंने निरंतर नयी किन्तु समाजोन्मुखी साहित्यधारा को प्रोत्साहित किया है। किन्तु साहित्य को संकीर्ण सीमाओं की ओर ले जानेवाले व्यक्तियों और विचारों का उन्होंने वैचारिक स्तर पर विरोध भी किया। छायावाद से लेकर प्रयोगवाद तथा नयी कविता तक के विचार उनकी पुस्तकों के माध्यम से हिन्दी के जागरूक पाठक के समक्ष आ चुके हैं। आज भी साहित्य की नवीनता की परख और गतिविधियों पर एक जिम्मेदार चिंतक की भांति विचार करते हुए वे उसके स्वस्थ तत्त्वों का समर्थन देते हैं तथा उसकी सीमाओं को स्पष्ट करने में हिचकिचाते नहीं। नये रचनाकारों द्वारा उठाए गये अनेक प्रश्नों के बीच तो साहित्यिक कुहेलिका निर्मित होने ही लगी है। उसी को लक्ष्य कर मैंने आचार्य वाजपेयी से कुछ प्रश्नों का समाधान चाहा था। इस सदाकांक्षा को प्रोत्साहित करते हुए उन्होंने जो विचार प्रकट किये, वे आज की स्थिति में नितांत महत्त्वपूर्ण तथा एक प्रत्यक्ष अनिवार्यता के परिणाम हैं।

सागर-प्रवास के दो वर्षों में उनके नवलेखन सम्बन्धी विचारों से अवगत होने का अवसर मुझे मिला था और यह उचित था कि हिन्दी के शीर्षस्थ समीक्षक और चिंतक के विचारों से आधुनिक रचनाकार और पाठक दोनों हो परिचित हो। पुस्तक लेखन तथा अन्य अनेक कार्यों की व्यस्तता के मध्य जिस सहृदयता और स्नेह से उन्होंने मेरे प्रश्नों का उत्तर दिया वह यहाँ यथावत् प्रस्तुत है—

**नये साहित्यकारों के बीच उठने वाली यह तथाकथित आम धारणा क्या सच है कि छायावाद के पश्चात् आनेवाले नये साहित्य, विशेषतः नये काव्य के प्रति, आपकी दृष्टि असहानुभूतिपूर्ण है?**

मैं किसी वाद का समर्थक या विरोधी नहीं हूँ। काव्य-विवेचन में मैं एकमात्र कविता को ही देखता हूँ। उसकी भावानात्मक निष्पत्ति और रूपात्मक सौन्दर्य ही मेरे समीक्षण के विषय होते हैं। वादों का लेबल लगाना मुझे अभीष्ट नहीं क्योंकि वैसा करने से कविता की अपनी मर्यादाएँ बाधित होती हैं। छायावाद अभी कल की वस्तु है। कालिदास, जयदेव, सूर और तुलसी तो बहुत पुराने है। इन महान कवियों के प्रति मेरी उतनी ही आस्था है जितनी छायावादी कवि के प्रति। प्रसाद और निराला मेरे लिए छायावादी कवि का बाना पहनकर नहीं आते, वे प्रसाद और निराला के रूप में आते हैं। इस दृष्टि से देखने पर मेरे साहित्यिक विचार और समीक्षा कार्य पर अधिक न्याय किया जा सकता है। वाद कोई भी हो, कविता की संवेदनाएँ कैसी हैं, किस कोटि की हैं, उसका बाह्य और अंतरंग सौन्दर्य, हमारी सौन्दर्य दृष्टि को किस रूप में और किस कारण प्रभावित करता है, मेरे लिए इतना ही ज्ञातव्य है। इतना कहने के पश्चात आप यह समझ सकते हैं कि प्रश्न मेरी सहानुभूति या असहानुभूति का नहीं है, प्रश्न है कविता की उन विशेषताओं का जो सहानुभूति या असहानुभूति की सृष्टि करती हैं।

**क्या : आज का नया रचनाकार अपने आस-पास वैसी ही कुंठा, घुटन-भरी स्थितियों का अनुभव करता है जिनका चित्रण उसके काव्य में मिलता है?**

यह प्रश्न मूलतः कवि-व्यक्तित्व का है। समान-सी परिस्थितियों में कोई व्यक्ति अपराजित रह सकता है और कोई अन्य व्यक्ति पराजित हो जाता है। पराजय के कारण ही कुंठाओं का आविर्भाव होता है और काव्य में अंतर्मुखता आती है। कॉडवेल ने अंग्रेजी साहित्य में क्रमशः अंतर्मुखी होते हुए कवियों की अनास्था दृष्टि का जो विवरण दिया है मैं उससे बहुत कुछ सहमत नहीं हूँ। कॉडवेल के विचारों से मेरा अंतर यह है कि मैं यह मानने को बाध्य नहीं हूँ कि विशेष सामाजिक परिस्थितियों में कवि किसी विशेष भावप्रणाली को अपनाने को विवश होता है। मेरा अपना विचार यह है कि कवि परिस्थितियों से ऊपर उठ सकता है और देश और जाति के लिए आस्था का संदेश दे सकता है।

**आधुनिकता और नये युग बोध को लेकर रचे जाने वाले तथाकथित नये साहित्य के प्रति आपका क्या विचार है?**

आधुनिकता और नये युगबोध को मैं महत्त्व देता हूँ क्योंकि यह प्रगति और विकास का परिचायक तत्त्व है। सभी आधुनिकताएँ सापेक्षिक होती हैं। आत्यंतिक आधुनिकता नाम की कोई वस्तु नहीं होती। आधुनिकता और युगबोध के नाम पर किन्हीं ह्रासोन्मुख और पराजयशील भावनाओं का शिकार होना न तो अभीष्ट है, न अनिवार्य। आज के कवि जिस मात्रा में सामाजिक जीवन संस्पर्श से दूर होकर आत्मलीन हो गये हैं और

मानवीय जीवन की भूमिका को छोड़कर नितांत वैयक्तिक भूमि पर पहुँच गये हैं उन्हें मैं आधुनिकता और युगबोध से वंचित मानता हूँ।

**नये काव्य विकास के प्रति आपकी क्या मान्यता है? क्या निराला के पश्चात हिन्दी कविता कोई महत्त्वपूर्ण देय नहीं दे सकी है?**

बड़े कवि प्रत्येक दशक में उत्पन्न नहीं होते। कभी-कभी तो अर्धशताब्दी या पूरी शताब्दी में किसी महान कवि का आविर्भाव होता है। प्रसाद और निराला ऐसे ही कवि हैं। प्रसाद में सांस्कृतिक समाहार और निराला में विद्रोह की वाणी मुखरित है। आधुनिक या नयी कविता में इस प्रकार का समाहार या विद्रोह किसी कवि में नहीं पाया जाता। पूरी राष्ट्रीय चेतना का प्रतिफलन कोई नया कवि नहीं कर सका। जिस चेतना का प्रतिफलन हो रहा है, वह खण्ड चेतना है जिसे मार्क्सवादी पूँजीवादी युग की एक विशेष परिस्थिति की चेतना कहते हैं। खण्ड-चेतना सम्पन्न कोई भी कवि महान नहीं हो सकता। नयी कविता की यह विवशता है। यों शैली-प्रसाधन के स्तर पर तथा भाव-स्थितियों के प्रौढ़तर विकास के स्तर पर मैं अज्ञेय जी को विशिष्ट कवि मानता हूँ।

**आपकी प्रारंभिक समीक्षाओं में सामाजिक दृष्टिकोण की सघनता है जबकि परवर्ती समीक्षाओं में लगता है आपका झुकाव कला मूल्यों की ओर कुछ अधिक हो गया है। अब भी क्या आप साहित्य और सामाजिक जीवन के बीच वही सम्बन्ध स्वीकार करते हैं जिसके अभाव में आपने छायावाद का समर्थन करते हुए भी महादेवी वर्मा की कविता को उसकी मूलधारा से पृथक् माना है?**

साहित्य की सामाजिक सापेक्षता के सम्बन्ध में मेरे विचार क्षीण नहीं हुए बल्कि अधिक मजबूत हुए हैं। इधर मैं साहित्य की राष्ट्रीयता की जो चर्चा कर रहा हूँ, वह इस बात का प्रमाण है। यों मैं सामाजिक-जीवन सापेक्ष ही नहीं राष्ट्रीय और जातीय भूमिका के साहित्य का भी आकांक्षी हूँ। हाल के निबन्धों में जहाँ कहीं भी मैंने साहित्य पर बढ़ते हुए विदेशी प्रभावों का उल्लेख किया है, वहाँ भी मेरा दृष्टिकोण देश की मिट्टी से सुवासित साहित्य के समर्थन का है। केवल कला पक्ष पर मैं कभी आग्रहान्वित नहीं रहा। यदि वैसा होता तो मैं नयी कविता को शायद अधिक सराहता क्योंकि नयी कविता कला और शैली का आंदोलन बनकर ही उपस्थित हुई थी। प्रयोगवाद शब्द भी तो शैलीवाचक ही है।

**आपकी समीक्षा के लिए प्रयुक्त अनेक विशेषणों-छायावादी, स्वच्छंदतावादी, सौष्ठववादी, प्रगतिशील स्वच्छंदतावादी, रसवादी तथा अध्यात्मवादी में से आप किसे अधिक उपयुक्त मानते हैं?**

जिन अनेक शब्दों का प्रयोग विशेषण के रूप में मेरी समीक्षा को लेकर किया गया है उनकी जिम्मेदारी मुझ पर नहीं है। हिन्दी के समीक्षकों ने समय-समय पर मुझे छायावादी, स्वच्छंदतावादी, सौष्ठववादी, रसवादी, प्रगतिशील स्वच्छंदतावादी, सृजनशील और न जाने क्या-क्या विशेषण दिये हैं। इन विशेषणों की अधिकता से मुझे केवल एक तथ्य का आभास होता है और वह मुझे प्रिय भी है। वह तथ्य यह है कि मेरी समीक्षा में किसी एक वाद का अधिकार नहीं। यदि अधिकार होता तो इतने नाम कहाँ से आते? कोई समीक्षक अपने को संकीर्ण सीमा में रखना पसंद नहीं करेगा। इसलिए यदि इन विशेषणों के द्वारा सीमा का विस्तार हो रहा है तो मुझे क्या आपत्ति हो सकती है। यदि विशेषणों को निकालकर केवल साहित्य समीक्षक कहा जाए तो मुझे सर्वाधिक प्रसन्नता होगी।

**आपकी समीक्षा में यह आध्यात्मिक सांचा क्या है?**

साहित्य की रचना और संवेदना एक मानसिक पदार्थ है जो जितनी गम्भीर होगी उतनी ही आध्यात्मिक कही जायेगी। इस दृष्टि से आप मुझे गंभीर संवेदनाओं का प्रेमी कह सकते हैं। यदि अध्यात्म से आशय कुछ और हो और आध्यात्मिक साँचे से मुझे किसी मतवाद की सीमा में रखने का प्रयत्न किया जा रहा हो तो मैं इसे स्वीकार नहीं कर सकता। उत्कृष्ट काव्य के स्रष्टा मानव चेतना के सम्वर्द्धक होते हैं। वे किसी मतवाद को, चाहे वह भौतिकवादी हो या अध्यात्मवादी, एकांततः पकड़ नहीं सकते। मैंने भी किसी अध्यात्मवाद को एकांततः नहीं पकड़ा है।

**लेखक के 'कमिटमेण्ट' के प्रश्न पर आपका क्या विचार है? क्या कोई साहित्यकार पूर्णतः नॉन-कमिटेड रह सकता है? यदि नहीं तो युग-जीवन के सन्दर्भ में आज का साहित्यकार किसके प्रति कमिटेड हो?**

'कमिटमेण्ट' शब्द प्रगतिवादी साहित्य के सन्दर्भ में प्रयुक्त हुआ था। जो लेखक अपने को कम्युनिस्ट पार्टी के सिद्धान्तों में बाँध चुके थे वे ही कमिटेड कहलाते हैं। शेष लेखक जो अपने अनुभवों, अपने वैयक्तिक और सामाजिक संस्कारों, अपनी स्वतंत्र विचारदृष्टि को प्रमुखता देते हैं वे कमिटेड नहीं हैं। नयी कविता के प्रति कमिटमेण्ट का प्रश्न ही नहीं उपस्थित होता क्योंकि यह कविता आरम्भ से ही नॉन-कमिटेड है। जो नये कवि क्रमशः सामाजिक जीवन-भूमिका पर आ रहे हैं, वे अवश्य इस प्रश्न को उठा सकते हैं। यदि वे कम्युनिस्ट विचारधारा से अपने को कमिटेड नहीं मानते तो उनके सामने प्रजातंत्र, समाजवाद, राष्ट्रीयता तथा मानववाद के द्वार खुले हैं। वे इनमें से किसी या सभी द्वारों से साहित्य में रंगमंच पर आ सकते हैं।

**नये साहित्यकारों द्वारा उठाया गया व्यक्ति स्वातन्त्र्य का प्रश्न कहाँ तक औचित्यपूर्ण है? आज के भारतीय साहित्यकार की यह मांग काव्यकला तथा सामाजिक जीवन के लिए कहाँ तक हितकर है?**

नये कवियों ने स्वातन्त्र्य की चर्चा एक विशेष प्रसंग में की थी। भारतवर्ष के चारों ओर तानाशाही शासन-पद्धतियों कायम हो रही हैं। ऐसी शासन-पद्धति में कलाकार के स्वातन्त्र्य का प्रश्न विशेष अर्थ रखने लगता है। वहाँ उसका अर्थ होता है राजनीतिक प्रतिबन्धों से मुक्त होने का प्रयत्न । इस प्रकार का प्रयत्न सर्वथा उचित है। मैं इसका सर्वांशतः समर्थन करता हूँ। भारतवर्ष में विचार नियंत्रण की वह स्थिति नहीं आयी है यद्यपि लेखकों के सामने अनेकानेक कठिनाइयाँ उपस्थित हैं। इन कठिनाइयों के विरुद्ध स्वातन्त्र्य की मांग करना सर्वथा उचित है, यद्यपि इसकी पूर्ति निकट भविष्य में हो सकेगी, यह संदिग्ध है। लेखक के वैयक्तिक स्वातन्त्र्य का प्रश्न उपर्युक्त दोनों स्थितियों से भिन्न कोई सार्थकता नहीं रखता। भारतीय साहित्य की परम्परा इतनी समृद्ध है और कवियों की जिम्मेदारियाँ इतनी स्पष्ट हैं कि उन्हें लेखन सम्बन्धी वैयक्तिक स्वातन्त्र्य का दूसरा कोई अर्थ अभीष्ट नहीं हो सकता। आधुनिक कविता की व्यक्तिवादी प्रवृत्तियाँ और कुण्ठाएँ लेखन स्वातन्त्र्य की पर्याय नहीं हैं क्योंकि स्वतंत्रता शब्द बंधन-मुक्ति का द्योतक है जबकि नयी कविता अपने लिए नये बंधन-वैचारिक और मानसिक-बनाती रही है। जब तक कुंठा और अनास्था का कवियों पर अधिकार है, तब तक स्वातन्त्र्य का प्रश्न ही कहाँ है? यदि कवि सच्चे अर्थों में स्वातन्त्र्य प्रेमी हैं तो अधिकाधिक सामाजिकता ही उनकी सहायक हो सकती है। हम ऊपर कह चुके हैं कि आत्मशक्ति की प्रखरता कवि व्यक्तित्व का अंग होनी चाहिए। कुंठाएँ तो पराजय की सूचिका हैं।

**पूर्व और पश्चिम में आज कहाँ पार्थक्य किया जा सकता है? जीवन और साहित्य दोनों के आधारों पर यह भेद कैसे समझा जा सकता है?**

पूर्वी और पश्चिमी देश विकास की भिन्न स्थितियों पर हैं। पश्चिम में राष्ट्रीय स्वतंत्रता शताब्दियों से कायम है जबकि पूर्व के अधिकांश देश अभी-अभी स्वतंत्र हो रहे हैं। स्वतंत्रता के साथ समृद्धि का प्रश्न भी जुड़ा हुआ है। पश्चिम की मूलभूत समस्याएँ वे नहीं हैं जो पूर्व की हैं और खासकर हिन्दुस्तान की। आर्थिक और भौतिक स्तर पर वहाँ के प्रतिमान यहाँ से ऊँचे हैं और इस कारण पश्चिम में जीवन-निर्वाह की वे समस्याएँ नहीं हैं जो हमारे देश में हैं। साहित्य और कला की भूमि पर भी इन स्थितियों का प्रतिफलन होना स्वाभाविक है। जो लोग वास्तविक स्थितियों से प्रेरणा न लेकर सीधे पश्चिमी साहित्य की ओर आस्फालन करते हैं उन्हें स्वाभाविक

साहित्यकार नहीं कहा जा सकता। पूर्वी देशों में संस्कृति और इतिहास अधिक पुराना है। फलतः हमारा सांस्कृतिक और ऐतिहासिक बोध अधिक प्रशस्त है। हम चाहें तो इसका उपयोग नये साहित्य के सृजन में कर सकते हैं। सच तो यह है कि पूर्व-पश्चिम का सारा परिवेश ही एक-दूसरे से पृथक् है। पिछले विश्वयुद्ध ने पश्चिमी राष्ट्रों को जिस विभीषिका में डाला था और फलतः जो अस्तित्ववादी समस्याएँ पैदा की थीं, सौभाग्यवश हमारा देश उस विभीषिका से बचा रहा है। परन्तु हमारा नवलेखन ऐसा हो रहा है, जैसे हमने यूरोपीय विभीषिकाओं को स्वयं झेला है। यह एक आरोपित विभीषिका है। कला-शैली सदैव वस्तु सापेक्ष होती है। जब तक हमारी वस्तु, हमारी समस्याएँ भिन्न हैं, तब तक कला-शैली में पश्चिम की अनुकृति हमारे अनुरूप कैसे होगी? नवीनता आकांक्षित वस्तु है परन्तु हम पूर्वी नवीनता के प्रयासी हैं, न कि पश्चिमी अनुकृति के।

**साहित्य में गतिरोध का नारा क्यों उठाया जा रहा है? क्या वस्तुतः हमारे साहित्य में गतिरुद्धता आ गयी है?**

किसी भी प्रगतिशील राष्ट्र में साहित्यिक गतिरोध की कल्पना करना एक विडम्बना है। हाँ, जिस प्रकार मनुष्यकृत दुर्भिक्ष उत्पन्न होते हैं, उसी प्रकार कभी-कभी कविकृत गतिरोध भी आ जाता है। हिन्दी साहित्य में अनेक विधाओं के माध्यम से प्रगतिशील साहित्य की सृष्टि हो रही है, केवल काव्य में कुछ समय पूर्व एक ऐसा खेमा बना था जो सीधे पश्चिम से अपनी प्रेरणाएँ लेता था। वह खेमा आज टूट रहा है और कवि राष्ट्रीय इतिहास और परिस्थितियों से प्रेरणा ले रहे हैं। फिर यह खेमा किसी प्रतिनिधि साहित्य धारा का स्थानापन्न भी नहीं है। हिन्दी कविता अनेक धाराओं में प्रवाहित हो रही है, अतएव कृत्रिम गतिरोध उत्पन्न करनेवालों को भी आत्मनिरीक्षण करना होगा।

**नये साहित्य-सृजन को देखते हुए साहित्य का भविष्य कैसा है?**

आपके इस प्रश्न का उत्तर पिछले अनुच्छेद में दिया गया है। भारतीय राष्ट्र गांधी और नेहरू की परम्परा पर अग्रसर है। कठिनाइयाँ आएँ परन्तु उनके अतिक्रमण का संकल्प कम शक्तिशाली नहीं है। हमारे साहित्यकारों और कलाकारों को इन कठिनाइयों और अवरोधों के प्रति संघर्ष करना है। यह क्षेत्र इतना प्रशस्त और उर्वर है कि आश्चर्य होता है कि हमारे कविगण उस दिशा में अपनी शक्ति का उपयोग क्यों नहीं करते! करते हैं पर साहित्य के अन्य रूपों में हमें यह प्रयत्न अधिक स्पष्ट दिखाई देता है। कविता में भी है पर अपेक्षाकृत कम। मैं हिन्दी साहित्य के भविष्य के बारे में पूर्णतः आश्वस्त हूँ।

**प्रेमचन्दोत्तर कथा-साहित्य के विषय में आप क्या सोचते हैं? क्या प्रेमचन्द के पश्चात् कोई महत्त्वपूर्ण कड़ी जुड़ी है?**

नया कथा-साहित्य दो मुख्य वर्गों में रखकर देखा जा सकता है। एक मध्यवर्गीय और नागरिक जीवन के चित्रण का है। दूसरा समग्र राष्ट्रीय जीवनोल्लेख का है। प्रेमचन्द इसी दूसरे वर्ग के लेखक थे। उनकी परम्परा को आगे बढ़ाने वाले यशपाल, नागार्जुन और रेणु जैसे लेखक हैं। दूसरा वर्ग जो नागरिक जीवन-स्थितियों को अंकित करता है, अधिक कलाप्रेमी है और मनोवैज्ञानिक सूक्ष्मताओं को अभिव्यक्त करता है। परन्तु व्यक्तिगत रूप से इस मध्यवर्गीय यथार्थवाद के प्रति मेरी अधिक आस्था नहीं है।

**विविध प्रकार के दृष्टिकोणों को लेकर अनेक धाराओं में गतिशील होनेवाली नयी समीक्षा-प्रणालियों में आप किसे अधिक मान्यता देते हैं? क्या नया चिंतन पश्चिम से एकबारगी आक्रांत है?**

सबसे पहले प्रगतिवादी लेखकों ने मार्क्सवादी चिंतन का अनुसरण किया परन्तु क्रमशः वे हिन्दी साहित्य की अपनी परम्परा को भी महत्त्व देने लगे हैं। आरम्भ में कोई विदेशी विचारधारा हम पर छापा मार सकती है पर संयत होने पर हम उसे अपनी परम्परा के अनुरूप बनाते हैं। विदेशी अनुकरण का यह स्वरूप कोई अपवाद नहीं। परन्तु यदि पश्चिमी विचारधारा अथवा किसी विशेष प्रकार की काव्य-शैली को ज्यों-का-त्यों अपना लिया जाएगा तो इस प्रणाली से किसी श्रेष्ठ कवित्व की सृष्टि नहीं हो सकेगी, यह मेरा अपना मत है। इस प्रश्न का दूसरा पहलू भी है। हम यह सोचें कि हम विदेशों से कितना और क्या ले रहे हैं और उन्हें अपनी ओर से कितना और क्या दे रहे हैं? यदि हम लेते ही लेते रहेंगे, देंगे कुछ नहीं तो विदेशों में हमारे काव्य-साहित्य का क्या सम्मान होगा? केवल अनुकर्ता बनकर जो ख्याति प्राप्त की जा सकती है, वह प्रायः विदेशी काव्य से अपरिचित लोगों में ही प्राप्त होगी। जिन्हें इस पश्चिमी काव्य-वस्तु का ज्ञान है, वे तो अनुकरण को अनुकरण और मौलिक वस्तु को मौलिक मानेंगे।

पूर्व और पश्चिम के काव्य में अनुरूपता हो सकती है, तद्रूपता नहीं। नये समीक्षक अधिकतर नवीनतम काव्य और विचारों पर ही अधिक ध्यान दे रहे हैं। उनकी दृष्टि में विस्तार और व्यापकता नहीं है। उनमें से अधिकांश भारतीय समीक्षा की अपनी प्रणालियों से परिचित भी नहीं हैं। कुछ व्यक्तित्व उभर रहे हैं परन्तु जब तक उनकी दृष्टि में पूरा भारतीय साहित्य नहीं आता, केवल समकालीन कविता आती है, तब तक उनकी समीक्षा भी वास्तविक अर्थों में सार्वजनिक नहीं बन सकती है। भाषागत प्रयोगों के सम्बन्ध में कुछ सूक्ष्म और तथ्यपूर्ण बातें कहीं गयी हैं। ये हिन्दी समीक्षा को आगे बढ़ाती हैं। इससे अधिक नये समीक्षकों के सम्बन्ध में मुझे कुछ नहीं कहना है।

**नये-पुराने का संघर्ष क्या स्वाभाविक तथा परम्परागत है अथवा आज की तथाकथित बौद्धिकता या फैशन की उपज है?**

नये और पुराने का संघर्ष कुछ तो स्वाभाविक होता है, कुछ अस्वाभाविक। प्रत्येक पीढ़ी की अपनी समस्याएँ होती हैं, अपना परिवेश होता है। यह स्वाभाविक विकास है परन्तु इस स्वाभाविक विकास की गति साहित्य के मूल उद्देश्य को विघटित करके निर्मित नहीं होती। प्रेमचन्द से आगे बढ़ने के लिए नयी पीढ़ी को प्रेमचन्द की जीवन चेतना से भी प्रौढ़तर चेतना की आवश्यकता है और साथ ही कला की भूमिका पर अधिक समुन्नत प्रयोग आवश्यक है। जब हम नवीनता के नाम पर आगे बढ़ना छोड़ देते हैं और नये-नये अभिधानों की ओट लेकर संदिग्ध प्रकार की निर्मितियों में लग जाते हैं, तब यह अस्वाभाविक विकास बन जाता है। हमें क्रमागत परम्परा के श्रेष्ठतम अंश को आत्मसात् कर आगे का रास्ता तय करना होगा। जो साहित्यिक इस प्रकार की मनोभावना रखते हैं, वे पूर्ववर्ती साहित्यिक कार्य का आँख मूँदकर विरोध नहीं कर सकते। किसी लेखक की ईमानदारी की पहचान इस बात से होगी कि वह अपनी साहित्यिक परम्परा के प्रति कितना सद्भाव और सम्मान रखता है। जो लोग शून्य में नयी ईमारत खड़ी करना चाहते हैं या चाहेंगे, वे शायद कुछ भी मूल्यवान नहीं दे सकेंगे।

●●●

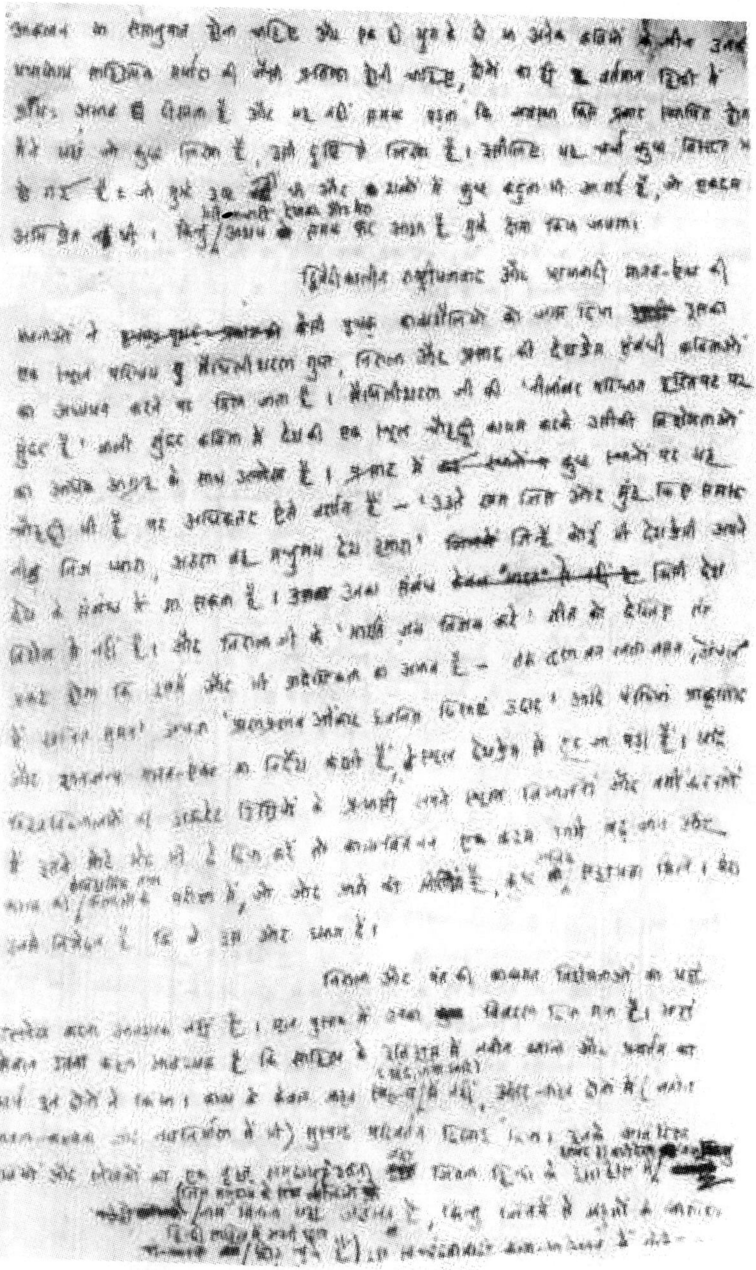

Nand Dulare Bajpeyi

UNIVERSITY OF SAUGAR,
SAGAR.
4-8-1955

I have great pleasure in testifying to the ability and character of Shri Kanti Kumar who took his M.A. degree in Hindi from the Saugar University this year. Shri Kanti Kumar stood first amongst the first divisioners and thus topped the list of successful students of the year. I have no doubt he richly deserved the meritorious success that he attained. Shri Kanti Kumar is one of the best products of the Saugar University and is decidedly the best student that has so far come to the Hindi department. He had had an unbroken record of first divisions right from the High School upto the M.A. degree. This is a rare distinction in the case of any student who has ever come to this young University. As a student of Hindi Shri Kanti Kumar has had an extensive reading and an intelligent grasp of Hindi literature in its many varieties. His insight into and appreciation of the literary art in its many phases is quick and deep and highly praiseworthy. He has a ready pen which is capable of valuable